应用技术大学教育系列丛书

德国应用科学大学研究

邓泽民　董慧超　著

科学出版社

北京

内 容 简 介

本书对德国应用科学技术大学的产生与发展、学制与衔接、法律与治理、专业与课程、教学与研发、学生与师资、招生与就业、校企与教产、学分与学位、投入与经费、质量与评价共11个领域23个方面进行了全面系统的介绍与分析，并在此基础上，对我国地方本科高校转型应用技术大学工作在产生与发展、学制与衔接、法律与治理、专业与课程、教学与研发、学生与教师、招生与就业、校企与教产、学分与学位、投入与经费、质量与评价等领域提出了启示和借鉴。

本书可供高等教育主管部门、地方本科高校和高等职业院校广大教师、应用本科教育教学研究人员参考，也可作为有关研究领域的研究生、本科生的辅助教材。

图书在版编目(CIP)数据

德国应用科学大学研究/邓泽民，董慧超著. —北京：科学出版社，2017

（应用技术大学教育系列丛书）

ISBN 978-7-03-052805-6

Ⅰ. ①德…　Ⅱ. ①邓…　②董…　Ⅲ. ①高等学校－研究－德国　Ⅳ. ①G649.516

中国版本图书馆CIP数据核字（2017）第107250号

责任编辑：任加林 / 责任校对：陶丽荣

责任印制：吕春珉 / 封面设计：耕者设计工作室

科学出版社 出版

北京东黄城根北街16号

邮政编码：100717

http://www.sciencep.com

北京中科印刷有限公司印刷

科学出版社发行　各地新华书店经销

*

2017年8月第 一 版　开本：B5（720×1000）

2017年8月第一次印刷　印张：13

字数：241 000

定价：86.00元

（如有印装质量问题，我社负责调换〈中科〉）

销售部电话 010-62136230　编辑部电话 010-62139281（BA08）

丛书序

20 世纪 60 年代末期，西方国家科技的不断进步推动了产业的不断升级，特别是随着人们对高等教育的需求日益高涨，他们强烈地意识到需要建立适应科技发展、产业结构调整和升级需要的高等应用科学教育，组建应用科学大学。经过几十年的发展，西方国家基本上都建立了应用技术（科学）大学。

改革开放以来，我国工业化水平不断提高，为了满足工业化对技能人才的需要，我国在 20 世纪 80 年代开始大力发展职业教育。多年来，我国的职业教育在规模上取得了空前发展。进入 21 世纪以来，我国科学技术迅猛发展，产业升级加速，对高端技术人才提出了十分迫切的要求。于是，2014 年我国提出地方本科高等学校转型应用技术大学的意见。

长期以来，我国本科高校坚持知识本位的教育理念和模式，因此我国地方本科高等学校转型任务十分艰巨。我国的本科学校，有的把自己定位成综合研究型大学，有的把自己定位成研究与教学并重的大学，有的甚至把自己定位成教学与研究并重的大学。近年来，一些学校又说自己是应用型大学。是什么大学，不在于我们说它是什么大学，关键是看其课程设计成什么样，教师的教学采用什么教学理论和方法等。我国也有一些大学长期以来致力于应用型大学的建设，但是十几年也没有走出一条应用型大学的道路，原因很简单，就是这些大学的课程、教学、师资、教材、教学设施设备等都按照综合研究型大学的模式在建设。定位是应用型大学，但从其教育教学理念到教育教学理论，从教育教学理论到教育教学模式，再从各专业培养方案到各门课程大纲，从各门课程大纲到各门课程的教材，从各门课程的教材到教师的授课计划，从教师的授课计划到教师的教案等来看，这些学校并不是应用型大学。

出现这些问题的原因很多，本科评估采用一个评估标准体系，教师评聘技术职称采用相同指标，这些都是高等教育管理问题，但在学校教育教学实践层面上，一个主要问题就是连接本科教育理论与本科教育实践的中间环节——教育设计问题没有得到较好的解决，如应用型大学的专业建设问题、课程设计问题、教学设计问题、教材设计问题、课件设计问题等。只有当一所应用型大学的上述基本问题都解决了，这所应用型大学才能成为真正的应用型大学，其毕业生才能成为真正服务于生产、管理、服务一线的技术应用人才。与此同时，其教学成本才会降低，教学效能才能提高。出版这套丛书的目的就是在学习、借鉴国外应用科学（技术）大学经验的基础上，为解决上述问题提供一套设计的思想、理论和方法。

本套丛书包括 6 个分册：《德国应用科学大学研究》《应用技术大学专业建设》《应用技术大学课程设计》《应用技术大学教学设计》《应用技术大学教材设计》《应用技术大学课件设计》。其中《德国应用科学大学研究》对德国应用科学大学的产生与发展、学制与衔接、法律与治理、专业与课程、教学与研发、学生与师资、招生与就业、校企与教产、学分与学位、投入与经费、质量与评价共 11 个领域 23 个方面进行了全面系统的介绍与分析，并在此基础上，深入分析了对我国地方本科转型应用技术大学的启示，提出了可供借鉴的经验。《应用技术大学专业建设》等 5 个分册都从理论基础、设计编写、分析评价三个方面进行阐述。其中，理论基础重点研究设计的思想、理论与方法；分析设计主要论述设计编写的基本概念、基本原则、基本模式；分析评价主要介绍设计评价的基本概念、基本原则与标准和基本模式等。

这套丛书是我近年来跟踪研究国内外应用技术大学，从事应用技术教育理论与实践研究的成果。在研究过程中，得到了德国安哈尔特应用科学大学校长 Dieter Orzessek 博士、加拿大学院协会副主席 Paul Brunian 等学者的支持和帮助，北京联合大学、中德应用技术学院等多所学校积极参与，钱逸秋教授、郭化林教授、王海明博士、侯金柱教授以及董慧超、雷俊婷、张源、李依然、张海娇等专家和研究人员的大力支持和积极参与，在此一并向他们表示衷心的感谢。

邓泽民

2017 年 1 月

前　言

我在北美学习时，对美国和加拿大的应用技术大学进行过较深入的研究，后来借赴德国参加欧亚基于工作的教育学术会议，有幸结识了德国应用科学大学的多位校长，并对他们的学校进行了实地考察，感受颇深。回国后，我制订了全面系统研究德国应用科学大学的计划，并开始进行系统研究。

德国联邦政府出版的《德国概况》一书中有这样一段话："德国是一个原料缺乏的工业国家，它依赖的是受过良好教育的技术力量。"正是基于这种国情和竞争意识，形成了职业教育、应用科学教育兴盛的整体社会环境和氛围。目前，德国人口不到 8200 万，但却是世界上第四大经济体，仅次于美国、中国、日本。德国人为什么能够在长达几个世纪的时期内，始终保持自己的经济活力？原因在于德国从来都有自己的哲理，这就是"德国模式"，内容包括重视制造业，通过高水平的职业教育和应用科学教育，向全球提供有高附加值、高技术含量的产品等。

20 世纪 60 年代，德国的中等职业教育和高等科学教育已经比较发达。随着德国经济在 20 世纪 70 年代初的迅速崛起和科技的不断进步，德国面临从战后恢复到提升工业发展水平的转折点，中等教育层次的职业教育和高等教育层次的科学教育已经不能完全满足企业界的需要。他们意识到，只有改变原来单一的高等教育体系，建立适应科技发展、工业结构转型发展需要的高等教育体系，组建应用科学大学，才能在激烈的国际竞争中占据优势。德国政府于 1968 年 10 月 31 日在各州州长会议上签订了一个共同建立应用科学大学的协议。1971 年，德国各州开始将适合培养应用技术人才的一些工科类专业学校，通过重新组合和充实高水平师资，改建成应用科学大学。1996 年德国科学委员会又通过了"对应用科学大学双轨制改革的建议"决议，首次明确企业也是应用科学大学的学习地点，在企业中学习是应用科学大学学习整体不可缺少的组成部分，在大型企业设实训的生产岗位和企业培训中心，中小型企业则提供实际的生产岗位，为应用科学大学实践教学提供切实可靠的保障。经过短短 40 多年的发展，德国应用科学大学异军突起，成为德国教育系统不可或缺的重要组成部分和高素质人力资源的重要保障，对保持和提升德国国家竞争力具有重要的贡献。

我国正处于地方本科向应用型转型的关键时期，要把长期一直坚持学科知

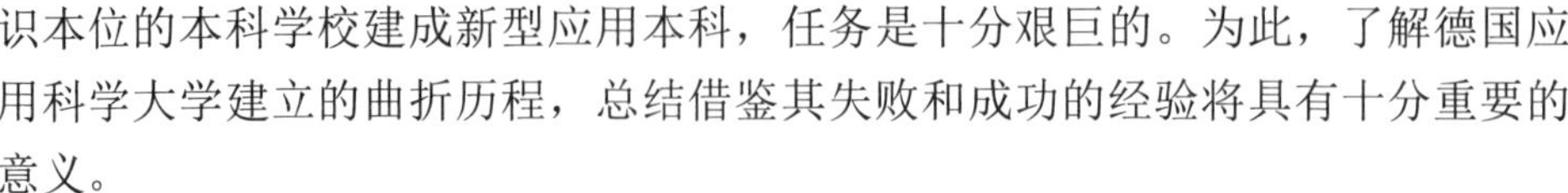

识本位的本科学校建成新型应用本科，任务是十分艰巨的。为此，了解德国应用科学大学建立的曲折历程，总结借鉴其失败和成功的经验将具有十分重要的意义。

邓泽民

2017年1月

目　录

丛书序

前言

第一章　产生与发展……1

第一节　产生的背景……1

一、经济社会发展的需要……1

二、高等教育发展的需要……2

第二节　发展的历程……4

一、起步探索阶段……4

二、快速发展阶段……6

三、功能拓展阶段……8

第二章　学制与衔接……10

第一节　学制的制定……10

一、初等教育……10

二、中等教育……10

三、高等教育……10

四、继续教育……11

第二节　教育的衔接……11

一、博洛尼亚进程前的教育体系……11

二、博洛尼亚进程后的教育体系……13

第三章　法律与治理……16

第一节　法律架构……16

一、学校地位的法律约定……16

二、师资地位的法律约定……16

三、学生地位的法律约定……17

四、校企合作的法律约定……18

五、经费投入的法律约定 …… 18
第二节 治理机制 …… 18
一、宏观治理 …… 18
二、学校治理 …… 21
第四章 专业与课程 …… 26
第一节 专业设置 …… 26
一、德国高校专业设置情况 …… 26
二、德国应用科学大学专业设置 …… 28
三、德国高校专业认证体系 …… 35
第二节 课程开发 …… 37
一、培养目标的确定 …… 37
二、课程体系的构建 …… 39
三、课程考核及评定 …… 44
四、课程的主要特点 …… 56
第五章 教学与研发 …… 59
第一节 教学 …… 59
一、教学目标 …… 59
二、教学内容 …… 60
三、教学组织 …… 61
四、教学方法 …… 63
五、专业实习 …… 68
六、毕业设计 …… 68
第二节 研发 …… 71
一、依托企业需求发展 …… 71
二、设立技术转让中心 …… 72
三、重视应用技术研发 …… 73
四、服务德企跨境发展 …… 75
第六章 学生与师资 …… 77
第一节 学生 …… 77
一、学生来源 …… 77
二、入学要求 …… 78
三、学生权利 …… 78

第二节 教师……81
一、教师的准入……81
二、教师的聘用……81
三、教师的职权……83
四、教师的构成……84
五、教师的培养……86
六、教师的培训……87
七、师资的考评……88

第七章 招生与就业……89

第一节 招生……89
一、招生数量……89
二、录取标准……89
三、招生政策……90
四、招生程序……91
第二节 就业……92
一、职业指导……92
二、就业服务……95
三、就业情况……96
四、就业保障……98

第八章 校企与教产……100

第一节 校企合作……100
一、学校……100
二、企业……104
第二节 教产融合……108
一、教育部门……108
二、行业协会……109

第九章 学分与学位……114

第一节 学分……114
一、学分的分配……115
二、学分的获得……116
三、学分的等级……117

第二节 学位 …… 118
一、学士学位的授予 …… 118
二、硕士学位的授予 …… 120
三、博士学位的授予 …… 122

第十章 投入与经费 …… 123

第一节 高校的经费收入 …… 123
一、政府拨款 …… 123
二、第三渠道经费 …… 125
第二节 高校的经费支出 …… 128
一、高校的支出情况 …… 128
二、高校的支出分配 …… 129
第三节 学费和资助 …… 130
一、高校学费制度的演变 …… 130
二、大学资助政策 …… 132

第十一章 质量与评价 …… 134

第一节 质量保障 …… 134
一、法律保障 …… 134
二、监督体系 …… 135
三、核心举措 …… 136
第二节 评价方式 …… 137
一、外部评价 …… 137
二、内部评价 …… 141

第十二章 启示与借鉴 …… 145

第一节 产生与发展的启示与借鉴 …… 145
一、产生与发展的启示 …… 145
二、产生与发展的借鉴 …… 146
第二节 学制与衔接的启示与借鉴 …… 146
一、学制与衔接的启示 …… 146
二、学制与衔接的借鉴 …… 147
第三节 法律与治理的启示与借鉴 …… 147
一、法律与治理的启示 …… 147
二、法律与治理的借鉴 …… 148

第四节　专业与课程的启示与借鉴 …… 150
一、专业与课程的启示 …… 150
二、专业与课程的借鉴 …… 151
第五节　教学与研发的启示与借鉴 …… 152
一、教学与研发的启示 …… 152
二、教学与研发的借鉴 …… 152
第六节　学生与师资的启示与借鉴 …… 153
一、学生与师资的启示 …… 153
二、学生与师资的借鉴 …… 154
第七节　招生与就业的启示与借鉴 …… 155
一、招生与就业的启示 …… 155
二、招生与就业的借鉴 …… 155
第八节　校企与教产的启示与借鉴 …… 156
一、校企与教产的启示 …… 156
二、校企与教产的借鉴 …… 157
第九节　学分与学位的启示与借鉴 …… 158
一、学分与学位的启示 …… 158
二、学分与学位的借鉴 …… 159
第十节　投入与经费的启示与借鉴 …… 159
一、投入与经费的启示 …… 159
二、投入与经费的借鉴 …… 160
第十一节　质量与评价的启示与借鉴 …… 161
一、质量与评价的启示 …… 161
二、质量与评价的借鉴 …… 162
附录一　德国应用科学大学名单 …… 164
附录二　德国高等教育专业目录 …… 177

第一章

产生与发展

第一节 产生的背景

一、经济社会发展的需要

第二次世界大战结束后，依靠良好的工业基础和较高的劳动力素质，同时在马歇尔计划的资金支持下，德国（注：本书 1949 年到 1990 年所指均为德意志联邦共和国）经济很快恢复并迅速发展。20 世纪 60 年代，德国超过英、法成为世界第三大经济体。这得益于德国在第二次世界大战前就已经建立的较为完善的职业教育体系。它持续不断地培养和培训了大批高素质的技术工人，被称为德国经济复兴和迅速发展的秘密武器。

20 世纪 60 年代后期，随着科学技术的发展，德国产业升级加快，迫切需要大批高层次的技术人才。这时，德国自 19 世纪开始建立的工程师学校、高级技术学院、机械学院已经不能满足产业快速升级带来的对高层次技术人才的需要，而德国原有的大学，如柏林洪堡大学、波恩大学、科隆大学等，也由于专业设置以基础性学科为主，定位于学术人才的培养，且学制较长，获得大学文凭至少需要 5 年时间，无法满足经济社会新的发展需求。

柏林洪堡大学（图 1-1）是德国最具代表性的大学。它于 1809 年由普鲁士教育改革者、语言学家威廉·冯·洪堡及其弟弟亚历山大·冯·洪堡创立。在成立之初共有四个传统学院，分别是神学、哲学、法学和医学，确定了教学与科研为一体，全面人文教育的办学宗旨。洪堡大学依据创校者洪堡“研究教学合一”的精神所创立，他希望洪堡大学能成为“现代大学之母”。根据洪堡的理念，现代的大学应该是“知识的总和”，教学与研究同时在大学内进行，而且学术自由，大学完全以知识和学术为最终目的，而非实务人才的培养。洪堡认为大学兼有双重任务：一是对科学的探求，二是个性与道德的修养。他说的科学指纯科学，即哲学；而修养是人作为社会人应具有的素质，是个性全面发展的结果，它与专门的能力和技艺无关。根据纯科学的要求，大学的基本组织原则有二：寂寞和自由。寂寞意味着不为政治、经济社会利益所左右，与之保持距离，强调大学在管理和学术上的自主性。在洪堡看来，自由与寂寞是相互关联、相互依存的，没有寂寞（独立）就没有自由。大学全部的外在组织即以这两点为依据。为此，洪堡大学强调建立以学术自由为核心的大学制度，创建教学科研结合的制度化组织（实验室），采用全新的教学方式（Seminar）。在此背景下，德国大学为本国培养了一大批一流学者，还吸引了世界最优秀的学者和学生。到 1875 年前后，世界科学技术中心已由法国转移到德国。一时之间，德国其他大学无论新老，皆以效仿洪堡大学为荣。

图 1-1　柏林洪堡大学

可随着经济的恢复，产业升级加速，德国技术人才的短缺已严重影响了这个资源缺乏、依靠技术创新发展的国家在国际上的竞争力，引起了企业界对大学教育的非议和社会各界的强烈关注。

二、高等教育发展的需要

德国的高等教育产生于中世纪晚期，其产生方式不同于欧洲早期的大学，虽然也采取了巴黎大学自治团体的模式，但它不是作为学者联合体自发产生的，而是由代表封建邦国的诸侯建立的。因此，从一开始德国的大学就既有学术自治的传统，又有受政府控制的特点。

德国的第一批大学，如布拉格大学（1348 年）、维也纳大学（1365 年）、海德堡大学（1386 年）、科隆大学（1388 年）、埃尔福特大学（1392 年）、维尔茨堡大学（1402 年）、莱比锡大学（1409 年）就是在这一时期创立的。中世纪德国大学的传统模式一直延续到了 19 世纪初德国大学改革运动时期。

在文艺复兴、宗教改革和启蒙运动的推动下，德国大学数量迅速增长，教学内容与教学方式也得到革新，但大学教育的组织形式基本上没有太大的改变。这一时期新建的大学主要有马尔堡大学（1527 年）、柯尼斯堡大学（1544 年）、耶拿大学（1558 年）、黑尔姆施泰特大学（1576 年）、阿尔特多夫大学（1622 年）、杜伊斯堡大学（1655 年）、基尔大学（1665 年）、哈勒大学（1694 年）及哥廷根大学（1736 年）。到 18 世纪末，德国已有 42 所大学，是欧洲国家中大学最多的一个国家。

18 世纪末，德国大学所面临的种种危机日渐凸显，最鲜明的问题是其发展的脚步落后于时代的进步，如大学里教授的知识水平不高，师资水平低下，教学方式死板，课程内容陈旧，教学语言过时，学生规模小，这些因素导致了一些大学的倒闭，信任危机和战争冲击使得高等教育系统岌岌可危。19 世纪初的德国大学改革是威廉·冯·洪堡 1809 年 2 月开始担任普鲁士国务枢密顾问和内务部文教局局长期间进行的，在短短的 14 个月任期内，他和施莱尔玛赫、费希特一起，根据新人文主义观念对初等、中等和高等教育进行了全面改革，创建了柏林洪堡大学。柏林洪堡大学及其后近百年德国高等教育机构的成功实践，成为德国走向高等教育强国的决定性因素。

洪堡理念是以新人文主义观为基础的，培养和教育的是有修养的人或文化人。随着西方社会理性化和科层化发展，文化人的理想日益被专业人理念所取代，德国的高等教育理念也相应地向“学术与职业并重”演变。第一次工业革命伊始，德国正处于民族分裂状态；19 世纪中后期德意志帝国统一后，德国开始工业化。随着工业化的深入，教育与工艺实践的联系更加密切，大学里的学科分类越来越细，为消除不同领域间的障碍，现实主义倾向出现。现实主义者认为，应以实际的方式解释教育目的，用职业所需的技能训练青年，高等教育应满足社会需求。这种教育思想与新人文主义思想相比，虽然缺乏深奥的哲学基础，在 19 世纪处于弱势地位，但却为德国大学的生存和发展奠定了新的基础。

第二次世界大战后的二十年间，德国各州文化部长会议的报告《经济增长与教育事业的发展》强调了教育在经济发展中应承担的责任。1964 年，大学教授皮特希发表的《德国教育的灾难》（*Die deutsche Bildungskatastrophe*）系列文章，指出德国的教育规模远远不能满足未来社会对人才的需求，因此必须大力发展中等与高等教育。1965 年，德国社会学家达伦多夫出版了《关于教育是公民的权利：为一种积极教育政策的辩护》一书，并认为，德国有四类人在教育方面受到歧视，他们分别是农村儿童、工人子女、女孩子和天主教徒。据资料统计，农村青年进大学的人数只占大学生总数的 3.5%；女青年占青年总数的 49%，但是女青年进大学的人数只占大学生总数的 26%；天主教徒占总人口的 44.1%，但是天主教徒进大学的人数只占大学生总数的 34.2%。达伦多夫还指出，工人占就业人口的 50%，而其子女读大学的人数仅占大学生总数的 5%[①]。1960

① 李其龙，孙祖复．战后德国教育研究[M]．南昌：江西教育出版社，1995：29．

年，德国大学升学率为 7.9%，远远低于美国（23.6%）和日本（10.3%），高等教育的发展规模已无法满足社会对各类高素质人才的需要和大众迫切的高等教育需求。

高等教育大众化就意味着教育目标要多样化。一方面，应保持德国高校重学术的教育和文化，从培养高层次研究人员的角度看，德国传统的学术培养方式仍然具有很大的价值，但它并不适合大众高等教育，不是所有的学生都可以走这条道路。在德国的大学中，大学生的流失率很高，大约为20%。这里当然有课程组织、大学生需要打工谋生等原因，但有一点也是很明确的，就是许多大学生认为学习内容过于学术化，与自己的就业需求距离甚大，要么跟不上，要么不愿跟。另一方面，大学应当为大多数学生提供职业预备性教育。也就是说，大学应当放弃传统的统一的学术培养标准，分层次、分类型地对学生进行培养，就需要新建和扩建一批高等学校，这就为应用科学大学的产生和发展提供了难得的机会和空间。

据统计，1960 年联邦德国有高校 131 所，1975 年增加至 213 所，其中 97 所为新建的应用科学大学和行政管理学院；1990 年，高校数升为 248 所，其中综合大学和专业艺术大学 126 所，应用科学大学和行政管理学院 122 所；2011 年全德高校总数达 379 所（117 所综合大学、207 所应用科学大学、55 所艺术和音乐大学），其中公立大学 240 所，国家认证的私立大学 139 所（99 所私人创办、40 所教会大学）①。

第二节　发展的历程

一、起步探索阶段

从 20 世纪 60 年代开始，德国大学因为脱离社会现实、脱离实际而备受批评。为了改变大学教学和学习“远离实际”传统，加强其实践取向，政府从 20 世纪 70 年代开始推行庞大的教学和学习改革。德国试图采用大学办应用型专业的方式来解决这些问题，但没有成功。后来又提出建立短学制的模式，即在传统的大学教育中分出一个强调职业针对性教育的层次。但这一模式受到大学教师以及学生的普遍反对，认为这种模式不符合大学教育的理念，缺乏学术性。后来，又试办学术与应用兼顾的综合高等学校。办综合高等学校的突出目的是

① 孟虹．继承与创新：德国高等教育的改革及其启示[J]．中国人民大学教育学刊，2013，1:54-69.

在不同类型的高等教育之间建立进一步的联系或实行一体化。1971 年德国在卡塞尔建立了第一所综合高等学校，到 20 世纪 70 年代中期德国共建立了 11 所综合高等学校，1971 年招生 2900 人，1978 年招生 6 万多人。综合高等学校是德国高等教育史上一次历史性的尝试，它打破了洪堡传统学术性大学教育一统的局面。但不久综合高等学校还是逐渐偏向学术，又没有成功。

泰希勒等人在 20 世纪 80 年代对这一改革进行了大规模的实证研究，并不无遗憾地指出："实践取向的学习改革不过被视为现行学习实践的一种有限的添加剂，已被不声不响地搁置了，或者几乎只是作为倡导者的爱好而继续进行。"这一改革面对各种困难，但传统的学习观念显然是其中一个主要的因素，由此也可以看到传统的学术至上取向的深远影响。

人们开始认识到，只有改变原有的单一类型的高校体系，打破学术至上的传统，建立起由不同类型的高等教育组成的体系，才能满足社会对不同类型人才的需要。这是德国应用科学大学产生的主要因素之一。

1964 年，为了规范当时各州工程师学校或工程学校，德国各州文教部长联席会议通过了《关于协调、统一工程师教育的规定》。这个规定推动了工程师学院的发展，使德国的工程师学院达到 100 多所。从 1967 年开始，巴登-符腾堡、柏林、北莱茵-威斯特法伦等州先后建立了以工程技术为专业特色的新型高等教育机构，进行新型高等教育的尝试。

因此，1968 年 10 月 31 日，德国政府与各州根据《联邦共和国各州统一专科学校的规定》签订了共同建立应用科学大学的协议，规定从 1969 年到 1971 年，将工程师学校、工业设计高级专科学校、社会公共事业专科学校、经济高级专科学校等中等职业学校进行合并改制，在继续保持其实践性、应用型特色的基础上，升格为高等教育机构——应用科学大学，专门培养具有专业性强、侧重实际应用的高级应用型人才。德国应用科学大学应时而生。

德国自 19 世纪开始建立的工程师学校、高级技术学院、机械学院等在培养技术人才方面有很好的基础。而德国应用科学大学的前身是第二次世界大战前就存在的工程学校，是专门培养工程技术人才的学校，也被称为工程师学院。例如，安哈尔特应用科学大学前身就是闻名世界的以包豪斯学院为代表的建筑设计学院，埃尔福特应用科学大学前身是建于 1901 年的普鲁士皇家建筑工程师学校。

到 1975 年，德国用不到 10 年的时间就开办了亚琛应用科学大学、波鸿应用科学大学、柏林工程应用科学大学等 97 所应用科学大学。这些学校设置了德国经济社会发展所急需的专业，开设的专业从初期的 47 个逐步精选到 17 个，

加强师资培训，以适应新的课程要求，对实验室装备进行更新和补充。

今天，德国应用科学大学中有 1/3 是在原有的工程技术类学院基础上建立的[①]。

安哈尔特应用科学大学 [Hochschule Anhalt（FH）] 为萨克森-安哈特州最具影响力的应用科学大学，正式成立于 1991 年，其前身是闻名世界的以包豪斯学院为代表的建筑设计学院。这所大学具有近百年的历史，现由科滕（Köthen）、德绍（Dessau）和贝恩堡（Bernburg）三大校区组成（图 1-2），与全世界 42 个国家、86 所大学合作办学。其优势专业为建筑学、景观建筑、机械、设计、经济贸易、生物医学、食品科学等。现有学生 7900 多人，包括超过 80 个国家的近 1300 名外国留学生。

图 1-2　安哈尔特应用科学大学

安哈特州作为德国生物化学工业最发达的地区，在该领域也处于世界顶尖水平。其生化产品、医药制造业占德国所有联邦州同类产品销售额的一半以上，越来越多的企业正把他们的科研力量转到该州，并与该州的大学和研究机构合作，为企业发展提供了强有力的技术支持。

作为该州重要的有创新能力的大学，安哈尔特应用科学大学和马丁路德大学利用本州产业领先的地位，合作开设生物医学工程高端国际硕士专业，并于 2001 年开始招生。其目标是为急需人才的该领域培养一批国际化、复合型的高端人才。同时欧洲的学分转移系统已被引入，可以无障碍地承认学分，英语作为教学语言，毕业授予硕士学位。通过对教学和研究进行严格的质量跟踪管理和定期实施评估，保证了很高的教学水平。学生经过注册（双重注册）将取得一个联合的文凭。

二、快速发展阶段

1976 年，德国颁布的《高等教育总纲法》正式明确了应用科学大学作为高等教育机构的法定地位。之后，应用科学大学在德国进入了快速发展时期，学

① 秦琳. 以应用性人才培养促进区域经济发展和国家竞争力提升——德国应用技术大学的经验[J]. 大学（学术版），2013，09：60-66.

校数量不断增加，招生规模不断扩大。随着不断完善法律法规，德国确定了应用科学大学的法律地位和培养制度，包括入学条件、师资要求、教学条例等。在德国传统的高等教育框架内发展了一种新型的高等学校。1985 年欧共体（欧共体于 1993 年 11 月 1 日正式过渡为欧洲联盟）通过了承认德国科学大学文凭的文件。

1990 年，东部地区从西部地区最先引入的高等教育办学模式就是应用科学大学。1991 年，德国东部新建应用科学大学 17 所，3 年后便翻番为 33 所。相比之下，应用科学大学的规模发展速度比普通综合性大学的规模发展速度要快。1992 年，欧共体正式承认德国应用科学大学符合欧共体的大学学历标准。从 1993 年到 2012 年的 20 年时间里，德国应用科学大学的数量从 125 所增加到 214 所，远远高于其他类型高校的数量增长。其中，私立院校的数量从 39 所增加到 109 所，已经占到所有应用科学大学的一半。2013 年，应用科学大学注册在校生共 82.8 万人，约占德国高校在校生总数的 1/3[①]。

起初，应用科学大学的学科设置以工程技术类专业为主，但很快拓展到社会工作、商学等应用型的社会科学领域。进入 20 世纪 90 年代，为应对新兴的社会需求，德国应用科学大学中跨学科的应用型专业增多，如工业工程与管理、生物工程、化学工程、应用化学、经济法学、管理学等。另外，还有一些新兴的专业得以发展，特别是非医师类的卫生健康和护理类专业，如护理学、护理管理、护理教育学、应用健康学等。

从学科大类上看，最近 10 年德国应用科学大学经济、法律和社会类专业的招生规模显著增长，成为在校生最多的专业领域。其次是工程技术类专业，在校生规模也有较大增长，如表 1-1 和图 1-3 所示[②]。总体来说，在四十多年的发展历程中，尽管专业数量和类型有较大变化，但应用型始终是德国应用科学大学专业设置的基本准则。

表 1-1　德国应用科学大学各专业招生人数　（单位：人）

年份	语言和人文科学	法律、经济和社会科学	数学和自然科学	医学和健康卫生学	农业、林业和食品科学	工程科学	艺术学
2005	17 081	223 909	67 366	12 864	17 914	190 500	17 801
2010	14 620	285 065	79 429	20 999	19 041	241 951	22 192
2015	9 199	400 294	18 756	47 513	23 229	400 921	28 292

① Higher Education in Germany [EB/OL]. [2016-11-10]. https://www.hrk.de/activities/higher-education-system.

② https://www.destatis.de/DE/Publikationen/Thematisch/BildungForschungKultur/Hochschulen/KennzahlenNichtmonetaer2110431157004.pdf?__blob=publicationFile Statistisches Bundesamt, Fachserie 11, Reihe 4.3.1, 1980-2015[EB/OL].(2016-09-12).

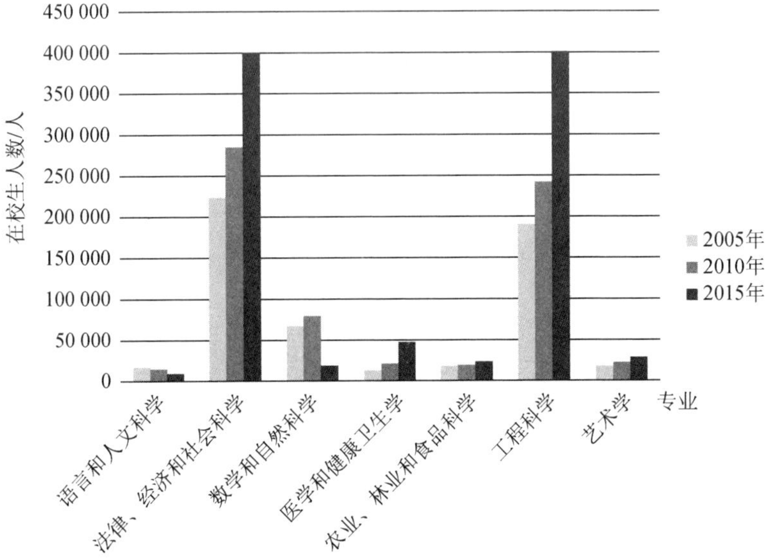

图 1-3　2000～2010 年德国应用科学大学各专业在校生数量变化

三、功能拓展阶段

在前期发展过程中，德国应用科学大学主要定位于人才培养，通常不涉及科研活动，在各个州的高等教育法规中，应用科学大学的任务被明确定位于应用型人才培养，科研则被规定为是综合性大学和科研机构的任务。但 20 世纪 90 年代中后期以来，很多应用科学大学开始从事应用型科学研究和技术研发方面的工作，越来越多的州开始将应用型科研作为应用科学大学的一项必须的或选择性的任务。

在 1998 年之前，德国综合性大学所授第一级学位为文凭学位（Diplom，主要在自然科学领域）和文科硕士学位（Magister，主要在人文社会科学领域），这两个学位在国际比较中通常被视为等同于其他三级学位体系国家中的硕士文凭。而应用科学大学所授毕业学位（Diplom）后须加后缀“FH”，这通常被视为应用科学大学所授文凭略低于大学文凭的象征。为改变这一现象，1998 年德国对高等教育学制进行了改革，德国综合性大学和应用科学大学都引入了“本科-硕士”学位体系，且不同高校类型所授的本科、硕士学位没有地位差别，只有专业的区分。最新政策显示，应用科学大学在与综合大学协作的前提下可以培养博士生，这将进一步发挥其培养应用型高技术人才和开展应用研究的潜力，使两类大学在保持各自特色的基础上协同合作。此外，政策讨论还表明，应用科学大学未来可能有机会和综合大学一样参与德国精英大学建设计划，这将进

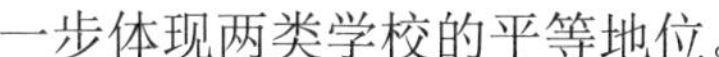

一步体现两类学校的平等地位。

1990 年 12 月 18 日，德国科学评议委员会在对应用科学大学做展望时又指出：必须尽快大力扩建这类大学并进一步发展其理念。联邦教育与科研部也一再强调要优先考虑应用科学大学的扩建，扩大应用科学大学的招生能力。1999 年博洛尼亚改革进程启动之后，德国应用科学大学积极采用新的学位体系，与世界接轨，德国应用科学大学在世界上的认可度也在不断地提高。

第二章

学制与衔接

第一节 学制的制定

德国的学制16个州不尽相同，但一般而言，其教育都分为初等教育、中等教育、高等教育和继续教育四级。

一、初等教育

儿童一般6岁进入初等教育阶段，该阶段为4年，为第一级教育。在进入初等教育之前，儿童3岁进入学前教育，但国家不做要求，各个家庭自愿。因此，在德国学前教育不在这4级教育之列。

二、中等教育

第一级教育后，一般10岁进入中等教育阶段，为第二级教育。中等教育分为中等教育第一阶段和中等教育第二阶段。在第一阶段，学生根据自己的兴趣、爱好、能力、特长和一级教育的成绩，选择进入国民学校、实科学校或完全中学。

国民学校产生于16世纪，教习实用知识和新教教义。17世纪初，这种学校逐渐增多，成为实施义务教育的机构。动手能力强、成绩差的贫民子弟多上国民学校。由于客观上存在歧视现象，国民学校对学生吸引力的急剧下降，已面临解体并入实科学校的趋势。实科学校于18世纪初出现，是一种既有普通教育性质，又有职业教育性质的新型学校，实科学校修业期为6年。学习中等、爱动手操作的学生上实科学校。完全中学学制为9年，学习好、希望从事学术工作的学生上完全中学。完全中学5～10年级属中等教育领域的第一阶段。

20世纪80年代，德国产生了综合学校。它试图消除三类学校间的差距，给人人以均等的教育机会。

三、高等教育

第三级为高等教育阶段，该阶段主要在德国各类高校完成。德国的高校主要分三种类型：一是综合性大学及与其同等级的高等院校，二是应用科学大学

(FH)、双元制大学，三是高等艺术与音乐学院。

应用科学大学的学制规定为 3～4 年，其中包括两个学期即一年的实习期，因此简称为“3+1”或“2+1”学制。作为有法律保证一年的实践学期，充分体现了应用科学大学高度重视实践教学，这也是决定并影响其教学质量的关键因素。

四、继续教育

第四级为继续教育阶段。它包括国民大学、职业补习学校、国民学校夜校、实科学校夜校、完全中学夜校和职业成人中学。它保证了人们能够不受时间、地点、年龄、学历的限制，终身接受教育。

总体来看，德国的学制，结构是非常自由、实用的。这与信奉自由主义、务本求实的德国文化传统价值的观念是相吻合的。

第二节　教育的衔接

1999 年 6 月，欧洲 29 个国家在意大利的博洛尼亚签署宣言，由此开启了欧洲高等教育改革的进程，即今天众所周知的博洛尼亚进程。博洛尼亚进程最初的目标如下：①建立一套较易理解且易于国别比较的学位体系；②建立以本科生教育、研究生教育为基础的高等教育体系；③建立欧洲学分转换体系；④排除流动障碍，促进学生、教师和研究人员的流动；⑤通过设计可比较的标准与方法，提高欧洲各国在高等教育质量保障方面的合作；⑥促进所有欧洲国家高等教育的欧洲取向，特别是在课程、校际合作、师生流动以及在学习、培训与研究方面的整合型计划。

德国大学的传统学制与英、美两国的学制相比，由“硕士+博士”组成，且修学时间较长，学生获得第一个高等教育学位的年龄在 25～27 岁，而美国学生的平均年龄在 23 岁，这使得德国大学的毕业生在国际劳动力市场中处于劣势。而《博洛尼亚宣言》的目标之一是打通欧洲各国因学制不同而造成的学历、课程学习认证壁垒。德国作为《博洛尼亚宣言》第一批签署国之一，在这场改革中历经数次重大调整。

一、博洛尼亚进程前的教育体系

如图 2-1 所示是德国博洛尼亚进程前的教育体系。从图 2-1 可以看出，儿童一般 6 岁进入初等教育阶段，4 年后进入中等教育阶段第一阶段。这时学生进入的学校有主体中学、实科学校、文理中学（相当于完全中学）和综合学校。在中等教育第二阶段，成绩不理想，但动手能力强的学生进入五年制的主体中学学习，大部分接受三年制职业教育后，进入劳动市场；逻辑思维比较强、外语能力比较突出的进入九年制的文理中学；其他的学生进入六年制的实科中学。

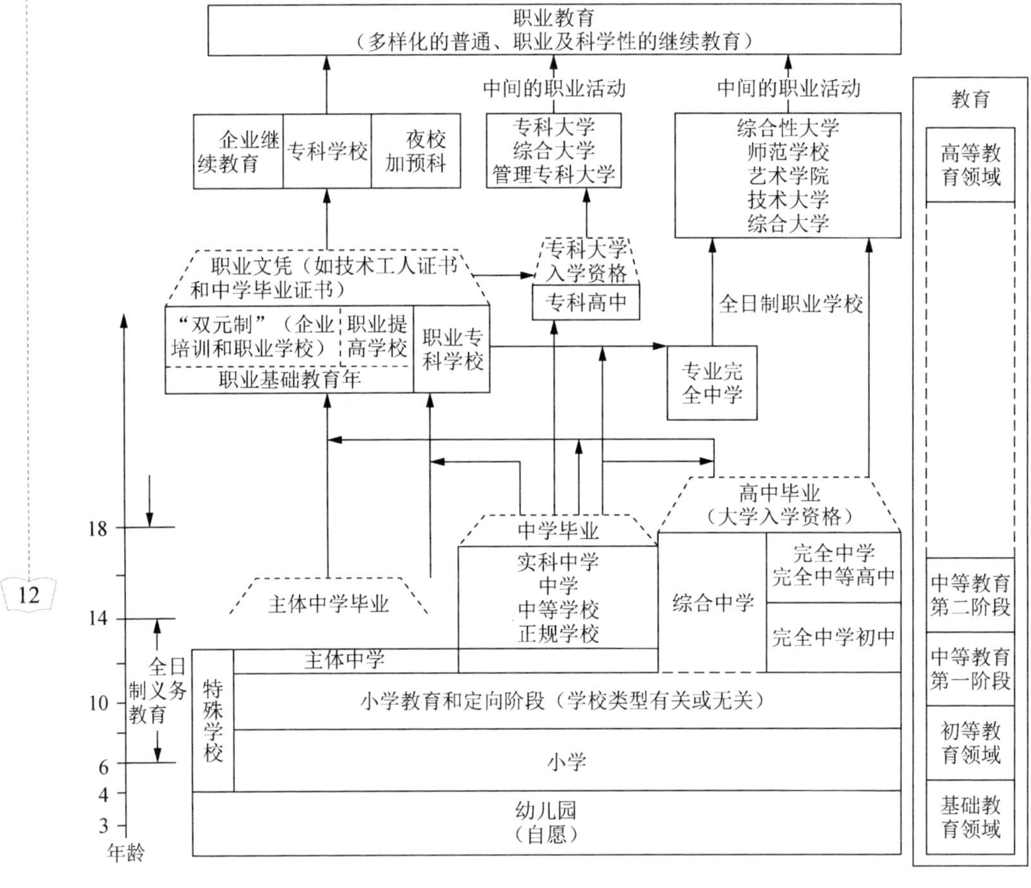

图 2-1　德国博洛尼亚进程前的教育体制

实科中学的学生毕业或升入应用科学大学或进入双元制大学学习。九年制的文理中学毕业生进入综合性大学及与其同等级的高等院校。

综合大学以培养科学后备力量为方向，毕业生通常具有较强的独立工作和科学研究的能力。应用科学大学最初被翻译成高等专业学院，但为了方便国际教育交流与合作的需要，1998 年德国文化部长联席会议和高校校长联席会议做出决议，将其英文名称统一为 University of Applied Sciences，直译为应用科学大学。双元制大学（Duale Hochschule，DH）在 2009 年前称为职业学院（Berufsaskademie，BA），属中等职业教育，2009 年之后升格为双元制大学。

二、博洛尼亚进程后的教育体系

德国作为《博洛尼亚宣言》的首批签署国、博洛尼亚进程的倡议国和积极推动者，在博洛尼亚进程后，其高等教育发生较大的变化，其中最主要的变化是学制和学位结构的变化。德国大学的学位制由二级（硕士、博士）变为三级（学士、硕士、博士），原来传统的一级学位 Diplom（理工硕士）和 Magister（文科硕士）被逐渐淘汰，代之为新设立的、国际通行的学士和硕士学位（Bachelor 和 Master）。

为了实现由二级学制向三级学制的转化，德国采取了多项举措。第一，2010 年起所有新生只能申请学士和硕士课程，大学不再招收新的 Diplom/Magister 学生。学士入学人数由 2000/2001 学期的 8443 人增长至 2012/2013 学期的 40.4 万人，而传统学制的新生入学人数则由 2000/2001 学期的 33.5 万人下降到 2011/2012 学期的 12.9 万人，新入学人数仅为原来的 38.6%[①]。第二，限定完成传统二级学制学业的最后时限。德国在学制改革过程中碰到的棘手问题是如何应对传统学制下尚未完成学业的学生。面对这一情况，各联邦州都要求高校进行改革，避免旧学制的学生无限拖延求学时间，延误新学制的全面展开。以柏林工业大学为例，其学术评议会于 2012 年 11 月召开，对各个专业中“遗留下”尚未毕业的 Diplom/Magister 学生发出毕业期限的“最后通牒”：人文与社会类学科的最终结业考试截止时间为 2015 年，理工类学科的截止时间为 2020 年。传统学制的学生若要获得 Diplom/Magister 学位，必须赶在最终结业考试时前修完所有学分，这一举措保证了新学制不久后将完全替代目前的双轨制。

在目前德国高校开设的专业中，学士或硕士学制所占的比例已达 76%。按新学制的要求，本科专业的规定学习时间最短为三年，最长为四年；硕士专业的标准学时最短为一年，最长为两年，取得本科毕业证书便具有了继续攻读硕士学位的资格。学士学位在博洛尼亚进程启动之后被视为第一级具有就业资格的学位。

博洛尼亚进程后，德国综合大学举办学士、硕士、博士三级学位教育，应用科学大学则举办本科学士、硕士教育，双元制大学开展本科学士学位教育，也可与应用科学大学联合开办硕士教育。博洛尼亚改革后德国的高等教育体制与学位机构如图 2-2 所示[②]。

① 朱佳妮．搭乘欧洲高等教育一体化快车？——“博洛尼亚进程”对德国高等教育的影响[J]．清华大学教育研究，2014，35（6）：66-74

② Higher Education in Germany [EB/OL].(2016-12-04). https://www.hrk.de/activities/higher-education-system.

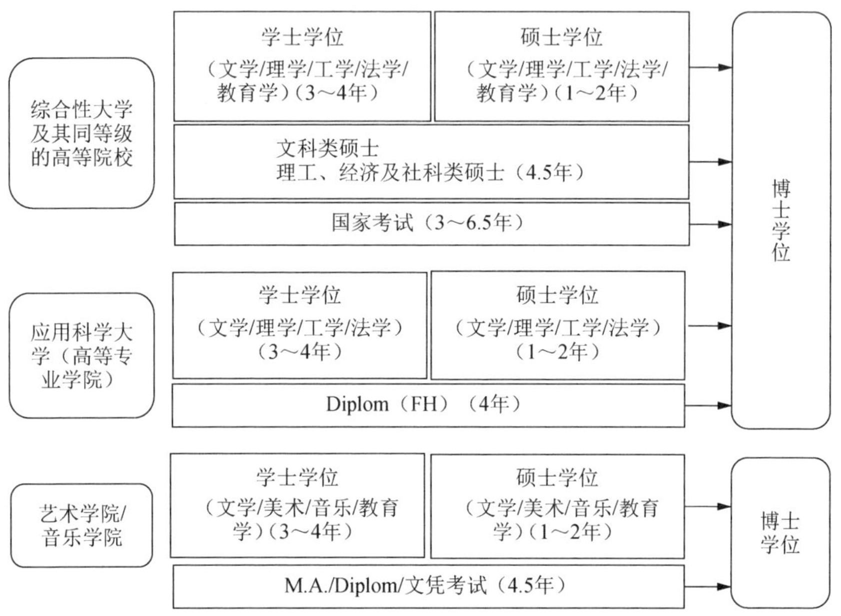

图 2-2　博洛尼亚改革后德国高等教育体制与学位机构

应用科学大学颁发的学士学位和硕士学位的名称和种类与综合性大学及同等级院校的学位基本相同，但没有教育学学士/教育学硕士，因为它们不从事教师教育。应用科学大学颁发的硕士学位与综合性大学的硕士学位一样，可以赋予学生读博的资格。不过，因为应用科学大学没有从事博士教育的资格，所以，其毕业生要想读博士，需要去综合性大学及与其同等级的高等院校。获得学士学位或者 Diplom（FH）学位的优秀毕业生，也可在通过专门的资格测试之后，直接进入综合性大学及与其同等级院校攻读博士学位。

2016 年，黑森州的富尔达应用科学大学（Hochschule Fulda）成为德国首个能够独立授予博士学位的应用科学大学。此前德国的应用科学大学（FH）只能与综合性大学合作授予博士学位。

富尔达应用科学大学（图 2-3）是德国黑森州的一所公立应用科学大学。该大学成立于 1974 年，现有 170 余位教授，近 8300 多名学生，其中有来自 100 多个国家的 1100 多名留学生。富尔达应用科学大学现有 8 个学院，分别为应用信息技术学院、电气工程与计算机科学院、食品科学院、护理与卫生学院、社会与文化学院、社会学院、生态营养学院和经济学院；开设有 30 多个本科和硕士专业，如应用计算机科学、经济信息学、数字媒体、电子商务、电气工程与信息技术、经济工程学、食品工程流程技术、系统设计与产品管理、公众健康营养学、生态营养学、家庭与营养学、国际食品贸易、卫生管理、公共卫生促进、护理与卫生工作教育学、护理管理、物理疗法、社会法律、早期儿童教育、企业经济学、国际管理学和供应系统管理等专业。其热门专业有卫生学、电气工程、计算机科学、环境科学和营养学等。

图 2-3　富尔达应用科学大学

富尔达应用科学大学是德国第一所获得独立授予博士学位的应用科学大学，这一权利的授予在德国引起广泛争议，黑森州政府希望借此推动德国高等教育体制的进一步发展。黑森州科学部长莱茵认为这是科学政策史上的重大事件。富尔达应用科学大学校长卡里姆·卡克萨说，独立的博士学位授予权将大大改善应用科学研究在高校中的框架条件，特别是那些在高校中还没有或仅处于边缘地位的专业方向。

黑森州是第一个给予应用科学大学以独立博士学位授予权的联邦州，对此黑森州科学部提出的口号是“高层次而非大众化”，即能够考虑授予博士学位的仅限于应用科学大学中“能证明其研究优势”的专业方向。黑森州科学部认为，富尔达应用科学大学“社会学博士点”达到了这些前提条件。该专业方向不仅获得了足够的第三方资金支持，而且有足够数量的科研成果发表，其研究重点为全球化、欧洲一体化及跨文化。

第三章

法律与治理

第一节 法律架构

德国通过《联邦职业教育法》《联邦职业教育促进法》和《手工业条例》来规范职业教育，此外还有其他相关的法律法规，如《青年劳动保护法》《企业基本法》《培训员资格条例》《实训教师资格条例》以及各州的职业教育法。这些法律牢固地确立了职业教育在德国国家教育系统和经济活动中的地位和作用，规范了德国的职业教育在培训企业和受培训者之间的关系、双方的权利和义务、培训机构的资质与培训教师的资格，以及学校名称、培养目标、专业设置、学制长短、办学条件、经费来源、教师资格、教师进修、考试办法、管理制度等。

与此同时，为了保障职业教育制度的落实，德国政府还设立了一套包括立法监督、司法监督、行政监督、社会监督在内的职业教育监督系统，使职业教育真正做到了有法可依、依法治教、违法必究的法律体系，以法律形式完善了职业教育的管理和运行机制，为应用科学大学建立了良好的制度环境。

一、学校地位的法律约定

1964 年，州文教部长联席会议通过了为规范当时各州工程师学校或工程学校而签订的《关于协调、统一工程师教育的规定》，这个规定推动了工程师学校的发展，使联邦德国的工程师学校达到 100 多所。这个规定也推动了联邦德国各州签订《联邦德国各州统一专科学校的规定》。根据这个规定，各州在工程师学校的基础上，合并其他从事经济管理、社会管理、设计和农业等高等职业学校，建立应用科学大学。1976 年的《高等学校总法》规定，应用科学大学文凭与综合大学文凭具有同等效力。1985 年德国《高等教育结构法》中明确规定："不同的高校形式作为不同类型的高校体系中等值的要素而相互存在"，即从法律地位上说明了应用科学大学和综合大学及其同类高校是"不同类型，但是等值"的，界定了应用科学大学的法律地位。

二、师资地位的法律约定

1969 年《职业教育法》和 1973 年《高等教育、职业教育专业培训及考试细则》（以下简称《细则》）的颁布，使德国职教师资培训实现了规范化。《细则》

规定将从事职教工作的师资分为两大类，即职业学校教师和企业实训教师，职业学校教师又分为理论教师、普通教育课教师和专业实践课教师。其中，实训教师占到教师总数的70%以上[①]。在分工上，职业学校教师承担理论课，包括文化课教学；实训教师负责企业培训的计划、组织实施和监督。职业学校的三类教师中，理论教师和普通教育课教师要求具有大学学历。其中，理论课教师必须接受过完整的高等教育和教育学院教育，并通过国家的两次考试。专业实践课教师要求具有中等学历，并且通过一定的考试，有丰富的实践经验。总体来讲，职业学校教师的素质包括了解有关学科教学计划的内容，具备专业教学法及方法学等知识，以及本专业的工作方法，能够完成教学计划的制订、准备、组织和评价工作。

通常情况下，理论课教师要上两门课，选择的科目可以是两个不同专业的科目，也可以是一门专业科目及一门普通教育科目；普通教育课教师主要上普通文化课，如德语、外语，政治、历史、自然科学、宗教和体育等；专业实践课教师的工作任务主要有两项，即在“双元制”职业学校中给学生上专业理论课的实验课，或者在全日制学校上专业实践课。对于企业里的实训教师的任职资格，根据德国《职业教育法》和《实训教师资格条例》的规定，只有在“品格上和业务上均适合职业教育工作，并且具有条例中所要求的职业教育学和劳动教育学知识并通过相应考试的人”，才可以作为实训教师。品格要求指对儿童和青少年无伤害行为，没有严重或多次违反《职业教育法》及有关规定；业务上的要求为教师必须年满24岁，接受过同专业“双元制”职业培训并通过结业考试，考试由各主管部门如工商业联合会和手工业协会等负责组织建立考试委员会，对其进行笔试和口试，此外还需要有该职业实践经验。实训教师培养是通过对具有实践经验的专业人员继续教育实现的，由完全开放的教育市场进行。

三、学生地位的法律约定

2001年，德国高校教师法进行了修订，解决了应用科学大学教授与综合大学教授之间工资级别差异较大，应用科学大学毕业生与综合大学毕业生在公务员担任过程中工资级别上存在差别等问题[②]。

在学生实习的制度方面，德国于1969年颁布实施《联邦职业教育法》，之后又相继颁布了与之配套的法律法规，如《企业基本法》《培训员资格条例》《青年劳动保护法》《职业教育促进法》《技工条例》等一大批法律法规。政府各部门、行业组织和地方政府也相继出台相关的条例或实施办法。这些法律法规的出台，明确了政府、企业、高校在组织学生实习方面的责任和义务，规定了学

① 刘晓萍．德国职教师资之重——“师傅”培养制度研究[D]．天津：天津大学，2008．

② 顾金良．德国应用科技大学研究摭谈——兼论其对我国高职院校发展方向的启示[J]．职教通讯，2011，（07）.：50-52．

生实习的原则和办法，从而保障了学生实习的权利。

四、校企合作的法律约定

1972 年 5 月 30 日发布的《联邦政府与州文化部长就职业教育领域教育条例和框架教学计划协商程序的协议》是以校企合作为规范对象的专项协议。这一协议规范了联邦政府和各州文化部长就培训条例和框架教学计划的协商过程，成为联邦和各州协商职业教育基本问题的重要手段。

为了协调企业与职业学校之间的协作关系，德国制定了完备的法律法规，如《教育法》《职业培训条例》《劳动促进法》等，对双方的职责及相关的激励与制约措施进行了明确规定，实行依法治教。《职业培训条例》还规定了职业考试的最低标准，通过考试者由工商联合会统一颁发合格证书，考试的组织实施由行业协会承担，保证了考试的客观性和严格性。

五、经费投入的法律约定

教育质量提升不可能是免费的，必须有成本的投入。对于学校教育，其经费投入的主体是国家政府。对学校教育实施管理的主体是联邦、州及地方各级政府机构，这种以国家为主的学校教育经费投入模式有力地保障了教育事业的发展。运用立法为职业教育提供资金保障是德国职业教育的主要特点，充分体现了职业教育的发展须以活动成本作保障的原则。德国在职业教育法规中直接规定了职业教育费用的支付问题，州政府负担职业学校的经费，包括学校课程、培训和教师工资，地方政府负担校舍及校内设备的建筑等基础设施、维修费用和管理人员的工资等人事费用，倡导学校合目的性地使用经济成本。

第二节 治理机制

德国是一个联邦制国家，对高等教育的管理也实行联邦制。除了个别私立、教会、国防军和行政专科大学外，其他所有大学都属于联邦州政府的管辖。德国高等教育经过数百年的发展，形成了独具特色的高等教育管理体系。

一、宏观治理

德国高等教育管理体系包括联邦各州政府对管辖范围内的高校的实质性管理和联邦政府对高等教育的宏观管理。在高等教育宏观管理方面，联邦政府的作用主要体现在立法和政策的制定上。第二次世界大战结束后，德国在高等教育发展的几个重要时期，都通过立法、修改原有法案以及发布有关高等教育政策的报告等对高等教育施加影响（表 3-1）。

表 3-1　第二次世界大战后德国政府发布的高等教育相关法规、政策及报告

发布年份	法律、法规、政策文本	内容
1949	《德意志联邦共和国基本法》	实行以州为核心的地方分权式高等教育管理体制，联邦政府无权干涉
1969	《德意志联邦共和国基本法》修订案	赋予联邦政府与州政府在高等教育领域的几项"共同任务"，包括联邦与各州政府共同资助和建设高校和大型设施；赋予联邦政府"就高等教育的一般性原则制定纲领性法律"的权利，使其开始涉足高等教育领域
1976	《高等教育总纲法》	在高校的组织、管理、入学和教学改革、人员结构以及高校成员参与管理等方面做出统一规定，作为各州制定各自高等教育法的指导框架；使联邦政府对高等教育的管理范围从财政、人事等传统领域进一步延伸到学术领域
1998	《高等教育总纲法》第四次修订案	推进组织制度的"去控制化"，建立绩效导向制度，引进激励机制，促进高等教育机构之间的竞争和多样化，以及在更大程度上提高高校的自主权
2007	《德意志联邦共和国基本法》改革法案	进一步明确了联邦和各州的教育权限，促进联邦与州战略性伙伴关系的建立，扩大高校自主权，加强特色大学的建立，加大联邦与各州对高校和科研的投资力度和范围
2010	《联邦及各州关于 2020 年高等学校协定的行政协议》	作为指导 2020 年前高等教育改革的新的、可靠的法律依据；促进联邦与州战略性伙伴关系的建立

注：2007 年的《德意志联邦共和国基本法》改革法案是第二次世界大战后德国历史上最大规模的修宪案。

虽然州政府掌握着对高等教育实质性的管理权，但联邦政府仍然可以通过与各州政府共同制定高等教育发展规划或项目，与各州政府合作共同促进高校建设和高等教育质量的提升。

在管理机构上，德国政府管理高等教育主要通过联邦和各州两个层面的行政机构进行。联邦政府层面的机构是联邦教育与研究部（Bundesministerium für Bildung und Forschung），它作为联邦政府高等教育的中央行政机构，承担了联邦政府在高等教育事务方面的主要工作。为使各州之间的文化、科学、教育政策相互协调，德国还通过联邦德国州文化部长联席会议（Ständige Konferenz der Kultusminister der Länder in der Bundesrepublik Deutschland，Kultusministerkonferenz）来协商处理有关跨地区的政策问题。各州管理高等教育事务方面的行政机构主要是联邦各州的文化和教育部。各州在管理州内高等教育方面有一定的自治权，因此，各州负责本州内教育、科学文化事务的相应部门在具体名称和部门数量上存在差异。例如，德国图林根州的相关机构全称为图林根教育、科技与文化部（Thüringer Ministerium für Bildung，Wissenschaft und Kultur），勃兰登堡州（Brandenburg）

的则为科技、研究和文化部（Ministerium-für Wissenschaft，Forschung und Kultur）及教育、青年和体育部（Ministerium für Bildung，Jugend und Sport）。勃兰登堡州在内的部分联邦州拥有两个以上的负责本州科教文化事务的政府机构。该类机构负责本州高等教育事务的具体管理工作，几乎涉及了高校的方方面面，包括人事、财务、招生规模等。

除了德国政府对高等教育的管理之外，一些全国性的教育协商咨询机构在高等教育管理中也发挥着不容忽视的作用（表 3-2）。

表 3-2　德国主要的高等教育机构

成立年份	机构名称	性质	机构职能
1948	各州文化部长联席会议（Kultusministerkonferenz）	由 16 个州文化部长组成，代表各州共同利益的政府间的联合机构	主要协调16个州文化教育部的工作，致力于在跨州教育、科学和文化等领域的问题上保持一致性；以建议、协议或政府协定的方式协调跨地区的问题
1951	德意志研究联合会（Deutsche Forschungsgemeinschaft，DFG）	联邦德国主要的科研资助单位之一，科研管理的重要机构，科学自治组织	为科学研究课科学摄像提供支持帮助，促进科研人员之间的合作；在基础研究中起协调作用，为联邦政府制定发展科学政策提供咨询服务；促进工业与科研单位联合；促进国际合作与交流；资助青年科学家
1957	科学委员会（Wissenschaftsrat）	欧洲最早出现的科研政策咨询组织	向德国联邦政府和各州提供关于促进高等教育与科研发展和结构调整方面的专业意见，涉及内容包括科研机构的结构、效率、发展和经费问题；科研和高教体制方面的重大问题，科研和教育的结构问题，战略规划以及各专业领域的规划、评价和调控问题
1990	大学校长联席会（Hochschulrektorenkonferenz，HRK）	大学及其高等教育机构的一个资源性组织，代表高等学校的利益的机构	为作为协会成员的高校提供国内外高等教育发展的相关信息；制定和代表成员机构的高等教育政策立场；向社会和公众进行宣传；促进高校教育的质量保障；支持学生流动，协调国内高校与国外大学校长协会以及其他组织的关系，促进高等学校之间的国际合作；收集和整理高等教育相关文献与信息，在高等教育政策问题上统一思想、达成共识

续表

成立年份	机构名称	性质	机构职能
2008	科学联席会（Gemeinsame Wissenschaftskonferenz，GWK）	为联邦政府和州政府提供教育规划与研究促进方面建议的政府间中介机构	负责与科研经费、科研政策战略和科学体系相关的重大问题决议；参与国内、欧盟甚至国际范围内重大共同议题的协调，推动德国在科研领域的国际竞争力；推动非大学科研机构和项目的发展；推动高校科研项目发展；推动高校重大科研设施建设，包括高校扩建和新建

这些教育机构是在德国不同的时代背景下成立的，反映了德国高等教育发展的需求，机构通过政策咨询、质量评估、调查研究等方式，成为政府宏观管理高等教育和协调政府与高校之间利益关系的重要枢纽，在德国高等教育的管理中扮演着积极的参与者角色。当然，无论是联邦政府、州政府还是独立的教育机构，都不存在领导与被领导的关系，而是平等的合作伙伴关系。

二、学校治理

德国高校虽然与政府一直保持着紧密联系，但高校对其内部治理一直享有高度的学术自主权。与欧美其他国家的大学一样，德国高校以现代大学制度为规范，在内部治理方面普遍采用了与其政治制度相一致的决策、执行、监督相互制约的机制，《下萨克森州高等教育法》（Niedersächsisches Hochschulgesetz，NHG）对此有明确的规定[①]，并已经形成了较为完善的适应自身发展的内部治理结构。

德国应用科学大学隶属于各个联邦州，主要由各州政府管理和资助。全德16个州都有自己的教育立法，尽管内容有差异，但对学校如何运行都有具体的法律规定。

下面以巴登符腾堡州双元制应用技术大学联盟和萨克森州的奥斯法利亚应用科学大学为例，介绍应用科学大学的内部治理结构。

巴登符腾堡州双元制应用技术大学的前身是巴登符腾堡州双元制职业学院，建于1974年，学院建立的起因是因为企业和大学的教授双方有一个需要，需要学生有更多的实践，能够在他们毕业之后直接进入企业实习。2009年，其升格为现在的巴登符腾堡州双元制应用技术大学，也就进入了高等教育的领域。目前，德国巴登符腾堡州双元制应用技术大学联盟（Duale Hochschule Baden-Wuerttemberg，Stuttgart）总部位于巴符州首府斯图加特，是德国第一所

① Zur Hochschulreform in Nideersachsen[EB/OL].（2002-06-24）[2016-12-06].https://www.ostfalia.de/export/sites/default/de/hl/download/hochschulgesetz.pdf.

理论密切联系实际的双元制应用技术大学，大学有四个校区，专职教授 722 名。德国巴登符腾堡州双元制应用技术大学联盟中央管理机构的职能如图 3-1 所示。目前该校在校学生 26 000 多名，每年新招学生约 9000 名。大学与包括西门子、奔驰、保时捷、汉莎航空、德意志银行、德国邮政、德国铁路等多家企业建立了合作关系。

巴登符腾堡双元制应用技术大学领导组成有两部分，一部分是大学的教授，另一部分是目前德国企业的领导。两部分共同来组成这个学院的领导阶层，首先由企业提出一些课题，然后由学校来完成这些课题，最后汇总到一起作为学生学习的一个组成的总和。

学院组成形式：首先双元制大学有一个总校，旗下又有很多研究机构，再下细分，由企业的要求来产生不同的专业、不同的学科，这样更加直接地面对了企业。巴登符腾堡双元制应用技术大学联盟在经济系、技术系和社会系三大系中开设本科和硕士专业 100 多个。

奥斯特法利亚应用科学大学拥有四个校区，分别为扎尔斯基特（Salzgitter）、祖德堡（Suderburg）、沃尔芬比特（Wolfenbüttel）和沃尔夫斯堡（Wolfsburg），现在大约拥有 9000 名学生。

奥斯特法利亚应用科学大学内部采用了校、院（系）两个层级的组织架构。学校层级组织结构由校议会、校务会和校监会构成（图 3-2）。校议会由 13 人组成，其中教授 7 人，科技人员 2 人，行政人员 2 人，学生代表 2 人。校务会由 1 名校长和 3 名副校长组成，下设财务部、人事部、发展与交流部和后勤保障部 4 个部门。校监会由 7 人组成，其中来自经济界（企业）5 人，州教育部 1 人，校议会 1 人。院（系）层级组织结构也参照学校层级的校议会、校务会的组成方式分别设立院（系）议会和院（系）务会，行使对院（系）重要事项的决策权和执行权。

奥斯特法利亚应用科学大学通过明确校、院（系）两级的职责和权限来规范内部的权力运行机制，从而有效实施校、院（系）两级管理。学校层级的权力运行主要通过划分校议会、校务会和校监会的权力行使边界来实现相互制衡。校议会对重大事项行使决策权，负责审议发展规划、规章制度、经费预算、专业设置和合作办学等重大事项；审议向州议会推荐的校长人选，决定校长提名的副校长以及任免教授等重大人事安排。校议会每届任期三年，每年开六次会议。校务会在对校议会负责并接受校监会监督的前提下行使行政管理权，负责发展规划和年度计划的制订、预算的编制和执行、教学和管理人员的聘任考核、开展合作办学以及后勤保障等日常行政管理，校长由州议会公开招聘，每届任期六年，校长有权提名教授。校监会还代表州教育部、企业界和师生对校务会执行州议会、州政府的相关法规政策情况进行监督。

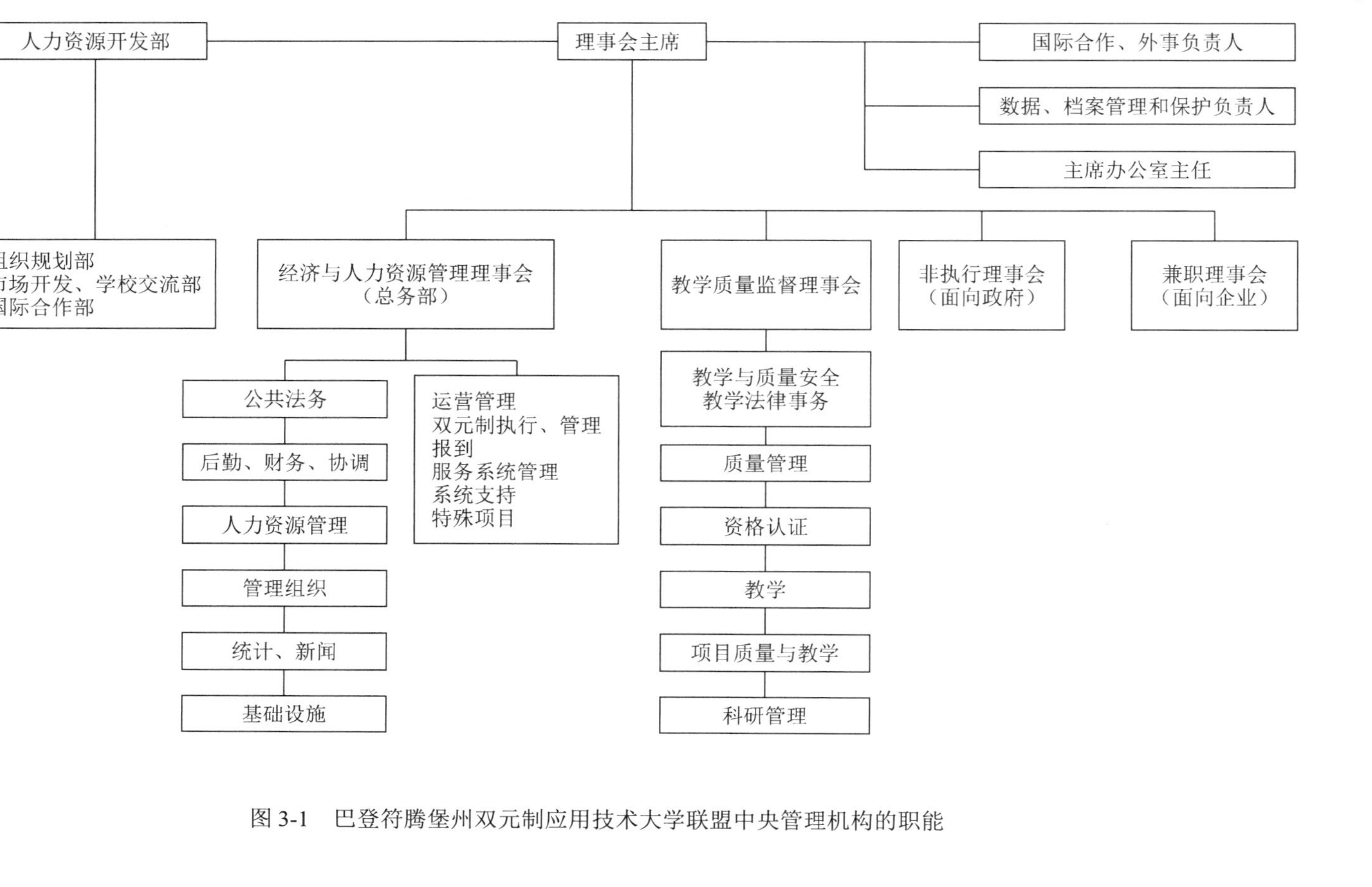

图 3-1　巴登符腾堡州双元制应用技术大学联盟中央管理机构的职能

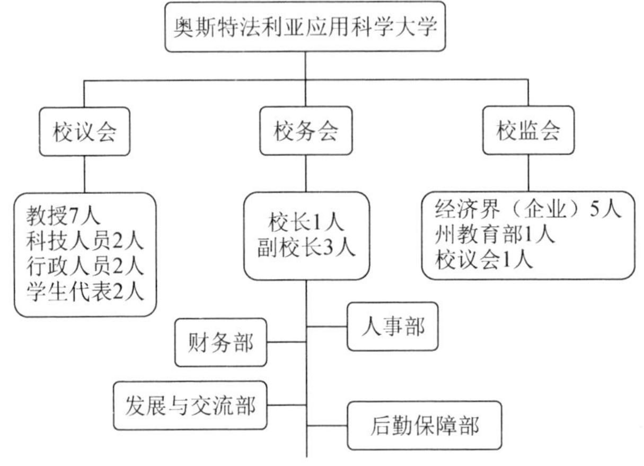

图 3-2　奥斯特法利亚应用科学大学校级的组织架构

院（系）层级组织的权利运行也参照学校层级组织的权利运行方式。每个学院有自己的议会，系还有自己的小型议会。院（系）议会负责与专业相关的所有事宜，如改革考试内容等由系小型议会讨论。涉及院（系）重要议案要逐级上报的，在下一级没通过的议案不能向上一级递交。系主任不能参加院议会的投票，不能改变议会决定，只能提出建议，在多数人同意后才能执行。院（系）负责人由系议会选举，如果议会成员有三分之二提议就可以罢免。每个系设有副主任，在主任不在时代行主任职责。同时，各系设有管理教学质量的教授，根据院系大小不等还有教授、教学辅助人员、实验人员等。还有财务会计部门、学习相关的事务部门（包括给高中生咨询建议的部门）、国际办公室（给本校和国外对口单位进行求学咨询）、职业指导中心（给学生找工作进行咨询）、质量管理中心。

大学内部权力运行机制充分体现学术自由与民主管理，教授和学生在校、院（系）决策中发挥重要作用。例如，在重大决策方面，教授在决策组织中居多数（校议会 13 个成员中教授占 7 人，院议会中教授也占多数），在对诸如发展规划、经费预算、校（院）长任免等重大事项决策时具有绝对优势。在教学科研方面，教授对专业设置、课程内容和教学方式有决定权，如专业（课程）如何开设、教学如何组织、学生实验实训课程如何开展、科研经费如何管理等均由教授确定。在教授负责制下，校领导只负责行政方面工作，如教授出国，只需要校长批准就可以，经费由自己的科研经费支出，与学校无关。课程开设、教学组织、研究内容、学生实验课等都由教授自主确定。虽然责任很大，但体现了学术自由。在学生参与学校管理方面，校议会章程规定议会成员中必须有学生代表，体现学生在学校重大决策中有参与权。

德国应用科学大学在大学内部治理结构的基本特征充分体现了政治上实行立法、行政、司法三权分立与制衡原则。权力运行大都采用会议制和个人负责制相互结合的方式。行政事务与学术事务通常由不同的机构和人员来运作，各司其职、共同管理。行使行政权力的机构基本都有教授参加，行使学术权力的组织也适当吸收行政人员。在学术领域更多地把决策权分散到权力结构的底层，学术权力在院（系）层级上比学校层次更能发挥自身的作用。奥斯特法利亚应用科学大学内部治理结构所体现的“民主、高效、开放”特征，确保了学校内部治理更加有序，决策行为更加公平。

第四章

专业与课程

第一节 专业设置

一、德国高校专业设置情况

德国高等教育学科、专业目录的产生是出于高等学校政策和规划的多种需要:“联邦政府在总体教育规划、扩建和新建高等学校的框架规划、资助培训、资助科研后备力量等方面需要信息。”《德国高等教育总法》规定，高等教育的首要目的是为学生从事各种职业做准备。但具体而言，大学注重培养学生的研究能力，并在此基础上进行专业教育。

德国高等教育属于联邦体制，高校具有很大的自主权，这些因素决定了学科和专业目录不是由联邦或州主管部门制定即自上而下设置出来的，而是根据《高等学校统计法》(Hochschul Statistikgesetz)，由联邦统计局每年在各高校开设具体专业(Fach)的基础上综合统计出来的，每次发布的统计数据都会有所变化。各州统计局(Statistisches Landesamt)的统计分类法与联邦统计局的分类法近似，虽然两者在学科和专业分类细致程度以及代码上不尽一致。[①]

德意志联邦统计局高校统计资料中的专业相关概念可分为两类：一类是服务于“学生和考试统计”(Studenten und Prüfungsstatistik)的“专业群、学习范围和学习专业”分类法(Systematik der Fächergruppen，Studienbereiche und Studienfächer)，另一类是服务于“人员和岗位统计”(Personal-und-Stellenstatistik)的“专业群、教学与研究范围和专业领域”分类法(Systematik der-Fächergruppen，Lehr-und-Forschungsbereiche und-Fachgebiete)。

图 4-1 以德国高等教育“专业群、学习范围和学习专业”目录中“数学，自然科学”这一专业群为例，简要介绍其学科和专业结构。

第一种分类法及目录反映出针对学生学习的宗旨，学科、专业划分表现出较强的宽泛性。2003 年夏季学期版目录在全国高校或州开设的 2000～2500 个具

① 胡春春，李兰，萧蕴，等. 德国高等学校学位制度及学科专业设置——传统、现状和启示[J]. 同济大学学报（社会科学版），2007，(01)：112-124.

体专业（Fach）的基础上，或直接沿用或归纳合并出 250～300 个学习专业（Studienfach，相当于我国研究生学科、专业目录中的二级学科）。学习专业具体指的是科学或艺术的某个学科，其标准名称见于高校考试条例（Prnfungsordnungen），而且学生可以取得该学科的科学或艺术学位。相关的学习专业归并为 58 个学习范围（Studienbereich，相当于我国的一级学科），相关的学习范围归并为 10 个专业群（Fächergruppen，相当于我国的学科门类），分别为语言和文化科学，体育，法学、经济科学和社会科学，数学、自然科学，医学，兽医学，农学、林业学和营养科学，工程科学，艺术、艺术学，学习范围之外（详情见附录二）。也有的数据不计最后一个“学习范围之外”的专业群而采取 9 个专业群的说法（2004 / 2005 年度冬季学期统计数据在各个层级上又略有微调）。

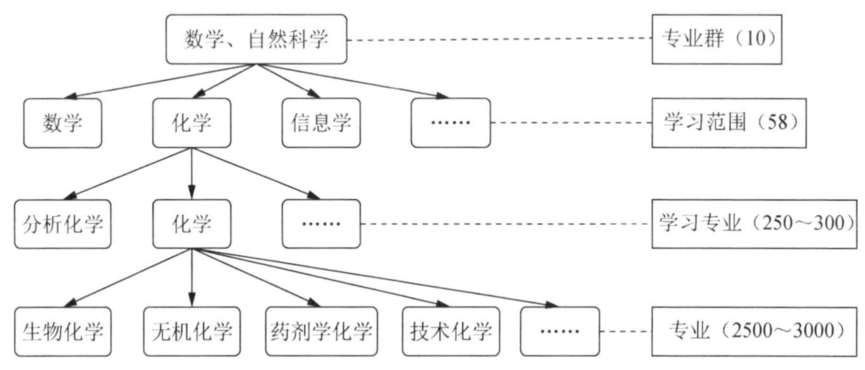

图 4-1 德国高等教育学科、专业目录分类法

第二种针对“人员和岗位统计”的分类法服务于高校教员和其他工作及管理人员的专业和组织归属（Fachliche und organisatorische Zuordnung）。从专业归属角度来说，专业领域（Fachge-biet）指的是研究领域、教学科目或者高校中央机构的责任领域，涵盖高等学校教学、管理、后勤服务等各个方面，如社会教育学、金融学、计算中心、房屋管理等；相关的专业领域合并为教学与研究范围（Lehr-und For-schungsbereich），相邻的教学与研究范围合为 11 个专业群（Fächer-gruppe）。从组织归属角度来说，需要统计的是人员或岗位在高校管理中的最小单位。统计时，采取组织单位的类型（如研究所、系、教席等）以及教学与研究范围两项指标界定组织单位。这种统计可能会产生某人或岗位的专业归属和组织归属不一致的情况。以经济科学系所设的教席“经济英语”为例，任该教席的教师可以描述为：专业归属方面，专业领域为经济英语，教学与研究范围为英国、美国语言文学研究，专业群为语言和文化科学；组织归属方面，类型为教席，教学与研究范围为经济科学，专业群为法律、经济和社会科学。如果“经济英语”的教席为“语言和文化科学系”所设，则该教席的教师专业归属同上，而组织归属也就和专业归属完全一致。显然，教研人员的专业归属

即其所对应的“专业群、教学与研究范围和专业领域”目录才是本章关注的重点，组织归属则是服务于德国官方统计的需要。

同“专业群、学习范围和学习专业”目录相比，“专业群、教学与研究范围和专业领域”目录在“专业群”（学科门类）层级上多出了一项“高校中央机构”（指学校管理机构、校图书馆、计算中心、附属医院以及其他社会设施等），在“教学与研究范围”（一级学科）层级上与“学习范围”基本对应，而在“专业领域”（二级学科）层级上更符合学科和研究的门类划分。以“生物学”为例，作为学习范围的“生物学”所含学习专业表达更加宽泛，强调面向实际运用；而作为教学与研究范围的“生物学”所含专业领域强调研究的方向，更符合学科的细致划分。表 4-1 比较 2003 年版两个目录中“生物学”（一级学科）所含内容。

表 4-1 “生物学”作为“学习范围”和“教学与研究范围”

“专业群、学习范围和学习专业”目录	“专业群、教学与研究范围和专业领域”目录
42 生物学	400 生物学
009 人类学（人类生物学）	4000 生物学（普通）
026 生物学	4060 人类学（人类生物学）
282 生物技术	4065 生物化学（生物学专业背景）
	4066 生物数学（生物学专业背景）
	4030 生物物理
	4035 生物技术（生物学专业背景）
	4040 植物学
	4070 生物学教学法
	4010 遗传学
	4020 微观生物学
	4050 动物学

表 4-1 体现出来的两种目录的差异在一定程度上反映了德国高等教育对于“教”与“学”的不同理解，如果以专业群“医学”为例，这种差异就更大（学习范围和学习专业都各只有 2 个，而教学与研究领域和专业领域数分别为 5 个和 71 个）。这促使我们对高等教育的任务做本质的反思。

二、德国应用科学大学专业设置

根据《各州文化部长会议关于应用科学大学专业设置的决议》（1993 年），应用科学大学专业设置的重点为工程科学，特别是建筑工程、电气工程、机械工程领域（共有 30 个专业）以及经济科学、信息科学、社会科学和工业设计等领域。[①]

① 张有龙，赵爱荣．德国应用科技大学办学特色分析[J]．中国职业技术教育，2007，(05)：58-59

德国综合性大学的学科专业设置更多的是遵循学科发展的逻辑，重在培养学术型后备人才，其特点在于按照学科内部的发展逻辑设置专业，教学和科研也都十分重视推动学科的进一步发展。应用科学大学重在培养高层次应用型人才，即能够应用科学知识和方法解决实际问题的人才。与此相应地，应用科学大学的专业设置也是以有待于解决的实际问题和行业发展对人才能力结构的需求为导向的。因此应用科学大学很少设立纯粹的、基础性的自然科学（如物理学、化学）或社会科学（如社会学）。他们或者完全不设立此类专业，如果设立的话，更多的也是设立应用型自然科学或社会科学，如科隆应用科学大学设有应用社会科学学院，开设社会工作管理、幼儿和家庭教育学、社会法律咨询等学士或硕士专业，最近又新成立了应用自然科学学院，开设技术化学和药剂学化学两个学士专业，并且计划开设物理技术和生物医学技术两个专业。①

1. 专业设置的针对性

德国应用科学大学的专业设置以促进地方经济发展为目标，具有明显的地域特色或区域针对性。例如，马格德堡市是德国最大的重工业中心，作为老工业城市有着发达的金属制造、汽车机械等产业，马格德堡应用科学大学（Hochschule Magdeburg-Stendal）利用本市重工业中心的优势，设立了机械制造专业；世界第二大软件公司德国 SAP 股份公司的总部设在曼海姆，曼海姆应用科学大学据此重点发展信息技术专业；布朗施维格·沃芬比特尔应用科学大学因有一个校区地处德国大众汽车公司总部沃尔夫斯堡，该校借此区位优势在这里专门设立了车辆技术学院，大力发展车辆工程专业；维尔道应用科学大学考虑到所在地区有机场，于是该校有针对性地开设了有关航空后勤和有关机场管理专业，其航空后勤学专业位列全国第一；不莱梅应用科学大学充分利用其毗邻飞机生产基地和身为港口城市的地理位置优势，开设了一批关于航空、航海的特色专业。

马格德堡应用科学大学（图 4-2）位于德国萨克森-安哈特州。萨克森-安哈特州位于德国中部，具有悠久的文化渊源和上百年的工业传统，其首府是有着 1200 年历史的帝王主教之城——马格德堡。马格德堡应用科学大学成立于 1991 年，学校内的三个学院设置在马格德堡校区，两个学院设置在斯旦达尔校区。该校有大约 50 个专业供学生选择。学校有近 130 名教授，极大地保障了马格德堡的教学质量，现有 6300 名学生（马格德堡校区 4200 名，

① 孙进．德国应用科学大学专业设置的特点与启示[J]．清华大学教育研究，2016，32（4）：98-124．

斯旦达尔校区 2100 名)。

马格德堡应用科学大学拥有不同领域的工程培训基础。早在 1793 年,马格德堡就建立了建筑学的艺术学校,1800 年学校更名为马格德堡艺术建筑手工学校(Magdeburg Provinzial-,Kunst- und Bauhandwerkerschule),在 5 年后城市又建立了化学学院、机械学院和电力技术学院,2000 年人们把所有的学院合并为一个校区。1992 年斯旦达尔校区的企业经济学专业也合并进来,1999 年至 2002 年该校区还建立了心理学、传媒管理学。2000 年马格德堡校区和斯旦达尔校区正式合并成为马格德堡应用科学大学。

图 4-2 马格德堡应用科学大学

学校的专业主要有建筑学、机械制造(工业自动化、设计)、企业管理学、化学和制药技术、技术企业管理学、土木工程学、建筑测量学、工业设计、医疗卫生教育和康复、环保、专业通信和专业翻译、电子技术、保健学、音乐疗法、生物工程学、供水管理、居民和工业用水管理、心理学、手势语言翻译、社会学和社会教育、经济学、应用健康科学、教育社会学、统计学及国际双语 MBA 等。

2. 专业设置的应用性

德国应用科学大学的专业设置主要集中在应用性比较强,也比较容易就业的学科或专业领域,如工程科学、经济学/经济法、社会福利与社会教育、行政管理和法律维护、计算机科学、塑造/设计、信息通信、健康/护理等。

埃斯林根应用科学大学地处斯图加特地区,这里有奔驰和保时捷等汽车企业及大量的汽车零部件供应商,相应地这所学校设立了机械制造专业和电子科技专业。

埃斯林根应用科学大学(图 4-3)位于德国巴登符腾堡州的斯图加特地区,该州为德国发达的州之一。埃斯林根大学属公立学校,该校始于斯图加特皇家建筑学校,1868 年成立了机械制造系。1914 年迁址,埃斯林根于 1938 年改名为国立埃斯林根工程师学校，1971 年正式转变为埃斯林根应用科学大学。该校工程技术科学方面的教学质量和杰出声望经常在各种高校排名中跻身前列。机械工程系 1999 年 4 月被明镜周刊排名全德第一，信息技术系 1999 年 3 月被 Manager Magazine 评为全德第二。2008 年《经济周刊》的高校排行榜上，埃斯林根应用科学大学电气工程专业排在第四位，机械制造专业与经济工程专业排在第五位。

图 4-3　埃斯林根应用科学大学

埃斯林根应用科学大学设有应用自然科学院、企业经济学院、汽车工程学院、建筑服务能源与环境工程学院、研究生学院、信息工程学院、机械制造学院、机电一体化与电气工程学院、社会学卫生学与护理学院、供电工程与环境工程学院和经济工程学院共 11 个学院；并开设有本科和硕士专业，如生物学、化学工程学、机械制造、运输工具工程学、供电工程、环境工程、通信技术、软件技术与媒体信息学、计算机科学、经济工程学、社会学、儿童培养与教育、护理与护理管理、护理教育、自动化技术、微技术和经济信息学等。热门专业有经济工程学、机械制造、电气工程学、计算机工程和运输工具工程学等。

埃斯林根应用科学大学拥有 55 个设备优良的实验室，为理论学习提供了实践的基础。该校与附近著名的大企业如博世、奔驰、惠普和 IBM 等联系密切。该校的企业管理 MBA 专业是德国公立大学第一个用英语授课的 MBA 专业，学生来自 19 个国家，包括多名中国学生。

莱茵美因应用科学大学的威斯巴登校区地处德国著名的葡萄园种植区——威斯巴登，学校利用这种得天独厚的优势，开设了全国独一无二的葡萄种植、葡萄酒品鉴以及园艺学等相关专业。

莱茵美因应用科学大学（图 4-4）（原名为威斯巴登应用科学大学，2009 年更名为莱茵美因应用科学大学）是位于德国黑森州的一所公立应用科学大学，该校共有五个学院，分别位于威斯巴登（Wiesbaden）和鲁斯海姆（Rüsselsheim）。历史上，该校的前身诞生于1971年8月1日，当时是为了教育与培训的需要，州教育部决定在因施泰尔设立技工学院，在威斯巴登、鲁斯海姆、吉森海姆三地共同设立工艺技术学院，主要针对威斯巴登、鲁斯海姆地区不同专业技术人员，如工厂的车间主任及技术员等设置在职继续教育培训课程。学校为这些在职人员提供高质量的教学条件，并且学生可以轻松地选择工作和上课时间。今天，莱茵美因应用科学大学设有本科和硕士专业课程。

图4-4　莱茵美因应用科学大学

莱茵美因应用科学大学的建筑与土木工程学院、设计-计算机科学-媒体学院、应用社会科学学院和威斯巴登商学院位于威斯巴登。威斯巴登是德国中西部城市，黑森州首府，早在古罗马时代即以矿泉著称，周围林木葱郁，气候温和宜人，为著名疗养胜地；国际音乐节、芭蕾舞及戏剧会演等经常在此举行；是德国铁路枢纽；工业有冶金、造船、水泥、化学、制药、塑料及印刷等部门；是蔬菜、水果及木材集散地；城郊多葡萄园，是制酒业中心之一。

3. 专业设置的动态性

根据地方经济结构调整、产业升级和技术发展进行调整。例如，多特蒙德应用科学大学位于德国莱茵河流域的传统工业区——鲁尔区，依赖天然煤炭资源优势和优越的地理位置，这一地区从19世纪工业革命一直到20世纪中期都是以煤炭、钢铁等资源型产业为特色的重工业基地。多特蒙德应用科学大学的前身就是建立于1890年的皇家机械工程师学校，1971年改建为应用科学大学，同样以传统的工程机械专业为特色。但是，随着鲁尔区在20世纪70～80年代进行产业结构调整，以煤炭、钢铁为核心的粗放型产业逐渐被由高新技术产业和服务业引领的资源节约型产业代替。特别是信息产业在这一地区有了长足发展，多特蒙德所在的北莱茵-威斯特法伦州计算机及信息技术的企业超过了11万家，各类电信公司有380多家。配合产业结构的调整对人才需求的变化，多特蒙德应用科学大学于20世纪80年代以来先后开设了一系列新的专业，目前已经形成了以电子信息、计算机和通信技术为核心的专业群。由于与地方经济结合紧密，应用科学大学毕业生在本地区的就业比例很高。

德国应用科学大学的专业确定，在严格审批、保持稳定的前提下，并不强调学科的完整性，而是按工程或技术甚至工艺领域划分，与地方经济人才需求相适应。[①]例如，凯撒斯劳滕应用科学大学皮尔马森斯校区所在地曾经是欧洲制鞋业和皮革业的中心，该校就开设有全德国唯一的皮革加工和制鞋技术专业，而由于众所周知的原因，欧洲制鞋业和皮革业在近些年来逐渐萎缩，凯撒斯劳滕应用科学大学审时度势，利用原有的教学试验设施和师资队伍开设了化学技术和塑料技术两个新专业。

凯撒斯劳滕应用科学大学是德国莱茵兰-普法尔茨州的一所公立应用科学大学，成立于1971年，分为凯撒斯劳滕（图4-5）、皮尔马森斯（图4-6）和茨魏布吕肯（图4-7）三个校区，现有学生6000人，其中凯撒斯劳滕校区2700人，皮尔马森斯校区700人，茨魏布吕肯校区2600人。

图4-5　凯撒斯劳滕校区

图4-6　皮尔马森斯校区

① 钟小斐. 从FH的译名变化看德国高等职业教育的发展[J]. 高等工程教育研究，2005，(04)：84-87.

图 4-7　茨魏布吕肯校区

凯撒斯劳滕 1276 年建市，为重要铁路转运中心；工业以机械制造（仪器、汽车等）和纺织为主，还有木材加工、皮革、家具等工厂；周围辟为法尔茨自然保护区。皮尔马森斯 1763 年建市，在普法尔茨林山西缘，邻近法国边境，兰道-茨韦布吕肯铁路支线终点站；工业以机械制造、化学等为主，19 世纪发展为制鞋业中心，曾经是德国的“鞋业都市”，两年一次的国际鞋类商品交易会在此举行，设有国际著名的制鞋工艺学校。茨魏布吕肯是位于德国莱茵兰-普法尔茨州施瓦茨河畔的一座城市，临近萨尔州，环境优美。

凯撒斯劳滕应用科学大学设有应用工程学院、应用物流与综合学院、建筑与造型学院、企业经济学和计算机与微系统科学院；开设有本科和硕士专业，如应用计算机科学、应用生命科学、建筑艺术、建筑学、电气工程、金融服务、信息科学、室内设计、工程信息学、机械制造、机电一体化、媒体信息学、医学工程信息学、微系统工程、中型企业管理、产品与进程管理、工程企业经济学、工程物流学、虚拟设计、化学技术、塑料技术、经济信息学、经济工程学、国际管理、国际金融学、国际工商管理硕士、屋宇建筑、建造及维修规划专业和管道系统的修复等专业，热门专业有建筑与造型、应用工程学、物流学和企业管理学等专业。

在应用科学大学，双元制专业的比例占 15%左右。例如，奥斯特法利亚应用科学大学的 36 个专业中，有 4 个专业是双元制专业。双元制专业大部分是一些著名的大企业，如奔驰、西门子等与当地的应用科学大学合作设置的。企业参与人才培养过程有相关法律法规予以保障。学校和企业共同承担技术应用型人才培养方案的拟定和实施。学生在取得高校入学资格的同时，必须与企业签订合同，才能进入双元制专业学习。双元制专业的学生，要按照合同规定的要求，在规定的时间内完成企业规定的学业要求和为企业应尽的义务。学生一边在高校学习理论，一边利用假期在企业接受培训师实际操作的培训，一边在生产线上由师傅带领参加生产实际工作，通过学工交替，取得学校所规定的学分，获得工程师证书和毕业证书。“为了明天的工作”，成为应用科学大学双元制专业学生的奋斗目标。

无论是双元制专业，还是非双元制专业的建设，专业建设工作都有企业直接参与，由校企合作共同完成。每个专业都成立了专业建设委员会，成员主要由学校和企业的代表组成。

三、德国高校专业认证体系

从 1999 年起，德国通过设立专门的认证委员会，开始探索构建规范化的高校专业认证体系。为了保证教学质量和统一标准，高校的专业设置以及学位授予条件必须符合“联邦州文化部长常务委员会”的相关规定。德国高校专业认证体系具有以下功能：确保各校内部设置专业和学位的可比性，有利于统一标准和保证教学质量；提高学生更换学校、成绩互认、赴国外学习时的自由度和灵活性；增强各校学习内容和目标的透明度。

德国建立了包括专业认证委员会和认证代理机构的双元认证体系，认证代理机构负责对高校内部设立的专业和质量进行评估和认证。认证代理机构必须获得认证委员会的认证，同时受认证委员会的监督。

目前，德国的专业代理认证机构包括面向治疗教育学、护理、卫生、社会专业的认证代理社（AHPGS），神学专业质量保证和认证代理社（AKST），工程科学、信息科学、自然科学及数学专业的认证代理社（ASIIN），国际商务管理认证基金会（FIBAA）四所面向特定专业的认证代理机构，以及认证、认可与质量保证所（ACQUI）、专业认证与质量保证代理社（AQAS）、中央评估与认证代理社（ZEVA）6 所跨专业的认证代理机构。

专业认证的程序如下：

1）高校自己选择一家认证代理机构，并向其提出认证专业的申请。

2）认证代理机构负责组成一个评估小组。评估小组由高校教师与学生代表以及来自职业领域的代表组成，其人员结构必须符合待认证专业的内容和特色，即须有能力对该专业进行全面的审核和评价。为公平起见，认证代理机构有义务保证评估者的中立性，待认证高校有权对评估者人选提出申诉，但并不具有建议权或否决权。

3）评估小组根据认证委员会公布的《专业认证和体系认证的规范》中关于专业认证的标准（表 4-2），对待认证的专业进行评估，包括分析高校所提交的申请资料和进行实地考察。

4）评估小组参照认证委员会所确定的专业评估标准完成一份详细的评估鉴

定书，并做出是否通过认证的决议。

表 4-2　专业认证标准

序号	项目	标准
1	专业的培养目标	专业的培养方案需要围绕培养目标来设计，培养目标既包括专业方面的目标，也包括专业之外的目标，特别是学术或艺术能力的培养、就业能力的培养、参与公民社会的能力培养、个性发展
2	专业符合相关的规范和要求	专业符合《德国高校学位资格框架》《各州通用的对学士和硕士专业进行认证的结构要求》、各州对于学士和硕士专业进行认证的特殊要求、认证委员会对以上三类要求所做的具有约束力的总结性要求
3	专业的培养方案	专业的培养方案涵盖专业知识与跨专业知识的传授以及专业与方法能力的培养。不同的课程模块必须依照所确定的培养目标有机地结合起来。培养方案应该确定合适的教学形式。实践部分的设计要能够保证学生可以获得相关的学分（ECTS）。培养方案需要确定录取条件、选拔程序以及如何（按照里斯本公约）认可学生在其他高校或高校之外的机构所获得的学分。为了平衡残障学生所处的不利境地，必须制定相关的规则。课程方面需要考虑到学生流动的可能性。学业组织需要确保培养方案能够得到落实
4	专业的可完成性	专业需要通过以下举措确保专业具有可学习性 / 可完成性：考虑到作为入学前提条件的基础能力；恰当的学业规划；学生学习负担的合理说明；考试的密度和考试组织要恰当，在学生可以承受的范围之内；提供相应的辅导服务；提供专业方面和专业之外的学业咨询。此外，还要考虑到残障学生的特殊需要
5	考试制度	考试旨在检查既定的培养目标是否实现。考试分模块进行，以知识和能力为导向。一般来说，每一个模块（通常包括 2、3 门课程）都以一门涵盖整个模块的考试而结束。高校要确保在学习期间以及在各项考试中都顾及残障学生的问题。《考试规章》需要通过法律审查
6	与专业相关的合作	如果高校委托其他的组织参与教学，它必须要保证专业培养方案的实施与质量。高校需要对其与其他高校、企业、机构的合作进行书面说明，作为合作基础的相关协定需要留档
7	人员、物质与空间配置	为了恰当地实施专业培养方案，必须在质量和数量方面确保人员、物质以及空间的配置。在这里需要考虑到与其他专业的联系。学校要有人员发展和培训方面的措施
8	透明性与存档记录	专业、学业流程、考试要求、录取前提以及对处境不利的残障学生的照顾条款需要记录下来存档并且公开发表
9	质量保证与发展	在进一步发展专业时，需要考虑学校内部质量管理的结果。具体来说，高校需要考虑评估的结果、有关学生学习负担、学业成就以及毕业生去向的调查结果
10	特色专业	特色专业有其特殊的要求。在应用上述标准时需要照顾到特色专业的特殊要求
11	性别平等和机会公平	高校旨在保障性别平等和机会公平的措施需要在专业层面上得到落实，如照顾残障学生、有子女的学生、外国学生、具有移民背景的学生以及来自社会下层家庭的学生

5）在做出最后的决定之前，高校有机会对评估小组的鉴定书（不包括是否给予认证的建议）做出表态。

6）认证代理机构的决策委员会根据评估小组的鉴定书和高校方面的表态做出有关认证的最终决定，具体包括通过认证、附加限定条件的通过认证、不通过认证或者中止认证程序（最长可中止 18 个月再继续进行）。

7）认证代理机构公开发表其最终的认证决定、评估鉴定书以及评估者名单，并将其录入通过认证的专业数据库。如果做出的是消极的决定，认证代理机构需进行详细论证并向认证委员会通报。如果最终的决定是附加条件的通过认证，认证代理机构还需负责按期检查附加条件是否得到满足。专业认证的有效期通常是 5～7 年，之后，该专业需再度经过认证。

专业认证的优点在于：由这一领域公认的专家对一个专业进行有针对性的认证，可提出富有建设性的评估意见。对于专业数目不多的高校来说，专业认证是一个有意义的选择，因为人员、时间和资金投入都在可承受的范围之内。[①]

第二节　课程开发

一、培养目标的确定

德国应用科学大学“为职业实践而进行科学教育”，提出“应用科学大学希望将自己的毕业生培养得更加接近顾客”。[②]按照接近顾客的原则，注重对经济与社会发展变化的研究，从培养人才未来从事的岗位需要出发来确定专业培养目标。相比综合性大学，应用科学大学培养的是专业性强、侧重实际应用的高级技术型人才，被德国经济界和工商管理界称为把理论知识转化为实际应用技术的“桥梁式的职业人才”，毕业生的工作岗位大多是大中型企业的技术骨干或小企业的管理者及技术骨干。

德国应用科学大学立足培养“在实际部门工作需要的人才”，要求学生达到三个目标：一是能够借助科学方法，解决来自生产和生活实际中的具体问题；二是能够完成新的科研和技术开发项目；三是在应用理论、科研方法的技术性生产中引进、优化和监控新方法、新工艺的使用。

应用能力表现专业培养目标时，分解为从业能力和关键能力。

① 孙进．德国高等教育认证——机构、程序与标准[J]．高等教育研究，2013，(12) 88-95．

② 邵爱杰，石新龙．德国高职培养模式及其对我国的启示[J]．职教论坛，2005，(29)：59-61．

（一）从业能力

从业能力是指受教育者从事一项职业所必备的能力，由社会能力、方法能力和专业能力构成。

1. 社会能力

社会能力是指从事职业活动所具备的社会能力、人际交往、公共关系、环境意识、职业道德等内容。它包括组织协调能力、交往合作能力、适应转换能力、批评与自我批评能力、口头与书面表达能力、心理承受能力和社会责任感等。社会能力不但是生存能力，还是职业者的发展能力，是现代社会中必须具备的基本素质。积极的人生态度，适应社会和对社会的规范性行为是对社会能力的基本要求。

2. 方法能力

方法能力是指从事职业活动所拥有的工作方法和学习方法，如制订工作计划，解决问题的思维方式，独立学习新知识、新技术的方法，对工作学习结果的评估方式等都属于方法能力要求的基本内容。方法能力是基本发展能力，它是职业劳动者自身不断获取新知识，掌握新技能的重要手段。强调方法的逻辑性、合理性及科学的思维模式是对方法能力的基本要求。

3. 专业能力

专业能力是指在专业领域内人们从事生产、管理、服务等职业活动所需要的能力。它是职业活动得以进行的基本条件，是劳动者赖以生存的本领。在整个能力结构中，专业能力处于核心地位，如包装设计、广告设计、字体设计等。专业能力是职业劳动者的基础生存能力与核心本领，合理的知识结构及专业的应用性、针对性是对专业能力的基本要求。

（二）关键能力

关键能力常被称为跨职业能力，指的是具体的专业能力以外的能力，与纯粹的专门的职业技能和知识无直接的关系，它超出了专业技能和知识的范畴。如果职业者具备了这样一种能力，并成为自身的基本素质，那么当职业发生变更或劳动组织发生变化时，他就能够在变化的环境中重新获取职业者未来新的职业技能与知识。这种能力在职业者未来的发展中起着关键性的作用，是职业者的综合职业能力。关键能力是方法能力与社会能力的进一步发展。关键能力源于基本职业能力而高于基本职业能力，是基本职业能力的纵向延伸，主要体现在以下几个方面。

1. 专业能力方面

关键能力在专业能力方面主要体现在职业的适应能力、对新技术的接受能力、质量意识、时间意识、安全意识、经济意识、提出合理化建议的能力等，这是对具体的专业能力的抽象化。

2. 方法能力方面

关键能力在方法能力方面主要体现在分析与综合、逻辑与抽象思维、联想与创造力、决策、信息的截取、全局与系统思维、评价与传递、时间意识、定位等，这是方法能力的进一步发展。

3. 社会能力方面

关键能力在社会能力方面主要体现在社会责任感、心理承受力、参与意识、积极性、主动性，成功欲、自信心、宽容、团体工作的协调、语言及文字表达能力等，这是社会能力的进一步发展。

关键能力的“关键”在于劳动者应能独立思考、独立工作，勇于承担社会责任，善于进行交流合作，从而能积极应对变化多端的世界，不断或重新获得新的职业知识和技能，这对从业人员未来的发展具有特别重要的意义。特别是当职业发生变更，或者当劳动组织发生变化时，劳动者不会茫然不知所措，而是能够在变化了的环境中重新获得新的职业能力。关键能力最重要的是要具有独立计划、独立实施、独立控制与独立评价的能力。

二、课程体系的构建

根据德国的各州教育自主权，应用科学大学在教学大纲的基础上，各自制订了具体的教学计划。在课程设置上，实验室练习课（Labor-uebung）和专业实习（Das Fachbezogene Praktikum）环节的比例较大，要求毕业设计及毕业论文必须能够解决某一生产实际问题。

1. 巴登符腾堡双元制应用科学大学机电专业课程安排

德国巴登符腾堡双元制应用科学大学双元制模式的课程设计以职业需求为核心。理论课程设计是以职业活动为中心选择课程内容的，理论课覆盖了专业所需的所有理论，知识面广，深浅适度，综合性强，有利于培养学生的综合分析问题和解决问题的能力。而所有的课程都按照学期进行细分，无论哪一学期的课程，始终都是以实践动手为主。课程的选择都是经由教学经验丰富的业内专家综合编排的，更注重直接性的职业经验。学校中的很多教授都是在企业中任职的，所以学生们可以更直接、更真实地学习到实践经验。机电一体化专业教学计划表（卡尔斯鲁厄校区）见表 4-3。

表 4-3 机电一体化专业教学计划表（卡尔斯鲁厄校区）

模块序号	模块名称	模块类型	学期	占用学期	总学时量	教学量	自学量	学分
T2MT1001	Mathematisch Naturwissenschaftliche Grundlagen I 数学科学基础 I	Kermodul 核心模块	1. Semester 第一学期	1	150	84	66	5
T2MT1002	Grundlagen Elektrotechnik und Messtechnik I 电工测量技术 I	Kermodul 核心模块	1. Semester 第一学期	1	150	60	90	5
T2MT1003	Informatik I 信息技术 I	Kermodul 核心模块	1. Semester 第一学期	1	150	60	90	5
T2MT1004	Grundlagen Maschinenbau I 机械工程基础 I	Kermodul 核心模块	1. Semester 第一学期	1	150	60	90	5
T2MT1005	Mathematisch Naturwissenschaftliche Grundlagen II 数学科学基础 II	Kermodul 核心模块	2. Semester 第二学期	1	150	84	66	5
T2MT1006	Grundlagen Elektrotechnik II 电工基础 II	Kermodul 核心模块	2. Semester 第二学期	1	150	60	90	5
T2MT1007	Grundlagen Maschinenbau II 机械工程 II	Kermodul 核心模块	2. Semester 第二学期	1	150	60	90	5
T2_1000	Praxis I 实习 I	Kermodul 核心模块	1. Semester 第一学期	2	600	4	596	20
T2MT2001	Mechatronische Systeme I 机电系统 I	Kermodul 核心模块	3. Semester 第三学期	1	150	60	90	5
T2MT2002	Informatik II 信息技术 II	Kermodul 核心模块	3. Semester 第三学期	2	150	60	90	5
T2MT2003	Mechatronische Systeme II 机电系统 II	Kermodul 核心模块	4. Semester 第四学期	1	150	60	90	5
T2_2000	Praxis II 实习 II	Kermodul 核心模块	3. Semester 第三学期	2	600	5	595	20
T2MT3001	Mechatronische Systeme III 机电系统 III	Kermodul 核心模块	5. Semester 第五学期	1	150	60	90	5
T2MT3002	Mechatronische Systeme IV 机电系统 IV	Kermodul 核心模块	6. Semester 第六学期	1	150	60	90	5

续表

模块序号	模块名称	模块类型	学期	占用学期	总学时量	教学量	自学量	学分
T2_3000	Praxis III 实习 III	Kermodul 核心模块	5. Semester 第五学期	1	240	4	236	8
T2_3100	Studienarbeit I 专业研究与科技写作 I	Kermodul 核心模块	5. Semester 第五学期	1	150	12	138	5
T2_3200	Studienarbeit II 专业研究与科技写作 II	Kermodul 核心模块	6. Semester 第六学期	1	150	12	138	5
T2MT1101	Werkstoffkunde 材料学	Allgemeines Profilmodul 普通模块	1. Semester 第一学期	1	150	60	90	5
T2MT2101	Elektronik und Microcomputertechnik 电子与微电子技术	Allgemeines Profilmodul 普通模块	3. Semester 第三学期	2	150	60	90	5
T2MT2102	Angewandte Elektrotechnik 应用电子学	Allgemeines Profilmodul 普通模块	4. Semester 第四学期	1	150	60	90	5
T2MT2103	Angewandter Maschinenbau 应用机械工程学	Allgemeines Profilmodul 普通模块	3. Semester 第三学期	1	150	60	90	5
T2MT2104	Betrieb und Wirtschaft 企业经济学	Allgemeines Profilmodul 普通模块	3. Semester 第三学期	1	150	60	90	5
T2MT3101	Aktorik und Sensorik 执行器与传感器	Allgemeines Profilmodul 普通模块	5. Semester 第五学期	1	150	60	90	5
T2MT3102	Automatisierungssysteme 自动化系统	Allgemeines Profilmodul 普通模块	5. Semester 第五学期	2	150	60	90	5
T2MT3103	Angewandte Mechatronische Systeme 应用机电一体化系统	Allgemeines Profilmodul 普通模块	6. Semester 第六学期	1	154	62	92	5
T2MT1151	Grundlagen Maschinenbau III 机械工程基础 III	Lokales Profilmodul 本地模块		2	150	60	90	5
T2MT1152	Einführung Betrieb und Wirtschaft 企业经济导论	Lokales Profilmodul 本地模块		2	150	60	90	5
T2MT2151	Angewandte Mathematisch-Naturwissenschaftl. Grundlagen 应用数学与自然科学基础	Lokales Profilmodul 本地模块		1	150	60	90	5

续表

模块序号	模块名称	模块类型	学期	占用学期	总学时量	教学量	自学量	学分
T2MT2152	Angewandter Maschinenbau II 应用机械工程 II	Lokales Profilmodul 本地模块		1	150	60	90	5
T2MT2153	Betrieb und Wirtschaft II 企业经济学 II	Lokales Profilmodul 本地模块		1	150	60	90	5
T2MT3151	Vertiefung Allgemeine Mechatronik I 机电一体化深化 I	Lokales Profilmodul 本地模块		1	298	174	124	5
T2MT3152	Betrieb und Wirtschaft III 企业经济学 III	Lokales Profilmodul 本地模块		2	150	60	90	5
T2MT3153	Vertiefung Allgemeine Mechatronik II 机电一体化深化 II	Lokales Profilmodul 本地模块		2	146	86	60	5
T2_3300	Bachelorarbeit 学士论文	Kermodul 核心模块		1	360	6	354	12
	合计				6448	1913	4535	210

注：核心模块——所有专业学生必须完成的模块；普通模块——所有校区学生按照其专业方向必须完成的模块；本地模块——学生根据所在校区的不同必须完成的模块。

2. 埃尔福特应用科学大学建筑专业

埃尔福特应用科学大学建筑专业职业分析和教学计划分别见表 4-4 和表 4-5。

表 4-4　职业分析

<table>
<tr><td>工程师做什么</td><td>科研</td><td>服务</td><td>规划</td></tr>
<tr><td rowspan="2">从事的职业方向</td><td>制图</td><td>探测</td><td>项目预算</td></tr>
<tr><td>管理</td><td colspan="2">评估</td></tr>
<tr><td>任务领域</td><td colspan="3">设备规划设计、现场建造、试运行、市场监控、废物处理</td></tr>
<tr><td>毕业生的一些岗位</td><td colspan="3">工程建造房地产设计公司</td></tr>
<tr><td>入学条件</td><td colspan="3">灵活性、团队意识、好奇心、沟通能力、对自然科学和技术的兴趣（最重要）</td></tr>
</table>

表 4-5　教学计划

学期	主要课程	要求
一	数学、物理、外语、建筑学、科学论文写作	完成科学报告，培养团队合作和沟通能力
二	信息学（AutoCAD）、数学、外语、物理、手绘绘图	入学即测试信息学（Word 等）能力，没有掌握要补课

续表

学期	主要课程	要求
三	供暖技术、电子技术、绘图、电气技术、热力学技术、设备仪器管道技术	
四	给排水、建筑法、经济法、电气技术 2、供暖技术 2、制冷空调	选修课
五	18 周实践课程	自己找公司、研究所进行，学生拿到题目后要回学校认证，看题目是否符合学校项目设计要求。 一月课程实践，开设制冷空调技术和选修课
六	项目预算、项目管理、给排水 2、控制调整技术、环境技术	
七	学术论文和答辩	能源和设备管理、供暖项目设计

埃尔福特应用科学大学建筑专业的课程结构就是以工作过程为导向进行设置的，在课程结构上摈弃了学科结构系统化，有利于学生能力的培养。

教学组织方面，每周排课 20～24 学时，同时还有 20～24 学时要求用于学生独立学习、完成作业。教学中，50%用于讲课，其余时间是教师布置课题和项目，学生分组或独立完成，教师和高年级学生可以给予指导。项目课程考试不是笔试，需用 PowerPoint 向全班讲述项目完成的过程。应用科学大学对实训要求严格，数理化都要有实训课程。教学可以和企业结合，用实际项目训练学生。

专业设置方面，一些专业必须按政府要求设置，其他专业则由学校自主设置，该校的铁路专业是和德意志铁路合作，由德意志铁路拨付经费，政府不支付费用①。

3. 莱比锡应用科学大学

莱比锡应用科学大学“三位板块式”学术与实践培养过程见表 4-6。

表 4-6 “三位板块式”学术与实践培养过程

学年	时间	内容
第四学年	7 月后三周～8 月底	Achelorarbeit 毕业设计
	5 月后两周～7 月第一周	Praxis Projekt 顶岗实习
	10 月初～第五年 5 月前两周 （其中 3 周：2 月第四周～3 月前两周）	Studium 大学学习 （Vorlesungs Freie Zeit 企业实习）

① 李学雷．寻求借鉴德国职业教育的切入点——德国职业教育考察报告[J]．世界教育信息，2012，(08)：52-57.

续表

学年	时间	内容
暑假	第四年 7 月第四周～9 月底	Vorlesungs Freie Zeit 企业实习
第三学年	第三年 10 月初～第四年 7 月第三周 （其中 3 周：2 月第四周～3 月前两周） （其中 6 月第三周）	Studium 大学学习 （Ausbildung：建筑企业+培训中心） （Abschlusspruefung Ausbildung：职业培训毕业考试）
暑假	第三年 8 月初～9 月底	Ausbildung 建筑企业+培训中心
第二学年	10 月初～第三年 7 月底	Ausbildung 建筑企业+培训中心
暑假	第二年 8 月初～9 月底	Ausbildung 建筑企业+培训中心
第一学年	10 月初～第二年 7 月底 （其中 3 周：2 月第四周～3 月前两周）	Studium 大学学习 （Ausbildung：建筑企业+培训中心）
暑假	第一年 6 月中旬～9 月底	Ausbildung 建筑企业+培训中心

莱比锡应用科学大学的录取条件为必须是高中毕业生及建筑企业合同培养生（两者必须同时满足）。

学生在学习过程中，理论教学由教授上课，实验、实习、实验室学习、练习课和理论细化课由实验室教师或讲师讲授和指导，每个专业都有实验室供学生自由做项目，学生拿到任务单自己完成成果并写出实验报告，每个学生要选择一个专业方向细化课程。教学实施过程中如果学生提出免修，要和教授面谈，并提供以前学习证明、学习的内容、分数等材料，由教授写出评语后可免修。在其他学科中断学习后可以转专业，但要从头学起，如需课程免修，按前述程序办理，而不是仅凭课程名称一致就可免修。从其他学校相同专业转来的学生，教授要对两个学校的教学计划和教学内容进行对比，选择一个比较好的路径进行培养。

三、课程考核及评定

在巴登符腾堡双元制应用科学大学，基础知识的学习、教学活动的组织与考核的基础都是遵照每个课程模块制订的教学计划与考试计划来实行。每个课程模块结束时举行考试，并给出考试成绩。在特殊情况下，它会由多个考核成绩组成。每个模块描述中都会标明该模块的考试形式、数量及考试分数的区间。

每个模块都会有模块考试。如果模块考试不是由一个或多个不计分的考试组成，而是只有一次考试的情况，并给出一个考试分数，则该分数作为该模块的分数。如果模块考试是由多个给分考试组成，则模块分数取所有成绩的平均值。如果模块描述中没有其他规定，则一律通过考试成绩来计算模块分数。模块分数有不同分数级，分值精确到第一小数位。不涉及给分的考核成绩均为“通过”；给分考试中成绩为“及格”以上，则视为通过模块考试。

德国应用科学大学课程评定用“1、2、3、4、5”表示不同的等级，欧洲学分转换系统的评定用“A、B、C、D、E”表示不同的等级。因此，德国应用科学大学引入了相对成绩等级体系，即学生除获得按照德国成绩体系评定的成绩之外，还可以同时获得该成绩的相对等级证明。相对成绩等级共设五级，是将该学生的成绩与本年度及上两个年度总的平均成绩相比较，成绩最好的 10%评定为 A 级，A 级以下的 25%评定为 B 级，B 级以下的 30%评定为 C 级，C 级以下的 25%评定为 D 级，最后的 10%评定为 E 级。

巴登符腾堡州双元制应用科学大学考试条例分为基本条例、工程领域考试条例、经济领域考试条例和实训考核条例四部分，下面以工程领域考试条例为例进行介绍。

（一）工程领域考试条例

巴登符腾堡双元制应用科学大学工程领域考试条例（2011.9.22）

第一部分　总论

第 1 条　课程目标与考试目标

第 2 条　学制与课程分布

第 3 条　模块化

第 4 条　课程

第二部分　考试

第 5 条　考试类型

1. Klausurarbeit (K)，笔试
2. Mündliche Prüfung (MP)，面试
3. Konstruktionsentwurf (KE)，工程设计
4. Programmentwurf (PE)，项目设计
5. Studienarbeit (S)，专业论文写作
6. Bericht zum Ablauf und zur Reflexion der Praxisphase (ARB)，实习报告与反馈
7. Projektarbeit (PA)，项目报告
8. Hausarbeit (HA)，家庭作业
9. Referat (R)，专题报告
10. Laborarbeit einschließlich Ausarbeitung (LA)，实验报告

11. Bachelorarbeit (B)，学士论文
第 6 条 模块考试的通过条件
第 7 条 学分与考试成绩的核算
第 8 条 考试成绩的评价
第 9 条 旷考、离考、作弊、违反考试纪律
第 10 条 延期考试
第 11 条 生育保护、健康补偿
第 12 条 对理论模块的考试
第 13 条 对实践模块的考试
第 14 条 补考
第三部分 学士论文
第 15 条 目标与组织流程
第 16 条 指导与评价
第 17 条 通过与补考
第四部分 学士学位
第 18 条 学位与总分
第 19 条 学位授予与等级划分
第 20 条 对没通过考核的学位认定
第五部分 最后条款
第 21 条 考试材料、内容审阅、成绩证明
第 22 条 考试过程中的失误
第 23 条 法律生效

第一部分 总论

第 1 条 课程目标与考试目标

（1）学生通过双元制大学的学习，获得将专业理论知识联系职业实践的能力，运用所学的专业知识解决跨专业的问题。

（2）考试是对以上能力目标的考核，来确定学生是否获得了以上能力。

第 2 条 学制与课程分布

（1）理论与实践相融合的双元制大学学习共计三年。

（2）DHBW 的课程在每学年中分成不同阶段分别在一所专业学院与实训基地来完成。

第 3 条 模块化

（1）DHBW 为模块化的课程体系。

（2）每个课程模块按照欧洲学分互认系统，将学生的学习任务分为在校学

习（包含考试）与自主学习（包含准备考试）两部分。

（3）毕业需要完成的模块、要求，通过模块考核的成绩与学分，都会明确地写在每个课程计划与考试计划中。

（4）完成每个模块的学习任务，通过其考试成绩合格，才能获得该模块的学分。

（5）DHBW 会提供一部分选修课程模块，学生可以自由选择，模块结束参加考试。选修模块不设学分。

第 4 条 课程

（1）基础知识的学习、教学活动的组织与考核的基础都是遵照每个课程模块制订教学计划与考试计划来实行。

（2）对模块的更换，主要培养目标、教学内容或模块结构的调整须经巴符州 DHBW 主管部门根据 DHBW 的指导方针重新设计制定。

（3）每个校区在每个课程模块开始时会将该模块的专业学习计划或模块设计框架公布，便于教学管理人员与学生更好地了解该课程。

（4）教师资源由大学教师与兼职教师、教研人员组成。

第二部分 考试

第 5 条 考试类型

（1）需要给出成绩的考核形式有以下 11 项：

1. Klausurarbeit (K)，笔试
2. Mündliche Prüfung (MP)，口试
3. Konstruktionsentwurf (KE)，工程设计
4. Programmentwurf (PE)，程序设计
5. Studienarbeit (S)，专业论文写作
6. Bericht zum Ablauf und zur Reflexion der Praxisphase (ARB)，实习情况与反馈
7. Projektarbeit (PA)，项目设计
8. Hausarbeit (HA)，家庭作业
9. Referat (R)，专题报告
10. Laborarbeit einschließlich Ausarbeitung (LA)，实验报告
11. Bachelorarbeit (B)，学士论文

给分标准依据第 8 条。

（2）每个模块描述中均有对考试形式与评分标准的规定。在每个课程模块学习开始，课程负责人均会将考试的形式传达给学生。

（3）学生需要保证独立撰写完成毕业设计论文、专业写作与项目设计，标

明所引用文献来源与辅助工具。

（4）考试成绩一般在学生知晓前的至少4周给出。

（5）外语课程模块的考试成绩会以对应的语言给出。

第6条　模块考试的通过条件

（1）每个课程模块结束时举行考试，并给出考试成绩。在特殊情况下，它会由多个考核成绩组成。每个模块描述中都会标明该模块的考试形式、数量及考试分数的区间。

（2）每个模块都会有模块考试。如果模块考试不是由一个或多个不计分的考试组成，而是只有一次考试的情况，并给出一个考试分数，则该分数作为该模块的分数。如果模块考试是由多个给分考试组成，则模块分数取所有成绩的平均值。如果模块描述中没有其他规定，则一律通过考试成绩来计算模块分数。模块分数有不同分数级，分值精确到第一小数位。

（3）不涉及给分的考核成绩均为“通过”，给分考试中成绩为“及格”以上，则视为通过模块考试。

第7条　学分与考试成绩的核算

（1）对同一专业的学习时间与考试成绩，或以前通过的课程都会纳入学分计算的范畴。对已获得的学分同样适用。

更换专业时，已修专业与新专业相近的内容，折算其学分。

（2）在企业中的培训时间与劳动时间会以全部或部分的形式折算成实习阶段的学分。在其他大学或职业学院相同专业里取得的考试成绩会全部或部分折算成相应的学分。

（3）学生需要在每个理论学习阶段开始前4周申请学分折算。需要折算的学习时间与考试时间必须有相应的文字证明。职业学院对学分折算做出决定，申请培训与劳动时间的折算需要得到培训机构的认可。

（4）凡在德国外的其他国家完成的大学学习时间、学分与考试分数，均按照巴符州双元制大学框架中“对国外学分成绩的认可”中的规定实行。

第8条　考试成绩的评价

（1）每个评分等级标准如下。为了更准确地区分每项分数级，精确到小数点后一位。

分值　　分数等级　分数说明

1.0～1.5＝非常优秀＝突出的分数；

1.6～2.5＝优秀＝显著高于平均分数的成绩；

2.6～3.5＝令人满意＝达到平均水平的要求；

3.6～4.0＝及格＝有一定欠缺，满足基本要求；

4.1～5.0＝不及格＝有较大缺陷，没有满足基本要求。

（2）不涉及给分的考试成绩以“通过”或“不通过”来评价。

第 9 条　旷考、离考、作弊、违反考试纪律

（1）当考试者没有重要原因而弃考，或在考试开始后无重要原因离考，考试成绩均视为“不合格”（5.0）。倘若在考试结束前学生没有受到独立的考试监督，考试产生的成绩一律视为“不合格”（5.0）。

学院或考试委员会对学生旷考、弃考在第一时间做出书面公示。如因生病等原因，学生需要立即出示医生开具的诊断证明；如有疑问，双元制大学可要求学院指定医生为其诊断。

（2）因重大原因在开考后离考的，对其能够产生分数的部分在第二次考试中视为有效。不被认可的考试成绩被视为无效。

（3）企图通过欺骗作弊或利用禁止使用的辅助工具从而使考试成绩发生改变的，均被视为“不及格”（5.0）或“不通过”。

凡在考试过程中违反规定的学生，可由监考老师或审查人员直接停止其考试，成绩均被认定为“不及格”或“不通过”。

（4）在违纪处分公示前学院应及时以书面告知的形式通知涉及人员，阐明原因并对其进行教育。

第 10 条　延期考试

如学生因某重大原因不能参加考试，所在校区最迟会在下一个学期安排补考，不受第 11 条的影响。

第 11 条　生育保护、健康补偿

（1）生育保护期限的制定依据在职母亲保护法。根据德国法律规定父母津贴和育儿假（BEEG）的相关条款，需考虑给予育儿假的期限。学院依据该法制定决策。

（2）负有家庭责任的学生按照《高核法》第 34 条第 1 款履行义务，能够延缓考试期限；学生需提供相应证明，并有义务及时通知个人状况的改变。

（3）因长期疾病、身体残疾或长期的心理疾病而不具备按时上课或参加考试的能力，能够申请延迟考试期限。补考时间最多可以顺延 2 个学期，所有课程共计最多顺延 3 年。学生需提交相应证明，尤其是医生开具的疾病诊断证明；学院在有质疑的情况下，可由指定的医生或诊所重新诊断。学生有义务及时告知校方自身状况的改变。

（4）学生需提供诚实可信的诊断证明，证明自己由于长期的身体缺陷无法完成全部或部分的考核内容，学校根据其具体情况，考虑同意延长学生的准备时间或替换其他具有等同价值的考试形式。

第 12 条　对理论模块的考试

（1）笔试的考试内容均由各模块负责讲授课的教师设计题目、评分。

（2）口试内容由各模块负责讲授课的教师与至少 1 名学院专职教员共同监督完成。

（3）为了防止第（1）条或第（2）条情况下教师人员的缺席，学院委托另一名业内专家参与设计考试内容。

（4）口试中需填写情况记录、考官与被考者姓名、考试问题的回答与评价情况、考试结果。考官需在情况记录上签名。

（5）口试为非公开。当口试设计的题目是专业热点问题，且与被考者不矛盾的情况下，可以允许听众旁听。根据《州高等教育法》第 5 条，专家评审老师商议考试结果的过程中不允许听众在场。

（6）所有监考人员与考试委员会成员有义务对考试内容保密。当监考人员就职于非公共服务事业时，则需向考试委员会宣誓保密。对旁听口试的听众也同样适用。

第 13 条　对实践模块的考试

（1）每个专业均设有考试委员会。委员会由至少 2 名成员组成。成员需具有相关专业背景与多年的职业经验。委员会由学院教授主持。在主持者缺席情况下，及时调用代理主持。委员会除 1 名专任教师外，至少还应具有 1 名有专业实践的代表。委员会以过半的选票行事。在票数相等情况下主席具有其决定意义的投票权。

（2）学院安排 1 名具有研究型的考官负责项目作业的指导与评价工作。该考官需专业实践背景与学术修养并重，可以是学校的教授或研究人员。

（3）实习模块中的口试需要由考试委员会中至少 2 名成员组织完成，由 1 名专任教师与 1 名专业实习老师组成。

（4）口试内容主要考核与实习相关的内容及对相关理论概念的解释。口试考核学生的专业能力与跨专业能力（方法能力）。考核题目不允许涉及一些保密性的问题。

（5）口试流程需记录下来，具体说明见第 12 条第 4 款。

（6）考试委员会的召开与口试考核均不公开。具体见第 12 条第 5 款和第 6 款。

（7）口试结果在考试当天经考试委员会审核后通知到考生本人。

第 14 条　补考

（1）在给分的考试中没有达到“及格（4.0）”的学生，在知晓成绩后的 4～12 周能够获得一次补考机会。

在考试科目工程设计、程序设计、项目设计、家庭作业、研究报告、实习阶段的流程反馈与实习报告、实验报告中考核成绩获得“不通过”的学生，能够得到一次修改的机会。

项目设计经修改后如只得到“及格”，则被视为“不通过”。已修改的该项目设计报告需经过二次审核。二次审核由该专业的负责人完成。如两次评价存在偏差，则由专业学院决定该项目设计最后的通过问题。项目设计的最终分数取两次分数的平均值。

实习模块中口试成绩没有得到“及格”（4.0）的分数，则按照第 14 条第 1 款、第 7 款以及第 13 条的第 1 款～第 7 款履行。

（2）在考查考试中取得“不通过”的学生，能够在 4 周之内获得一次补考。

在考查科目工程设计、程序设计、项目设计、家庭作业、研究报告、实习阶段的流程反馈与实习报告、实验报告中考核成绩获得“不通过”的学生，能够得到一次修改的机会。

（3）在严重情况下根据第 9 条第 3 款获得“及格”（4.0）或“不通过”均需要进行一次补考。

（4）如果补考成绩不通过，在补考成绩知晓后的 2～4 周可获得第二次补考。补考以口试的形式进行，第二次补考成绩只限定于“通过”或“不通过”两种情况。

（5）根据第 4 款，第二次补考在每学年中只有一次。

（6）根据第 4 款，第二次补考由各专业负责人与至少 1 名相关专业教师共同组织实施。专业负责人负责主持。考官共同评判。当考官意见发生分歧时，由专业学院给出最后决议。

考试过程需要填写相关考场记录，具体见第 12 条第 4 款。

（7）第二次补考情况根据第 4 款记录在实习模块的考试成绩中。

（8）如学生在最后的补考机会中依然没有通过，则按照《高校法》第 32 条第 1 款第 5 句取消该生的在校资格，按照第 62 条第 2 款第 2 号文件办理注销学籍。

第三部分 学士论文

第 15 条 目标与组织流程

（1）毕业设计作为一项独立的考试类目，它考核学生是否具备在给定时间内，运用面向实践应用的专业知识与方法，独立解决一项专业问题的能力。

（2）各实习企业为学生提出毕业设计命题的建议，根据《高校法》第 65 条 b 项第 3 款，命题最终需获得所在学院的批准。

（3）完成论文的时间为 12 周。根据申请的具体情况，各专业分院可以延长至适合的时间。申请延长时间需在撰写论文之前，并附带所在实训企业提出的建议。

学生需要至少360小时准备毕业论文的开题。

第16条　指导与评价

（1）指导教师由培训企业派出，应具有丰富专业知识和多年职业经验，作为第一考官负责在培训企业指导毕业设计的实施。具体见第12条第6款。

（2）由专业学院指定第二考官指导学生的毕业设计并给予评价。需满足《高核法》第56条第2款规定的前提条件，并且是专任教师。具体见第12条第6款。

（3）以上指定考官共同评价毕业设计论文。取两次评分差值与总分，求出算术平均值。如评分差值超过某一总分值，则需指定第三考官评分，第一、第二考官的分数被视为临界分数。

（4）考官需按照规定时间提交毕业论文副本。

第17条　通过与补考

（1）毕业设计需至少获得“及格”（4.0），才能通过。

（2）如成绩没有达到“及格”（4.0），则需延期考核。新拟定的论文题目需要当事人知晓成绩后的最迟3个月内提交。

第二次延期考核除外。

第四部分　学士学位

第18条　学位与总分

（1）通过所有模块考试与毕业设计论文考核后，可顺利毕业。

（2）总成绩的计算中毕业设计论文分数占20%，模块成绩精确到小数位，占80%。

模块成绩是各个模块绩点分数的加权。加权系数是各个模块绩点学分与学分总数的比值。

具体见第8条第1款。

（3）总成绩除按照第2款计算出的学分外，各专业毕业生获得所在校区特色模块的分数按照以下划分:

A 最优秀占10%、B 占25%、C 占30%、D 占25%、E 占10%

参考基础是当年的毕业总成绩与第一、第二学年模块成绩。

新建立的专业可不依据（2）的参考基础，按照当年学年的总成绩与原有专业学年的成绩作为依据。

第19条　学位授予与等级划分

（1）巴符州双元制大学（DHBW）负责颁发毕业证书、学位证书、成绩证明与学位补充。毕业证书与学位证书上标注对应学生所学专业及研究方向，在成绩证明与传统学位证明中会对上述两点进行更加深入的描述。

（2）毕业证书需所在校区校长签名，学位证书需学院院长与专业负责人共同签名。两份证书均加盖巴符州双元制大学（DHBW）公章。

（3）学位证书中包含每个已修模块的名称及模块分数与绩点分数、学士论文题目、绩点总成绩及学分等级。

（4）在成绩证明中包含每个模块成绩及模块下的理论课程。“学位补充”证明中对获得学位的类型和等级，以及学习中的一些细节信息做出说明。

（5）DHBW 为工程技术领域颁发的工程学士学位，信息学专业包含的应用信息学、生命科学信息学、企业信息管理学、医疗信息学及保险学等专业授予理学学士学位。

第 20 条　对没有通过考核的学位认定

（1）参考人员在毕业证书授予后被发现考试成绩有欺诈行为，专业学院根据第 9 条第 3 款修改相应的分数，并陈述考核不能被视为通过的理由。最后下达决策前给予相关涉及人员书面解释的机会。

（2）不正确的证书将被没收，必要的情况下需提供新的证明。依据第 1 款做出决策后的两年内将不授予考试证明。

（3）根据第 1 款的规定，没有通过考试不能得到学位认定，并且没收所有相关结业证书。

第五部分　最后条款

第 21 条　考试材料、内容审阅、成绩证明

（1）考试材料均由各校区审核，在毕业最后文件交付后的 3 年内完成。被考者能够申请查看自己的考试情况。最迟在考试结束后 1 年向所在校区提交书面申请。

（2）各校区在每学期后签发给每名学生成绩记录证明单。

第 22 条　考试过程中的失误

（1）如发现考试过程有违反公平的重大失误，由所在校区提出申请，对指定考生或全体考生重新组织进行部分或全部考试。

（2）根据第 1 款提出的申请由所在校区以书面形式直接呈递。申请不需要条件，已经发出不能收回。有重大失误的考试部分结束 1 个月后，强制作废原先的考试。

（3）在考试结束 6 个月后，所在校区不允许根据第 1 款提出重考申请。

第 23 条　法律生效

本条例在“巴符州双元制大学官方声明”发布后的第二天产生法律效力。

自2011年10月1日起，对在校学生生效。

本条例为工程技术类专业的考试条例，经2009年3月18日与2010年12月22日两次修改。航空航天技术专业的学生从2011年10月1日开始执行新条例。

（二）工程领域考试说明

1. 依据第5条第1款对工程技术领域内考试进行说明。

1. 考试成绩简述

1.1 书面考试（K）

学生需要通过书面考试证明自己能够在给定的时间内，借助允许的辅助工具解决任务，解答给定的选题。书面考试包括知识性问题、方法问题与理解性问题，学生能够给予批判性的反馈。书面考试的时间根据每个模块描述中的具体规定。

1.2 面试（MP）

1.2.1 理论模块的面试（MP-T）

面试时间大约持续30分钟。

1.2.2 实习模块的面试（MP-P）

面试应当考查学生对专业知识的理解，掌握其与其他领域间的联系。除考查学生的专业能力外，跨专业的能力也作为面试的主要考查核心。

1.3 工程设计（KE）

工程设计需要从概念层面与面向产品层面、设计层面完成给定的任务。

1.4 程序设计（PE）

程序设计需要学生运用合适的方法，利用算法编程语言，测试程序运行结果、程序文本的正确性。

1.5 专业论文写作（S）

专业论文写作应围绕某项工程任务的具体解决方案，使学生展开深入、全面且独立的工作，需体现学生在关注理论基础上解决专业实践问题的能力。

1.6 实习阶段的流程报告与反馈报告（ARB）

实习阶段的流程报告与反馈报告包括记录实习阶段时间与内容的安排，能够反馈学生在实习阶段学习与认知上的进步，能够反馈学生掌握理论与实习阶段内容间的联系。ARB在每个实习模块结束时不作为考试成绩，需要教师、学生填写。

1.7 项目设计（PA）

项目设计是围绕实习阶段某一工程任务（有些分成两个小任务）提出具体

的解决方案，并撰写项目报告。使学生开展深入、全面而独立的研究工作，需要学生利用专业文献中的理论与实践知识，解决项目任务。项目设计报告在实习阶段中完成。

1.8　家庭作业（HA）

家庭作业中需完成给定的问题或任务，以使理论课的内容得到运用与巩固；学生要独立阅读并探索科学来源；按照规定范围以书面形式完成。

1.9　专题报告（R）

专题报告需要学生将自己独立完成的报告内容以个人演讲的形式呈现，时间为 10～30 分钟。

1.10　实验报告（LA）

实验报告包括实验的实施过程，包括将实验执行情况与实验结果形成详细的书面表达。

1.11　毕业设计学士论文（B）

学士毕业论文要求字数在 60～80 页。偏差需要导师的一致同意，没有被批准的偏差会直接导致减分。毕业设计学士论文以实验、理论形式或设计的形式来呈现，也可以是以上三种形式的结合。

2. 偏差

第 5 条第 2 款产生的偏差可以通过其他考试形式或多种考试形式的结合来替换。第 5 条第 2 款不受影响。

3. 模块解析（第 3 条与第 4 条）

3.1　核心模块

所有专业学生必须完成的模块。

3.2　一般模块

所有校区学生按照其专业方向必须完成的模块。

3.3　校区特色模块

学生根据所在校区的不同必须完成的模块。

3.4　选修课程

学生通过各种可能性选择适应的课程。

3.5　引导性自主学习

引导性自主学习在第一学年为 30 小时，第二学年为 50 小时，第三学年为 70 小时。共计 150 小时的引导性自主学习会以不同的形式使学生实现独立学习，如工程设计、程序设计的引导，实验中的引导，指导学生们做相关练习，以满足学生需求与培养学生能力为核心实现学生独立、有效地自主学习。专业负责人根据合适的教学法与需求，灵活地设计每个学年引导性自主学习的学时安排。

四、课程的主要特点

德国应用科学大学的主要特色是来自实践、面向应用、开放协作、立足本地、面向全球；不是理论联系实际，而是实际联系理论；不是学科统领办学，而是实践和应用引领学科建设；不求知识的全面，而求能力的综合。因此，应用科学大学在课程方面有以下特点。

1. 重实践

应用科学大学开设大量的实践性课程，即使是理论性课程的学习也注重联系实践，特别强调学生应用理论知识解决实际问题的能力。例如，应用科学大学很多实践性课程采用项目化教学方式。这类课程要求学生在学习期间完成至少一个项目作业（Projektarbeit）。所需的时间一般为一学期，由 5～8 名学生组成项目小组共同完成。项目选题可以由教师指导完成，也可由学生自选，还有很多时候由学校的合作企业提出。企业往往通过这种方式来解决生产实践中的一些具体问题，并会安排专业人员与教师一起指导学生完成此类项目课题。

2. 模块化

在德国职业教育课程框架内，模块概念最先在职前培训中使用。德国部长会议把模块界定为：把课程的学习内容划分为教学单位，把教材的知识领域概括为主题和时间上趋于完善、自成一体、带学分、可检测、具有限定内容的教学单位，即模块。模块教学形式可以灵活多样，如讲座、练习、实习等。一个模块可以是单个学期或单个学年培训的内容，也可以持续数个学期。模块包括学习量和所给予的学分，以不同的结构成分或学习单元为基础，这些构成成分即学习单元，可以按各个不同岗位的规范要求划分。这样的模块才可以完成职业教育与教学大纲的要求。以德国罗伊特林根应用科学大学中 ESB（Europe School of Business）商学院的国际商务专业模块课程为例（表 4-7）。

表 4-7　德国罗伊特林根应用科学大学商学院的国际商务专业模块课程安排

学期	课程
第一学期	企业管理模块（内含两门课程）、微观经济学模块、商务方法 1 模块（内含两门课程）、商法模块、商务沟通 1 模块（内含两门课程）
第二学期	商务方法 2 模块（内含两门课程）、市场营销模块、管理方法模块（内含两门课程）、商务沟通 2 模块（内含三门课程）
第三学期	宏观经济学模块、研究方法及应用模块（内含两门课程）、金融与会计模块（内含两门课程）、人力资源管理模块（内含三门课程）、商务沟通 3 模块（内含两门课程）
第四学期	实习 1（内含实习座谈会）

续表

学期	课程
第五学期	通识学习模块（内含跨学科和商业伦理课程）、专业模块（五个专业方向中选一个，每个含五个研讨课程）
第六学期	国外学习
第七学期	实习 2、毕业论文

资料来源：德国罗伊特林根应用科学大学课程手册。

从表 4-7 中可以看出，ESB 商学院国际商务专业模块课程的综合化程度比较高，该校从大一至大四的所有课程都是以模块课程的方式呈现的，而大部分模块课程都是由两门甚至两门以上的课程组合而成的，每一个模块由一位教授负责协调、统筹。例如，工商管理模块就是由管理学原理和（基础）会计两门课共同构成的。模块课程把理论授课与该学科课程对应的实践部分有机结合在一个模块内部，大大提高了理论与实践结合的紧密程度，也有利于提高学生的理论应用能力。

3. 多元化

课程设置多元化，代根多夫应用技术大学在课程设置方面，倡导以未来市场的需求和工业界的发展趋势为导向，按照学生的职业生涯成长规律，打造凸显技术、兼顾管理的课程体系。以该学校的机制专业为例，在课程体系中，除了技术专业课外，还普遍以必修课及限定选修课的形式设置了一系列非技术类课程，如质量和项目管理、企业管理、统计学、经济核算、能源/排放交易、管理和市场营销、安全技术等。其目的是：一个优秀的工程师，除了掌握必要的专业理论外，还应该具备经营管理、市场销售等方面的能力①。

4. 学分制

ECTS 是欧洲国家大学之间的学分转换系统（European Credit Transfer System，ECTS），也称欧洲学分互认体系，简称 ECTS。ECTS 重点在学分转换，它由欧洲委员会研发和推行。联合国欧洲高等教育中心（UNESCO European Centre for Higher Education，UNESCO-CEPES）是世界范围内发展最早，也是欧洲唯一的经过试验证明比较成功的高等教育学分体系。2010 年，建立欧洲高等教育区，通过采用学分制度，实现学位制度的灵活性，承认以往在欧洲不同大学所获得的学分，允许学生在任何时间、以不同背景入校，提高学位和学历，增强和促进学生、教师的流动。欧洲实行 ECTS 后，学生流动的质与量都得到了

① 刘其兵．德国应用型本科人才培养的特征和启示——以代根多夫应用技术大学为例[J]．滁州职业技术学院学报，2013，(01)：19-21．

很大的提高。这些交流大大促进了欧洲高等学校和学科之间的教学、科研合作，促进了欧盟教育、就业市场的一体化和人员的流通。

以代根多夫应用科学大学机械工程专业 ECTS 学分管理为例，ECTS 按照学生的课业负荷量给每门课程分配学时，并将课程学时与该课程学分相匹配。授课、学习和评价的方法对学生课业负荷量都有影响。学习的课程由专业相关的课程模块组成。每个模块包括一门或几门课程，一个模块一般 2～10 ECTS，一个 ECTS 分配一定的学习时间，根据学生学习的课业负荷量来定。1 ECTS 一般对应 30 个学时，每学期的学分应达到 30 ECTS，如果两个学期后尚未达到 30 ECTS 学分，学生需要寻求学业辅导。进行实习学期前，至少要达到 90 ECTS。机械工程专业学士毕业总学分 210 ECTS，完成 180 ECTS 学分可以毕业，若没有修够 180 ECTS 学分，则需要延迟毕业，可以继续学习，直到修完学分要求为止。这种学分管理制度可以真正使学生学到相应的专业知识。

第五章

教学与研发

第一节 教　学

一、教学目标

为了培养优秀的应用型人才，为企业发展提供后备力量，应用科学大学从学生入学伊始就强调实践经验，德国应用科学大学的入学要求甚至比综合性大学还要严格，学生除了有高中毕业证书（Abitur）以外还必须提供相关的实践证明。入学以后更是有长达两个学期之久的实习学期。学生在正式实习前必须先到相关企业申请课题，然后与企业签订实习合同，学生在实习期间通过参与企业的某个课题或项目，完成实习及相关的毕业设计。学生在实习期间有两个指导老师，分别来自企业和学校。学生最后一学期的实习往往结合毕业设计一起进行，由于学生在实习阶段直接在企业的设计、生产或者管理部门的第一线工作，对企业已经十分熟悉，大部分情况下都会选择继续在原实习单位就业，而企业也愿意招聘这些知根知底的年轻人作为企业发展的后备力量①。

德国巴登符腾堡双元制应用科学大学卡尔斯鲁厄校区机电一体化专业的总体目标如下：

1）毕业生能够独立思考问题，用理智的判断力去评价经济与社会中的个体行为；能够明确职业领域中出现的问题，积极地配合团队共同解决难题。

2）毕业生掌握深厚的专业知识、学习方法，理解跨专业知识间的联系，具备将理论知识转化到实践中的能力。

3）毕业生能够快速地适应新的工作环境、新的工作任务、新的团队、新的企业文化，将自己很好地融入其中。

4）毕业生能够独立适应不断变化的环境。

5）毕业生能够为一个多元化的全球化职业世界做好充分的准备。

6）通过与实践的紧密联系，毕业生能够更加深刻地理解学习的过程。

理论教学目标：机电一体化专业理论教学注重自然科学基础知识与机械工

---

① 冯理政. 德国应用科学大学（FH）办学特色的分析与研究[D]. 上海：华东师范大学，2010.

程、电子技术与信息技术三大专业领域知识的习得。机电一体化专业通过将各课程模块灵活地联结组合，促进学生各领域专业能力的形成。

企业实践培训目标：企业培训的目标除了培养学生技能与知识的形成外，还应注重“企业”这一概念在学生整个学习生涯中的形成。通过积极地参与团队合作，形成强烈的个人责任感，学生的专业能力、方法能力与社会能力也在相互融合的过程中形成，最终促进学生个人本身的全面发展。

通过一系列复杂任务的团队协作，在不同的工作小组、组织的项目任务中促进学生专业能力与跨专业能力的形成：①沟通协作能力、团队能力；②问题解决能力、创新能力；③专业报告、专业论文的写作能力；④学习能力、工作能力与专业演讲能力。

企业培训应立足为学生提供足够宽的专业知识面与跨专业知识面，在双元制大学的框架下，将理论知识在企业环境中得到最优的发展与转化。

学年目标如下：

第一学年：掌握基础知识与技能。

1）建立培训企业组织架构。

2）掌握手工操作与机械操作的基本技能（包含工作安全）。

3）产品制造、产品设计、工作准备。

4）可继续深化的内容：如机械制图、工程制图、电子技术、企业特色。

第二学年：通过导入工程任务实践。

1）能够与团队合作完成项目任务。

2）在以下选定的领域中培养能力，如产品开发、设计、测试，产品制造，质量保障和控制技术。

3）掌握专业演讲与展示、专业写作的关键要领。

4）具备外语沟通、阅读能力。

5）掌握外语、演讲技巧、修辞学的基础知识。

第三学年：在所在培训部门能够独立解决机电一体化的某项专业任务。

一名机电一体化专业学生在第五学期将被安排到培训企业的技术部门。项目任务要求学生在规定的时间内与其他相关部门协调沟通，合作完成工程技术任务。

二、教学内容

德国应用科学大学普遍重视实践教学，这一点通过实践教学环节所占的比例略见一斑。例如，汉诺威应用科学大学（Hochschule Hannover）的实践教学环节的比例占总学时的45%，包括两个实践学期及毕业设计。此外，专业课中的理论教学时数与实验教学课时几乎相等。实践教学的任务和内容不仅涵盖实习、实验、操作、作业、讨论等形式，而且往往与授课教师的科研紧密联系，通过教师主导的科研与项目管理，使实践教学与实际应用、人才培养统一起来，不仅实现了实践教学的学习目标，也使教学与科研、应用及学生的能力培养和职业发展相结合。这些研究都是企业的项目，都是应企业的需求合作进行的，有些研究项目是很超前的，有些是很实用的。例如，奥斯特法利亚应用科学大学的电气实验室与我国北京一家公司合作进行风能、太阳能转换为电能的储存和利用研究，已经制造出电动汽车样车；机械系一个实验室研究的将废弃木块加工成小颗粒木丸，既环保又实用，已经推广应用；通信实验室正在和我国深圳一家企业合作研究下一代人工智能电子警察，目前还在研究没有服务器的网络电话、不同国家通用的网络语言平台、固定电话与网络电话的自动切换等世界前沿科研项目。除了教授从企业得到的研发项目外，学生还可以自己设计项目，有时教授也设计一些项目。

教授在企业争取到项目后，经过设计指导学生完成，每个学生都有动手的机会。以奥斯特法利亚应用科学大学机电系为例，一个班 20 人，4 个题目，每 3～4 人一组。项目实施基本可以分为数学建模、控制器制作、设计目标实现、运行及结果分析四个步骤进行，学生要轮换做完这些步骤，同时还参与项目的研究。学生自己也设计项目，并常常组成科技团队，参加德国乃至世界的科技竞赛，有的自己找赞助，有的由学校资助。这些项目，从策划、设计、建模、制作、调试到运行全部由学生完成，财务也是学生自己管理。

三、教学组织

（一）非双元制专业

1. 理论课

应用科学大学的理论教学一般采用课堂教学的讲座课形式，但是很好地融合了研讨教学、现场教学、案例教学等多种教学模式。理论教学强调工程应用特色，没有固定教材，教师把理论与实际结合组织教学内容，重点讲工程应用。在讲授中教学内容跨度大、实践性强、知识更新快。与综合大学相比，应用科学大学的课堂教学一般在较小的学生群体中进行，它保证了课堂教学能在相互交流的基础上进行，也保证了研讨教学、现场教学（课堂与实验室融合）、案例教学等多种教学模式的有效开展。研习课上学生可以对某一课题进行透彻的理论探讨，通过练习课和实习课，他们可以把学到的理论知识应用到实践中去。为了让教学内容与企业的最新发展动向时刻保持同步，很多应用科学大学会聘请企业的高级管理人员来为学生授课，这些高级管理人员在为应用科学大学工作一定的时间后甚至被应用科学大学聘为荣誉教授。

2. 项目周

应用科学大学通常在教学计划中每年安排1～2周的集中教学时间，称为项目周（Blockwoche），在这段时间里，应用科学大学可以安排学生外出考察，通常被称为学术旅行，用以增强学生对实际工作环境和内容的了解。学术旅行的时间可能是一天也可能长达几个星期，并经常利用假期进行。学术旅行可以去国外，主要是欧洲国家；应用科学大学也可以安排学生就某个专题集中学习，邀请其他大学的学者，包括外国学者来集中授课或举办讨论班；还可以安排学生进行案例分析。通常，要求学生在应用科学大学学习期间取得不同类型集中教学的学分。这种做法有利于学生扩大和提高在某一个专题方面的知识和能力，也有利于促进应用科学大学与其他高校之间的交流和提高。学生还参与项目的研究，每年还要到大公司去参观，参观完各部门后，对学生如何做项目启发很大。

（二）双元制专业

近年来，部分应用科学大学还开设了双元制专业，在这些专业中，申请者首先要经过企业的筛选，获得企业提供的培训合同和资助，方有可能被大学录取。

双元制专业的理论教学部分在大学完成，实践教学部分则在企业完成，分别为期3个月，轮流进行。在理论课教学中，仍以班级为单位（50～70人）；在实践训练中，严格要求以20人为一组，学生每天必须在专业岗位进行实践操作，从而使学生在实践中获得经验和知识技能，并将零碎的知识技能联系起来，学会应用。以德国慕尼黑工业大学的印刷与媒体专业为例，说明德国大学生在校学习和在企业实习的时间结构关系，见表5-1。

表5-1 德国慕尼黑工业大学双元制专业学生在校学习和在企业实习的时间结构关系

企业实践总天数	学期	每周在企业天数	每周在大学天数	大学学习总天数
第一学年（201天在企业，含寒暑假）	第一学期	每周4天	每周1天	第一学年（39天在大学）
	第二学期	每周3天，假期每周5天	每周2天	
第二学年（201天在企业，含寒暑假）	第三学期	每周3天，假期每周5天	每周2天	第二学年（90天在大学）
	第四学期	每周2天，假期每周5天	每周3天	
第三学年（201天在企业，含寒暑假）	第五学期	每周3天，假期每周5天	每周2天	第三学年（82天在大学）
	第六学期	每周2天，假期每周5天	每周3天	

续表

<table>
<tr><th>企业实践总天数</th><th>学期</th><th>每周在企业天数</th><th>每周在大学天数</th><th>大学学习总天数</th></tr>
<tr><td rowspan="2">第四学年（201 天在企业，含寒暑假）</td><td>第七学期</td><td colspan="2">按照企业要求的专业深化学习</td><td rowspan="2">第四学年（60 天在大学）</td></tr>
<tr><td>第八学期</td><td colspan="2">按照企业要求做毕业论文</td></tr>
</table>

从表 5-1 我们可以看出，学生从大一入学开始，就开始在企业接受实践培训，而且第一学年大部分时间都花在企业的实习上。从课时分配来看，实践教学环节约占总课时的 2/3。按照德国大学一年 240 个工作日计算，学生每年花在企业实习的时间高达 172 天，四学年累计在企业的实习一共 689 天，占学习总天数的 70%左右。四学年累计在大学里面的学习时间只有 271 天，占学习总天数的 30%左右。

由于学生在企业实习的总时间大大高于在大学读书的总时间，使得教学的针对性与目的性都很强。学生在校学习期间，既注重理论基础的夯实，注意培养创新能力，但又不是纯粹的理论学习，而是理论与实践循环交叉进行。除每学期保证一定课时的教学外，还专门设置 2～3 个学期到企业实习。恰到好处的理论与实践教学的交叉进行，不但没有削减理论教学的分量，反而因为交叉运用而得到不断强化，并达到整合课程和强化实践教学的目的①。实践教学架起了学生了解社会的桥梁，从而强化了理论学习的自主性和针对性，有效提高了学生理论应用实际的能力。双元制专业的学生学习压力非常大，会有 25%的学生中途退出②。

四、教学方法

应用科学大学显著的学习特点就是实践驱动，为此，学校提供了多样化的教学形式，如讲座（Lectures）、研讨（Seminars）、实操（Practical Exercises）、实习（Work Placement）、小组学习之旅（Study Trips in Small Groups）。研讨会能够深入一个狭窄的主题，而练习课和实习能够将理论知识投放在一个实际的环境里；1～2 个学期的实习学期是应用科学大学的显著特色，由学校下发实习学期规则，提供相应的机会，并监督学生完成，学生们在企业或者其他工作机构至少呆 20 周的时间；小组教学为教师和学生的接触创造了条件，增强了学生之间的课堂互动。另外还有许多教学方法促进手段，如多媒体教学、远程教学。

德国职业教育“能力本位”的核心观点是以能力培养为目标，设计教学过程与方法。能力培养需要把能力分解到具体的可操作的层面上，通过由简单到复杂的教学活动来实现这一目标。这一培养目标不在于使学生掌握系统、高深

① 赵明刚．德国大学的实习制度探析[J].教育评论，2010，(06)：163-165.

② 崔岩．德国应用科技大学运行机制的分析研究[J]．机械职业教育，2013，(02)：3-6.

的理论知识，而是通过对学生进行必要的基础理论教育和充分的职业训练，使其成为在某一领域具有独立从事职业活动能力的职业人才。尽管职业院校的毕业生在理论方面要低于一般大学的毕业生，但他们长于实践和技术应用与开发，是把理论知识转化为实际应用技术的“桥梁式的职业人才”。为了培养学生的技术应用与开发能力，德国教师的课堂教学方法很多，如头脑风暴法、案例教学法、项目教学法、引导课文教学法等。

（一）头脑风暴法

1. 头脑风暴法的含义

头脑风暴法是专家决策方法之一。随着职业教育越来越重视学生关键能力的培养，头脑风暴法也被用于职业教育。在职业教育教学过程中，教师和学生可以通过头脑风暴法，讨论和收集解决问题的意见和建议。通过集体讨论，集思广益，促使学生对某一个教学课题产生自己的意见，从而获得大量的构想，经过组合和改进，达到创造性解决问题的目的。

2. 头脑风暴法的实施

（1）起始阶段

教师设置情景，说明解决问题，鼓励学生进行创造性思维，形成问题讨论氛围，并引导学生进入议题。

（2）建议阶段

学生表达各自的想法，教师注意避免对学生的意见立刻进行评价，也应阻止其他同学进行评论，尽可能调动学生的积极性，鼓励创新求异。

（3）总结阶段

当问题已经基本得到解决，提出想法的热度下降，在适当的时候，教师应该出面进行归纳总结，提出一个或几个解决方案。

（二）案例教学法

1. 案例教学法的含义

案例教学法是教师选用专业实践中常见的具有一定难度的典型案例，组织学生进行分析和讨论，提出解决问题的建议的一种教学方法。

2. 案例教学法的实施

（1）学生各自准备阶段

学生阅读案例材料，搜集必要的信息，并积极思考，教师在此阶段给学生列出一些思考题，学生的准备会更充分。时间一般在 15 分钟左右。

（2）小组准备阶段

将学生分为若干由3～7人组成的小组，每个小组选出一个人作为小组长，负责小组活动。小组活动时，教师不加干涉。准备时间一般为20～60分钟，视具体情况而定。

（3）大组讨论阶段

各个小组与老师一起分析、讨论案例。注意，在讨论中，学生是发言的主体，教师充当主持人的角色。讨论一般会分成两个阶段：开始一般用于深化和扩展学生对案例的理解，然后教师着手将问题引向几个主要的可能方案，使讨论更加集中。

（4）总结阶段

进行充分讨论之后，教师应让学生自己思考、归纳、总结。总结的内容应集中在“我从中学习到了什么”，可以是经验、规律，也可以是获得这些经验或规律的方法。

（三）项目教学法

1. 项目教学法的含义

项目教学法是通过一个完整的项目来进行实践教学的一种方法。作为一个项目，可以是开展一项调查、进行一项决策、提供一种服务、提出一个策划、生产一件产品等。它应该满足以下条件：该工作过程用于学习一定的教学内容，具有一定的应用价值；能将某一教学课题的理论知识和实际技能结合起来；与企业实际生产过程或现实商业经营活动有直接的关系；学生有独立制订计划并实施的机会，在一定时间范围内可以自行组织、安排自己的学习行为；有明确而具体的成果展示；学生自己克服、处理在项目工作中出现的困难和问题；项目工作具有一定的难度，要求学生运用新学习的知识、技能，解决过去从未遇到过的实际问题；学习结束时，师生共同评价项目工作成果。在项目教学中，学习过程成为一个人人参与的创造实践活动，注重的不是最终的结果，而是完成项目的过程。学生在项目实践过程中，理解和把握课程要求的知识和技能，体验创新的艰辛与乐趣，培养分析问题和解决问题的思想和方法。还可以进一步组织不同专业与工种，甚至不同职业领域的学生参加项目教学小组，通过实际操作，训练其在实际工作中与不同专业、不同部门的同事协调、合作的能力。

2. 项目教学法的实施

（1）项目开发动员

项目开发前，教师要做好学生的学习动员工作，让学生了解本项目开发的意义、项目应完成的功能、项目开发所需的技术及学习方法，以及项目开发的流程及考核办法等方面的内容。可以通过展示案例效果或者讲述历届毕业生的就业情况等手段来启发学生的学习兴趣，使他们能够积极主动地参与到项目的开发工作中来。

（2）成立项目小组

项目小组的成立一般是根据班级人数、项目的难易程度、学生的个人能力等方面的因素来考虑的。每个项目开发小组由其成员选定一个项目组长。组长的职责是在教师的指导下编写本小组的项目开发计划书，负责本组各成员的工作任务分配，监督实施等各个方面的工作。

（3）编写项目开发计划书

教师提供一份项目开发计划书的样板，解释清楚项目实施的步骤、编写原则及注意事项。

（4）实施项目开发计划书

项目实施阶段是项目教学法实施的核心环节。在此阶段教师要及时恰当地对学生进行指导，解决学生开发过程中遇到的难题，并督促学生按时按量完成项目计划书中的各个开发环节，以保证学生能够顺利地在计划内完成项目的开发，达到教学目标。

（5）项目评估

项目完成后进行一个总评，方法通常是采用分组讲解、展示项目开发成果，由学生评价和教师评价构成。

（6）项目总结

项目完成过程是各个小组成员共同努力探索钻研的过程，为了能学众人之长，项目完成后的总结也相当重要。它应包括思路总结和技巧总结。思路总结可以帮助学生明晰项目完成的最佳思考方法，找到自己理论上的不足。技巧总结时，要重视总结各个开发环节中遇到的难题及其解决方法，这样学生才能学到更多的操作技巧，全面汲取整个项目活动的精髓。另外，教师应该指导学生对项目进行拓展和延伸，针对学生以后可能遇到的类似问题，能够想到用学习到的知识进行解决。

（四）引导课文教学法

1. 引导课文教学法的含义

引导课文教学法是项目教学的完善与发展，它是借助一种专门的教学文件（引导课文）引导学生独立学习和工作的教学方法。在教学文件中，包括一系列的难度不等的引导问题。学生通过阅读引导课文，可以明确学习目标，清楚地了解应该完成什么工作。引导课文大致可分为项目工作引导课文、能力传授引导课文和岗位分析引导课文。引导课文的构成包括以下几方面：①任务描述；②引导问题；③学习目的描述；④学习质量监控单；⑤工作计划（内容和时间）；⑥工具与材料需求表；⑦专业信息（只提供信息渠道）；⑧辅助性说明（学生可能查找不到的专业信息和内部经验）。

（1）项目工作引导课文

项目工作引导课文是利用项目与完成项目所需要能力之间的联系，通过完成项目，来学习掌握各种能力的一种方法。例如，项目工作引导课文可以是一件产品的生产加工过程。

（2）能力传授引导课文

能力传授引导课文是利用一种工具所能完成的任务和掌握这一工具完成任务所需能力之间的联系，来学习掌握相应能力的一种方法。例如，计算机文字处理系统中的学习指南、各种各类工具的使用说明书等。

（3）岗位分析引导课文

岗位分析引导课文是利用岗位工作对各项能力的要求之间的联系，来引导学习掌握能力的一种方法。例如，数控工艺技术员、质检员、秘书等的岗位任务书。

2. 引导课文法的实施

（1）获取信息

获取信息即回答引导问题。

（2）制订计划

制订的计划通常为书面工作计划。

（3）做出决定

完成前面的工作后，要与教师讨论工作计划和引导问题的答案。

（4）实施计划

最后，实施计划以完成工作任务。

（5）检查

完成工作任务后，需要根据质量控制单自行或由他人进行工作过程或产品质量控制。

（6）评定

评定是指讨论质量检查结果和将来如何改进不足之处等。

在引导课文教学法中，教师的角色只局限于做好教学准备、提出引导问题、与学生一起讨论问题、编写质量控制单和在收尾阶段评价学生的成果，而学生的角色则是独立获取信息、独立制订计划、独立实施计划和独立评估、检查自己的成果。

五、专业实习

专业实习是应用科学大学教学重要的组成部分之一，实习期限各州规定不一。有的为一个学期，有的为两个学期。各校及同校的不同系科在具体安排上也会有所区别，但其共同的目的却是一致的，即通过实践学期加深学生对岗位的了解，培养其运用理论知识与方法解决实际问题的能力。

1. 实习管理

为了让企业的实践教学和大学的理论教学有机结合起来，学校会与企业负责培训的人员进行专门的沟通和协调。很多学校都设有专门办公室，帮助学生联系实习岗位。应用科学大学的学生与实习单位要签订实践学期合同，明确双方的职责、任务及一些有关事项，实习岗位和实习合同都必须得到学校的认可，以保证实习质量。确定了实习岗位后，学校会把总的实习计划寄到实习企业去，让他们了解实习要求，在企业中，至少有一名有经验的工程师负责实习生的指导，系里也有一名指导教授。

学生的第 1 个实习学期通常安排在新生入学后的 2 个学期之后，主要任务是让学生通过实习，加深对基础理论知识的理解。对于入学前已经有比较充分实践经历的学生，可以适当缩短第 1 个实习学期的时间。学生的第 2 个实习学期通常安排在第 7 个或第 8 个学期，工科专业的学生在此时要承担接近工程师要求的任务。

通常，他们要在企业中由有经验的专业人员或经营管理人员指导，完成实习任务。应用科学大学的教授与企业里的指导人员之间保持密切的联系，共同协调，指导和帮助学生完成实习任务。实践学期结束时，实习企业要出具实习证明，实习生则必须递交实习报告并答辩。在实践学期，应用科学大学不仅向学生传授专业实践知识和实践技能，更注重培养学生在实际工作中的工作方法及思维方法等。

2. 实习学期

应用科学大学在培养方案中安排有一至两个学期的实习学期（Praxissemester），期间学生需要进入企业或其他工作单位学习，积累实践经验。这种实习不是走马观花的简单体验，而是真正深入与所学专业密切相关的生产和经营实践，参与实际工作，并且多数学生会在实习过程中明确未来毕业设计的主题。

六、毕业设计

应用科学大学的学生的毕业设计都是在企业进行的。学生毕业前必须在企业实习满一学期，同时完成毕业设计，由企业选派一名工程师（企业培训师）指导，学校还有一名教授指导。

德国应用科学大学有 60%～70%的学生选择在实习企业中完成自己的毕业设计或毕业论文[①]，选题通常就是该企业中的一项具体工作或一个具体问题的解决方案，具有非常强的实践性。在完成毕业设计的过程中，除了得到大学方面相关教授的指导之外，学生还会得到企业相关领域专家、技术人员的辅导。而在毕业设计或毕业论文的评价过程中，是否有助于解决实际问题也成为一项重要的评定标准。应用科学大学采取宽进严出的管理方法，对毕业设计的要求很严，淘汰率在 30%以上。[②]高淘汰率虽然造成有限教学资源的浪费，但却十分有效地保证了教学质量。

下面为德国施瓦本格明德设计学院的学生作品。

1. Scoogo——微型电动运输车

Scoogo 是用于城市送货的微型电动运输车（图 5-1），简洁的设计和高机动性让 Scoogo 可以在公路上快速移动，从而不会影响交货。送货服务常常都有时间压力，不可能将时间消耗在耗时的停车场停车上，而 Scoogo 的总长度大约 1.70 米，相当于一个普通小汽车的长度，不超过 1 米的宽度让它适合任何大小的泊车位。电动马达让它没有废气排放，在公路上也几乎没有噪声，所以不会给城市和居民带来污染。

学生：Martin Duffner。

指导教师：Prof.Gerhard Reichert 和 Prof.Peter Stebbing。

图 5-1 Scoogo

① 孙进．德国应用科学大学校企合作的形式、特点与发展趋向[J]．比较教育研究，2012．(02)：41-45．

② 陈裕先．德国应用科技大学实践教学模式及其对我国应用型本科教育的启示[J]．国家教育行政学院学报，2015，(05)：84-89．

2. 移动水处理系统（Water Donut&UltraPlpe）

为发展中国家研发的移动水处理系统（图 5-2）由两个单元组成，它极其简洁的系统能够可靠地对受污染的水进行消毒处理。在艳阳天时，该水过滤罐可以利用太阳光紫外线净化受污染的水；而当阴天时，它可以利用压力驱动膜来对水进行过滤。

学生：Verena Bruckner。

指导教师：Prof.Gerhard Reichert 和 Prof.Biggel。

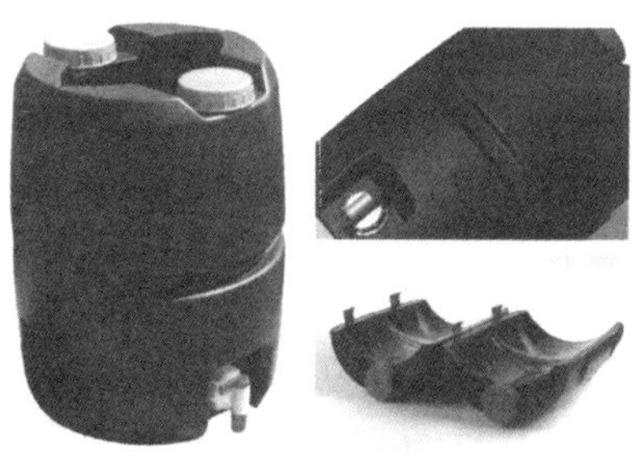

图 5-2　移动水处理系统

3. Alusolar——装备有太阳能电池的垂直型太阳能百叶窗

垂直型太阳能百叶窗（图 5-3）配备有太阳能电池和电源，可用来作为常用的垂直型百叶窗来使房间光线变暗。叶片的斜面通过连接一根电缆来固定，同时这种垂直型太阳能百叶窗的倾斜度还可以调整。由于如今很多建筑物使用大面积的玻璃窗，超过 70%的办公大楼都是由玻璃来保护的，因此建筑物利用的外墙通常会比大部分屋顶提供更多的空间。

学生：Barbara Gro Hering 和 Sandra Weinmann。

指导教师：Prof.Gerhard Reichert 和 Prof.Schopfer。

图 5-3　Alusolar

第二节　研　　发

一、依托企业需求发展

德国的应用科学大学是随着企业需求的增长而发展起来的，与企业有着千丝万缕的联系。从地理位置看，应用科学大学周围一般总有一些著名的大企业，主要以企业需求作为其存在的依托，并随着企业的扩张而发展。

从研发项目看，应用科学大学在从事科研活动中，尤其注重与中小型企业的紧密合作，通过提供有针对性的服务，提供技术，提出对策和建议。例如，柏林爱丽丝沙罗蒙应用科学大学（Alice Salomon Hochschule Berlin）在患者长期护理的测量和质量控制、护士工作室的建设、睡眠障碍的治疗和医学博士的培训等方面提供咨询。应用科学大学愿意也有能力积极参与同产业界、卫生部门和福利部门的合作，主要原因在于这些教学和科研领域（如工程、社会工作、商业管理、卫生服务）是应用取向的，应用科学大学的参与对企业和公共机构来说都有很大的益处。从组织机构上看，应用科学大学通过诸如总部位于斯图加特的史太白经济促进基金会与经济界、政府之间的广泛联系，为企业的技术革新服务[①]。

从政府引领看，联邦教育与研究部实施 aFuE 项目（促进以应用为导向的应用科学大学科技与开发项目），促进德国应用科学大学与当地企业、研究所和其他高校共同研发新技术。例如，多特蒙德应用科学大学机械工程专业的实验室承担了州的多项重要公共环境研究项目以及公共交通公司燃油汽车改燃气汽车的技术改造项目。许多企业，特别是中小企业从 aFuE 项目获得了政府资金和高校科研力量的双重资助，而应用科学大学借助 aFuE 项目，按照企业和社会需求构建以市场为导向的人才培养模式，培养深受当地欢迎的应用型人才。

柏林爱丽丝沙罗蒙应用科学大学（图 5-4）是位于德国境内柏林州的一所侧重社会工作和社会教育科学的应用科学大学。该学院始建于 1908 年，目前拥有在校生 3000 余人。它所开设的专业，目的都是针对满足和研究社会工作和社会医保及养老等问题需要，在这一系列的专业领域里，提供本科学位专业、硕士学位专业。柏林爱丽丝沙罗蒙应用科学大学开设的本科学位专业课程有社会工作学、健康与保健管理、婴儿教育、理疗学等，硕士学位专业有

① 朱绍中. 培养应用型人才的摇篮——德国高等专业学院综述和借鉴[J]. 外国教育资料，2000，(03)：55-60.

社会工作与教育学实践研究、公共卫生管理与质量开发、跨文化冲突管理、传记和文学创作、临床社会工作学、社会管理学等。此外，该校还与 24 个国家的 40 所学校建立了合作关系。

图 5-4　柏林爱丽丝沙罗蒙应用科学大学

柏林爱丽丝沙罗蒙应用科学大学的研究主要集中在医疗保健研究、社会工作研究和教育研究三个领域。医疗保健研究是创新发展和医疗行业资源有效组织的基础。它分析与日常生活相关的结构和问题，从而有助于高质量的护理和促进全人类的健康。当前，由 Uwe Bettig（Project Coordinator）和 Sabine Nitsche（HTW Berlin）领导与非营利性 ProCurand 股份有限公司和庞克护理有限公司（Panke-Pflege GmbH）合作，共同研究基于能力的人力资源管理以应对人口变化及在老年护理企业中实施能力管理。以期根据评估结果，为护理公司提供一份关于实施能力管理的行动建议的指南，包括以资源为导向的能力平衡。

二、设立技术转让中心

为促进应用型科研开发及技术转让，应用科学大学成立了各种技术转让中心。技术转让中心的研发工作紧密结合当地人文、地理、产业结构，以高新技术为核心，重点瞄准世界科技发展的前沿领域，积极推进地方产业结构的转型升级。例如，多特蒙德市位于德国北莱茵-威斯特法伦州的鲁尔区，是该州最大的城市，也是重要工业城市、文化中心和科教研究中心。多特蒙德历史上以煤矿、钢铁和啤酒著称，目前其城市发展模式逐渐转化并形成通信技术、微型芯片、机械制造等高科技产业和服务商贸业并驾齐驱的格局。多特蒙德应用科学大学在科技发展战略上审时度势，确定通信技术、多媒体技术与应用、微型芯片技术、鲁尔区文化与城市建筑及历史、数控技术、环境技术、能源保护和降低有害物质、制造业的发展等为科研重点，利用高新技术和先进适用技术加速传统产业的改造与重组。

多特蒙德应用科学大学（Fachhochschule Dortmund）（图 5-5）位于德国西部的北莱茵-威斯特法伦州鲁尔区，成立于 1971 年，但其历史可追溯至 1890 年的王室机械工程学校。该大学的许多专业起步较早。例如，1929 年就设立了电子技术专业，是当时普鲁士国最早的电子专业；35 年后又设立德国第一个信息工程学专业。该校目前拥有学生 8500 名，其中外国学生 1000 余人，是北威州较大的大学之一，共有三个校址。

图 5-5　多特蒙德应用科学大学

多特蒙德应用科学大学的信息工程系是北威州所有高校中规模最大的，拥有众多专家。该系另设有医学信息学和经济信息学。经济系的德法、德英和德荷等国际管理专业的学生有机会到外国学习或实习。

20 世纪 90 年代初设立的信息与通信技术专业，其电信技术研究在全德绝无仅有，培养出该领域大量需求的专业人才。该校设计系的电影和电视专业，由享有盛名的传媒专家授课。该校还设有许多跨学科的专业，如车辆与交通技术、医学信息学等。

三、重视应用技术研发

德国应用科学大学历来高度重视应用技术研发，尤其侧重于区域性社会经济所急需的应用型研究，努力将科研成果直接运用于实际生产过程。科研与开发、新科技应用成为教学基础，并成为教学内容的重要组成部分；学生学习、课堂教学、科学研究均以解决实际问题为导向。这与德国综合性大学一贯重视的基础性研究有着本质区别。应用科学大学在建立上首先考虑地方性或区域性，每个联邦州及其不同地区都建有自己的应用科学大学。[①]

柏林设立柏林技术基金会（The Technology Foundation of Berlin）以资助来自科技界、产业界和政界开展应用导向的研究和创新，它旨在促进本地区经济发展。2007 年实施了一项名为柏林能力建设计划，价值 6500 万欧元，该计划主要关注能源工程、信息通信技术、创新型建筑、水资源研究。柏林技术基金会还对相关合作性项目予以资助，通过这些资助，高等教育机构的学术研究和企业的发展结合在一起，以便建立长期合作网络。

因此，德国应用科学大学在科技发展上重点扶持与地方经济密切相关的专业，在区域经济发展和科技进步中起着人才培训和科学研究双重主导作用。例如，由不莱梅市和不莱梅港两部分组成的德国最小的联邦州不莱梅，除了拥有一所综合性大学——不莱梅大学以外，还建立了不莱梅港应用科学大学。鉴于不莱梅的航天航空、造船与海洋经济发达以及风力资源丰富，其应用科学大学设置了空气与航天技术、造船与海洋技术等特色专业；不莱梅港应用科学大学则设置了航海经济技术、程序工程和能源技术等特色专业。不莱梅应用科学大学还建立了航空与宇宙航行空间技术研究所（IAT-Institut für Aerospace-Technologie）。

不莱梅应用科学大学（Hochschule Bremen）（图 5-6）位于德国最小的联邦州-不莱梅，但它却是德国规模最大的应用科学大学，不莱梅应用科学大学成立于 1982 年，但其历史可以追溯到 1799 年，由四所大学合并而成。不莱梅应用科学大学是卓越的德国大学 UAS7 协会联盟的七个成员之一。此外，不莱梅应用科学大学还是网络教育机构的一部分。

图 5-6 不莱梅应用科学大学

目前，不莱梅应用科学大学有来自 100 多个国家的近 8000 名学生就读，涵盖的领域有商务、工程、科学、经济学、社会学和人文科学；开设了 21 个专业，其中还有 12 个国际性专业。根据不同的课程，学生可获得传统的德国学位（文凭）、国际化的学士或硕士学位。不莱梅应用科学大学与国际接轨，

① 汝骅，俞建伟. 德国 FH 及其科技发展战略综述[J]. 苏州教育学院学报，2007，(02)：72-74.

在全世界范围内与258名大学建立了伙伴关系；同时，与地区工业密切合作。不莱梅应用科学大学作为一个被认可的国家高等教育机构已收到了无数奖项。2000年不莱梅应用科学大学获得由德国艺术与科学学院联合赞助的CHE-大学发展中心的最佳实践大学，目的是表彰它的改革；且在2000年收到了德国学术交流中心奖，目的是表彰大学在国际市场的营销以及2004年的苏格拉底伊拉斯谟奖。

此外，德国还有一些比较有特点的研究机构，如E.ON能源研究中心（E.ON Energy Research Center）和新材料模拟研究中心（Interdisciplinary Centre for Advanced Materials Simulation）。E.ON能源研究中心由亚琛工大（RWTH Aachen）和E.ON公司（E.ONAG，德国著名的能源供给公司）共同建立，是德国较大的校企合作的PPP项目之一，拥有世界范围内比较先进的能源使用、节省、开发技术。北威州政府投资1560 万欧元用于建设该中心，联邦政府投资额达990万欧元，E.ON公司在10年多时间内投资额达4000万欧元。新材料模拟研究中心由波鸿鲁尔大学（Ruhr-Universitat Bochum）的研究所和蒂森克虏伯公司（ThyssenKrupp AG，全球型专业材料和技术集团）建立，集结了原材料发展领域顶级优秀人才，包括工程师、物理学家、数学家和化学家等。到目前为止，企业方的合伙人包括拜耳材料科技公司（Bayer Material Science AG）、萨斯吉特钢铁公司（Salzgitter AG）和博士集团（Robert Bosch GmbH），学术方的合作伙伴包括马克斯·普朗克联合会的铁研究所（Max-Planck-Institut für Eisenforschung）、尤利西研究中心（Forschungszentrum Jülich）和亚琛工大。

四、服务德企跨境发展

伴随着经济全球化进程，德国的企业为了降低成本，纷纷将企业驻地移往劳动力和生产成本低的国家。德国企业的全球化，势必要求其雇员不仅具有专业知识，而且必须在一定程度上对所在国家的政治、经济、文化情况有所了解。为此，德国应用科学大学也纷纷走出国门，加紧进行国际合作。

德国应用科学大学推行国际化与全球化战略，以适应德国企业的跨国发展与劳动力市场对国际型人才的需求，并在科学研究方面与许多国外高校或机构建立国际化科研联合体。例如，德国撒尔茨基特应用科学大学非常重视学校的软硬件建设，拥有先进的仪器设备和优秀的师资队伍，并在某些研究上达到了国际领先水平。该校不仅参与了欧盟开发的“伽利略”定位系统项目，还参与了美国“X-31”战斗机设计的科学研究工作。德国应用科学大学的教授同样积极与国外研究人员合作进行科研。例如，柏林工程与经济应用科学大学（Hochschule für Technik und Wirtschaft Berlin）教授与日本Morioka医科大学教授领衔组成跨国、跨行业科研联合体，共同承担“单色伦琴射线的生成”科研项目，研究成果同时运用于工业材料检测与医学人体检查。当然，产学研一体化也带动了应用科学大学人才培养的国际化。

柏林工程和经济应用科学大学（图 5-7）是位于德国境内柏林州的一所侧重于科技性行业的应用科学大学。该校成立于 1994 年，是德国东部地区一所规模较大的应用科学大学。从始建到发展到目前为止，柏林工程和经济应用科学大学已经拥有多达 46 种不同类型的专业。该校的前身是一所 1948 年建成的工程建设技校，当时就开设有机械工程学、电子工程学、建筑基础学等相关专业。因而在 1994 年扩建后，该校仍然以上述几大专业为该学院的“王牌”项目。此外，增加了合并而来的针对经济基础培训的科系和相关专业，这些专业来自原建成于 1950 年的“经济计划研究所”后又发展改建成为的柏林经济学院。柏林工程和经济应用科学大学现常规开设的重要专业主要包括机械技术、信息工程、经济科学、文化教育、艺术设计等。

图 5-7　柏林工程和经济应用科学大学

柏林工程和经济应用科学大学注重国际化发展，现在与全球 150 家大学合作，其中 120 家是欧盟伊拉斯谟计划中的成员。此外，还与欧盟外的 30 家高等教育机构合作，如中国的同济大学、日本的大阪经济大学、韩国的韩国中央大学等。

柏林的经济主要依赖于小企业和中等规模的企业。2007 年底，共有 113 414 个注册企业，大企业约有 235 个，约占全部企业数量的 0.3%，其中最著名的企业有德国火车公司、柏林航空公司、宝马公司和西门子公司，大企业的科研力量也比较强。柏林地区的高等教育机构和科研机构高度集聚，这些机构在雇佣人员、刺激商品和服务的需求、对地区的创新方面做出了贡献，也吸引着高水平的研究者。

第六章

学生与师资

第一节 学　　生

一、学生来源

德国应用科学大学学生来源可分为五类（图 6-1）[①]：

1）文理中学 11、12（或 13）年级学生（Gymnasium）。文理中学 5～10 年级为初中，11～13 年级为高中（2011 年后统一改为 11、12 年级，相当于我国高二、高三）。高中阶段注重培养学生接受高等教育必备的自主学习能力、分析研究能力、抽象概括能力和批判性思考能力。学生毕业后多进入综合性大学学习，少部分进入应用科学大学学习。

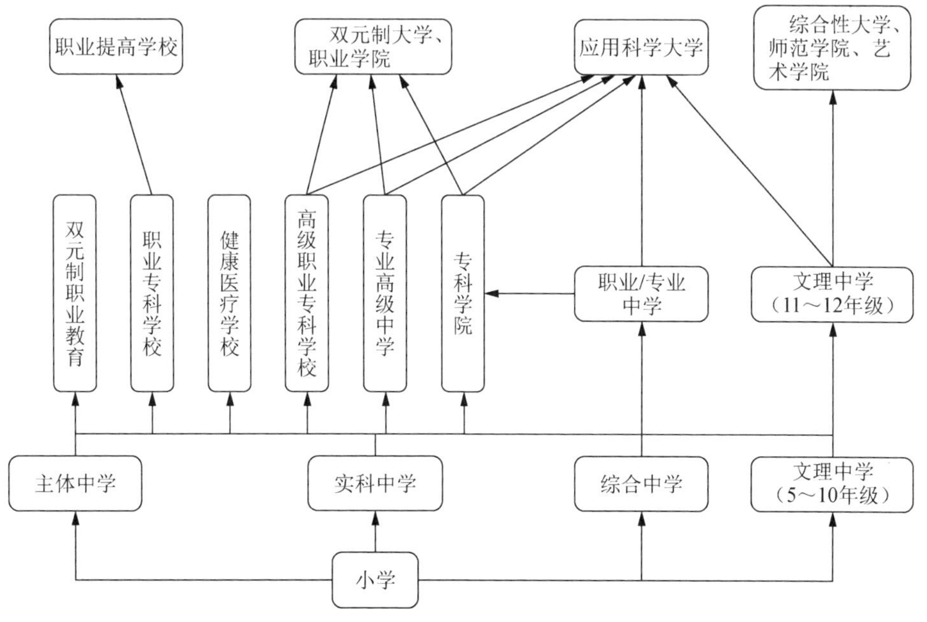

图 6-1　德国各级各类教育衔接情况

① 王义智，李大卫，董刚，等．中外职业技术教育[M]．天津：天津大学出版社，2011：111-112．

2）职业/专业中学（Berufliches Gymnasium/Fachgymnasium）毕业生。职业/专业中学学制 3 年，开设职业技术教育相关课程。学生可自主选择附加专业课程，在掌握一定专业职业技能的同时，充实专业知识，选择自己未来的职业方向。毕业后既可申请进入应用科学大学学习，也可进入其他类型高校，前者多于后者。

3）专业高级中学（Fachoberschule）毕业生。专业高级中学学制 1～2 年，入学者包括实科中学（Realschule）毕业生、文理中学 5～10 年级（Gymnasium）学生、具有 2 年职业培训经历（包括职业/专业中学在校学生）或拥有持续 5 年以上工作经验者。专业高级中学提供强化的专业实践和专业理论教育，毕业生具备申请应用科学大学的资格。

4）高级职业专科学校（Höhere Berufsfachschule）毕业生。德国高级职业专科学校（也称全日制中等职业学校）为 2 年学制，为学生将来从事某一职业实施教育准备。学生毕业后即可就业，也可申请进入应用科学大学继续学习。

5）专科学院（Fachakademie）毕业生。德国专科学院学制 1～3 年，招收文理中学 5～10 年级结业生或获得职业教育毕业证书并有一定工作经验的人员，毕业后可获得应用科学大学的入学资格，少数学生也可进入普通大学学习。

二、入学要求

《联邦德国高等学校总纲法》规定，根据基本法第 116 条要求，只要表明具备入学的必要知识水平，每一个德国人都有权利进入他所选择的高等学校学习。

在德国，中学毕业生满足以下三项入学要求的任意一项，即有资格进入应用科学大学就读。一是普通高中毕业，取得适用于所有类型高校的“普通高校入学资格”；二是职业高中毕业，取得适用于大学或应用科学大学某个特定专业的“高校专业入学资格”；三是职业高中毕业，或者其他类型的职业学校毕业并补修完相关课程，取得“应用科学大学入学资格”。也就是说，在制度设计上，应用科学大学的入学通道几乎能够与所有类型的中等教育机构进行衔接。这样的制度安排，一方面大大扩充了应用科学大学的学生来源，保证了中等教育不同轨道中的学生都有机会进入应用科学大学学习；另一方面也通过对关键资质进行设定，保证了应用科学大学学生所具备的基本知识技能达到统一的水平。需要特别提及的是，德国中等教育和高等教育之间、普通教育和职业教育之间课程设置的标准化和一体化，保证了这样的入学制度安排能够顺利实施。①

三、学生权利

德国大学生参与教学管理成为德国高校管理中的一种制度，主要表现在学

① 段来根．德国应用科技大学发展模式的启示[J]．常州信息职业技术学院学报，2014，（04）：5-7.

生在一定范围内有选择课程、选择教师及学习进度，并对教师、教学计划、课程等教学工作进行评价分析的权利。

1. 选课制度

相对于学生在大学管理机构中作为代表参与管理，选课制被认为是一种间接参与。在德国，通过选课制，学生也能够很好地行使自己参与管理的权利。选课制本质上说为学生提供的是“消费者爱好“的机会。[①]

选课制在德国各大学十分广泛。学生根据自己的需要选择课程、教师，构建自己的课程框架，根据自身情况选择学习内容和进度，从而获得较好的学习效果。目前，在选课制的具体形式方面，德国普遍采用限制选修课与自由选修课相结合的方式，以此来弥补因选课所造成的过度自由而导致学生某方面知识的欠缺。

2. 学生参与教学评价

在德国高校，学生对教师的教学评估已成为影响教师职位、晋升、薪水等重要的因素之一。在高校管理层看来，学生对教学的参与管理有利于教学的改进。例如，针对教学问题，德国学生的学联可给很多大学委员会提意见，直接批评大学教师只讲授浅显易懂的书本知识，提出应讲授教师在研究过程中有心得的东西。

目前，系统的、全方位的学生评价教师在德国的大学已形成一种制度。对大学教师应聘和提升职称所进行的教学考核评定工作必须征集学生的意见，每门课程或每学期结束前都要求学生对课程和授课教师的教学工作进行评价，以便为进一步改进教学提供反馈信息或作为人事决策的依据。学生参与教育管理制度不但激发了学生参与教学管理的主动性和热情，而且也可以有针对性地提高教师的教学责任感和教学质量。

3. 学生组织机构

德国学生议会（Studierenden Parlament）是大学生的最高组织机构，每年选举一次，每月举行一次会议，它拥有财政权和教学管理的相应权利。学生议会讨论问题和做出决策应协商一致，如果意见分歧严重，且双方势均力敌，则由全体学生投票决定。学生联合委员会（Allgemeinen Studierenden Ausschuss，AStA）是由学生议会选举出来的联合委员会，对内和对外代表所有学生的权益，负责学校一级的日常学生工作。它为学生提供一些服务，如提供租房信息、办理国

① 李宁．西方大学学生参与学校管理探析[J]．北京科技大学学报（社会科学版），2002，(02)：61-66.

际学生证、提供免费的法律咨询等。相对于每月召开一次的学生议会来说，AStA是一个常设机构。AStA 主席和各部负责人直接由学生议会选出，他们是 AStA 的成员（Mitglieder），在需要的时候，他们有权代表全体学生签署协议或者对外发表讲话。在各部负责人以下还设有项目负责人（Projektleiter），他们由 AStA 成员任命，也属于 AStA（Angehöriger），有权参与 AStA 的决议和投票。

除了 AStA 以外，学生议会还要选出三个独立委员会，分别是社会委员会、财务委员会和体育委员会。前两个委员会负责有关方面的规则制定和监督；体育委员会由亚琛工大和亚琛应用科学大学（Fachhochschule Aachen）联合组成，负责管理共同的体育设施。对于有些大学，学生会和学生联合委员会是合二为一的，统称为学生联合委员会（AStA）。

如果说学生议会相当于联邦众议院，AStA 相当于联邦政府，那么与各州相对应的机构就是各系的学生会（Fachschaft）了。它是和大学生日常学习生活密切相关的组织。新生进校时的欢迎活动、复习考试时所需的往届试题，以及对教授和教学的意见和建议等都可以通过所在系的学生会取得。相对于学生议会，各系学生会每学期都有一次全体会议。会议议程的共同点是各系都必须选出一名学生来负责财务。通常各系学生会每周有一次例会，会上可以讨论任何问题。

亚琛工业大学（Rheinisch-Westfälische Technische Hochschule Aachen）是老牌的工业大学。学生参与学校管理的最高机构是大学评议会（Senat）。根据北威州法律规定，大学评议会由 13 名教授代表、4 名学生代表、4 名科学工作人员代表和 2 名非科学工作人员代表组成。除了学生代表以外，学生联合委员会主席也是大学评议会的列席成员，但没有投票权。也就是说，如果教授代表形成一致意见，就可以把这一意见不顾其他代表的反对推行下去。在这种情况下，学生代表可以向州教育文化部提出申述，但这种申述并没有法律上的约束力。

乌尔姆大学（Universität Ulm）是德国新兴科研型大学的代表，位于巴登符腾堡州。该校的组织结构相对比较复杂，这也同巴登符腾堡州科学、研究与艺术部的相关立法有关。大学理事会是最高权力机构，同评议会共同分担相当于大学“联邦议院”的职责。大学理事会由 6 名外聘委员和 7 名校内委员组成。这 7 名校内委员由 4 名教授、1 名学生代表、1 名科学工作人员代表和 1 名非科学工作人员代表组成。大学理事会对大学行政管理委员会（Rektorat）进行监督和合作。大学理事会和评议会共同选举产生大学行政管理委员会。评议会由 10 名委员组成，也包括学生委员。由此可见，大学生是大学权力机构一股不可忽视的力量，这一点与中国的情况有着本质的区别。

德国大学生参与学校管理深入到管理的各个层次和领域，他们不再是学校管理的“旁观者”，而是学校决策的重要力量。由于学生的特殊身份，他们更关心学习目标的实现，他们广泛地参与管理，不但可以有效地推进学校管理理念的改革，而且可以大大提高学校的教学质量。①

第二节　教　师

众所周知，职业教育是德国经济腾飞的秘密武器。一方面源于它独特的“双元制”人才培养模式，一方面与其拥有的尊师重教传统不无关系。国将兴，必贵师而重傅。德国高校教师的社会地位和经济待遇都盖过了世界其他国家的同行，即使在德国国内也深受其他行业从业人员的羡慕。当然，较高的经济待遇和社会地位背后，体现的是德国高校教师较高的专业化程度，体现的是该职业的严谨和规范。

一、教师的准入

德国制定了严格的教师资格准入制度。从事任何层次的教师职业，都必须先取得教师资格证。德国《职业教育法》和《实训教师资格条例》规定，只有在品格上和专业上均适合于教育教学工作，具备教师资格条例所要求的专业和教育学知识并通过相应考试的人，才可以作为教师从事教育教学工作。获得教师资格证，必须在正规的大学毕业之后，通过第一次国家考试取得教师实习资格，再经过不少于 18 个月的实习，通过第二次国家考试。

二、教师的聘用

1. 教师基本条件

德国的大学只设教授，不设教授以外的教师职称，教授分级。应聘为应用科学大学的教授，一般来说必须具备两个基本条件：一是学术性，即获得博士学位，并通过高等学校教授资格考试（Habilitation）；二是实践性，即除了外语和数学专业外，其他专业的教授应在本专业从事至少 5 年以上（其中 3 年在高等学校外）的实际工作。

博士的培养：德国学生本科学习阶段在理论知识课程学习的同时，还要经过团队科研项目、自选科研项目、毕业设计项目的锻炼，合格后才能毕业。如果到硕士学习阶段，既要进一步学习专业理论，更要跟随教授一起做项目，在研究项目的基础上，结合项目研究撰写论文，通过后才能毕业。到了博士学习阶段，主要跟随教授进行项目研究。从本科到拿到博士学位需要 7 年左右的时间。

① 宋丽慧．德国大学生参与高校管理给予的启示——从学生参与学校管理谈我国高校教学质量的提高[J]．中国大学教学，2007，(04)：81-84.

企业工作经历：一般博士毕业时已经做过许多项目，对企业、专业领域都相当熟悉，然后到企业做5～6年研发项目，或相关经营管理工作。

2. 教师招聘程序

教师招聘程序较为严格。当教师职位出现空缺时，特别是在教授岗位出现空缺时，都必须要采取面向社会公开招聘的方式，通过民主程序和自由竞争，择优录用。要在国内外公开发行的报刊上和影响较大的媒体上发布招聘信息，在规定的期限内，任何自认为符合应聘条件的人员都可以应聘。这种招聘制度有利于把全世界最优秀的学者吸收到本国高校的教师队伍中来。德国还规定，在本校获得教授资格的不能应聘本校的教授职位。聘任全程公开，在法律中也做了规定。

聘任过程一般为：首先学校由3名高校教授代表、1名学校科技人员代表、1名学生代表、1名技术和管理人员代表和1名校外企业成立招聘考核委员会，再通过讲课、面试等，考核委员会投票后，报学校学术委员会审核、校长签字同意，最后报州文教部审批。一般一个教授由应聘到宣誓（聘任），大概需要一年或一年半时间，教授聘任后要宣誓。

以奥斯特法利亚应用科学大学为例，招聘信息发布后，学校由7名代表组成聘任委员会。州政府已规定好聘任标准，学校只是按标准进行审查和面试。一般一个教授位置能够收到30份简历，学校7人小组审阅应聘材料进行初选，看应聘人员是否符合条件，择优选出6～8人进行面试、试讲；面试时应聘人员除了自我介绍外，还有专业方面的简介，可以胜任哪些课程；然后经过试讲再挑选3人，进行排序，将排序名单提交给州科研部，科研部去联系前3名，确定他们是否愿意来学校。也可能第一名不来，只是取得应聘第一名的名声，当去其他学校应聘时可以作为资本，让其他学校留下他。如果应聘者提出增加待遇等条件时，学校也可以向州科研部申请提高财政预算，留住人才。

在德国聘为教授，年龄一般也要三十七八岁。因为读博士需要7年多，在企业又要工作5～6年积累企业经验，然后在各州聘任教授的时候去应聘，还要一年半左右。一般情况下，聘为教授的年龄为37～44周岁，50岁未被聘为教授就不再雇佣。

考察结束后，如果招聘不成功，则学校要重新进行招聘。在招聘过程中，本学科（专业）教授的作用主要体现在是否有利于未来学科（专业）的合作与创新，是否有利于提高团队的竞争力。行业企业兼职教师的聘用条件相对宽松，但须由本学科（专业）教授推荐与认可，基本条件是专业对口。

三、教师的职权

（一）教师的身份

教授是顶尖人才，德国大学的教授有着较高的社会地位和权力，一经聘用即为国家公务员，且为终身制。对教授的管理是比较宽松的，除了学校每年有一定的授课时数要求外，对教授的科研、论文等基本没有具体要求，对教授的管理主要通过教授的自觉自律。政府不干涉教授授课的自由，学校也无权解雇教授，校长只能对教授考试出题提出相关建议，约束教授的只是学生对教授的评价。

（二）教授的职责

1. 调整专业

教授一般都和行业、企业联系密切，所以他们可根据企业需求提出调整专业或设置新专业，为本地区企业服务。例如，当出现新科技、现有专业无法满足需求、出现新问题、想怎样解决、培养学生到达新科技的需求时，教授坐在一起讨论是否需要设置新专业。这些专业都是为本地区企业服务的，学生都有一个实习学期，要在企业实习，并提交实习报告；与企业合作研究，专业越有名，学生报考得就越多。

2. 实施教育

教授首先必须上课，科研及其他事务只占用很小的工作量。课程内容由教授确定，教案都挂在网上。综合大学的教授一周工作 40 个小时，只有 9 个小时用于教学，对应用科学大学的教授来说，一周工作 40 个小时，有 18 个小时的授课任务，其他时间用于科研。例如，巴伐利亚州的应用科学大学规定教授每周工作 19 学时，另外还要参加学术委员会、专业咨询、考试委员会以及学校领导人员的选举等方面的学校管理工作。[①]教授讲课主要是自己写讲义，教授在企业工作过，工业实践能力很强，知道应该做什么，哪些知识在什么地方用他们很清楚，通过自己的理解教给学生，他们将要讲的知识全部放在网上，需要个人去查。考试时，教授把他自己出的 7～8 年的考试题都放到网上，基本是学什么、考什么。

3. 服务企业

教授借助学校平台，承接行业、企业项目，为系所创收，为企业服务，提

① 张翠琴．德国应用科技大学（FH）研究[D]．重庆：西南大学，2008．

高个人科研水平，培养学生，实现“四赢”。以奥斯特法利亚应用科学大学机电一体化研究所为例，有 3 位教授都有工业界经验，其中 1 位在大众汽车公司工作 6 年，现在做的一些项目都是大众的。项目经费由教授争取，项目所有开支由教授负责，包括助教、其他科技人员、企业参与项目人员（一般都是读博士或硕士的）工资。每个教授有几个助手，属于科技人员，同时读硕士或博士，也有双元制学生。应用科学大学不能培养博士，但可以和综合大学联合培养，主要在研究所做项目，项目做成后论文就写出来了，博士就可以毕业。

4. 技术研发

教授已成为推进企业技术创新方面的一支重要力量，他们都有科研任务，有专门的工作室。由于他们与企业紧密合作，有从事工业的经验，经常主动联系企业，为企业解决实际问题。在拿到企业项目后，就能得到企业资金资助，学校不拨付经费。项目所有开支由教授负责，教授可以用自己的经费聘请助手，包括助教（在读博士或硕士）、其他科技人员、企业参与项目人员等。每个教授有数名助手，有科技人员，也有双元制学生，还有一些学生助教（每月 400 欧元），其他学生也会参与研究项目。由于 FH 教授高水平作用的发挥，使学校社会影响力不断扩大，地位不断提高。例如，在梅泽堡应用科学大学，企业有什么问题就主动与教授联系，与此同时，90%以上的工程类专业学生送到合作企业实习，并开展相关的项目教学。每位教授都有自己长期联系的企业，并根据课程需要设置不同的项目任务。

四、教师的构成

与综合大学一样，应用科学大学的师资主要由教授、教学专业人员和兼职教师组成。教授应用科学大学的教授一般均为 C2、C3 级，只有极少数教授为 C4 级（德国教授体制可简单地分为 4 个级别，依次为 C1、C2、C3 和 C4，教授的最高级别为 C4）。例如，1991 年，应用科学大学中总共只有 15 位 C4 级教授[①]。应用科学大学 C3 级教授占这类学校教授总数的一半。为了区别综合大学和应用科学大学的教授，综合大学教授的称呼在教授前冠以“大学”，应用科学大学教授仅称“教授”。教学专业人员除教授之外，应用科学大学专职教师还包括其他教学专业人员，教授与教学专业人员一般为 9∶1。但实际上专职的教授与教学人员占 40%，兼职教师占到 60%。[②]兼职教师中，教授所占比例相当少，而教学人员占主要部分，另外还有一部分是助教，承担教学或科研的辅助工作。兼职教师

① 于富增．国际高等教育发展与改革比较[M]．北京：北京师范大学出版社，1999：249．

② 王建初，刘铭东．德国高等职业技术教育的师资队伍建设[J].比较教育研究，2005，（09）59-63．

至少要拥有大学文凭。

1. 教授

德国大学实行教授讲座制，在大学里，一个学科和专业由一位教授负责，称为主持教授。他的职责包括组织教学和科研活动、决定科研方向并筹措科研经费、指导博士生和大学毕业生（相当于国内的硕士水平）的科学论文、聘用各种教学和科研人员等。主持教授实际上是一个独立学科或专业的负责人，不但有学术科研任务，还有教学工作及行政管理等方面的责任。

2. 其他教学专业人员

除了教授外，大学还有其他教学专业人员，均采用合同制的形式。这些教学专业人员的聘用由学校自己决定。他们主要有这样几类：第一类是大学讲师和高级助理，这类人员必须具有大学任教资格，大学讲师一般任期为 6 年，高级助理任期一般为 4 年；第二类是学术助理，他们必须具有博士学位，任期最多不能超过 6 年；第三类是学术雇员，他们是教学专业人员的主体，这类人员必须拥有大学 Diplom（相当于国内的硕士学位）文凭或硕士学位，但不要求具有博士学位，每周教学工作量是 16 学时（每学时为 45 分钟），一般工作期限为 5 年。

3. 兼职教学人员

兼职教学人员是德国大学教学人员中的重要组成部分。他们主要由三类人员组成：第一类是教授，有客座教授和名誉教授之分，名誉教授为学校义务授课，而客座教授可获取一定报酬；第二类是教学人员，他们应聘到学校担任一定教学任务，一般每周 1～2 个学时，学校按课时付给报酬；第三类是助教，他们承担教学和科研的辅助工作。通常情况下，兼职教师与专职教师的比例在 6∶4 左右[①]，如柏林经济与法律高校（HWR Berlin）有 156 名专职教授，495 名兼职的校外特聘讲师。有的学校甚至更高，如德国柏林应用科学大学，兼职教师是专职教师的 5 倍多；斯图加特职业学院的专职教师是 80 人，而兼职教师 1600 人，并承担了 80%以上的教学任务。大量聘用兼职教师，不仅可以将生产中鲜活的经验和技术带进课堂，确保理论与实践挂钩，加强校企合作，协助解决生产实习、毕业设计和毕业生就业等方面的问题，而且这些来自企业一线的兼职教

① 翁震华．Wilfried Stiller．德国应用科技大学教授聘任体制研究——以德国下萨克森州应用科技大学为例[J]．中国高校师资研究，2009，(05)：44-46．

师通过教学也可以提升自己的理论水平和素养。

五、教师的培养

由于职业教育的职业技能要求和企业参与职业教育，因此德国职业教育教师类型比较多，包括职业学校内的理论教师、普通教育课教师、技术教师，以及企业的实训教师。理论教师和普通教育课教师要求及培养过程如图 6-2 所示。技术教师和实训教师要求及培养过程如图 6-3 所示。

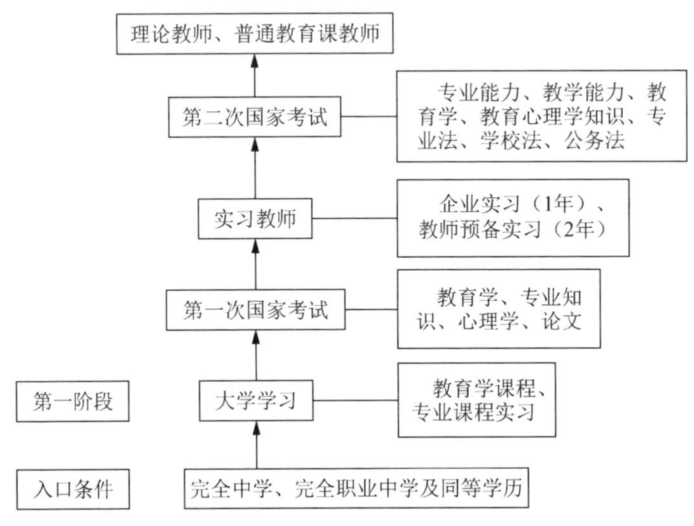

图 6-2　理论教师和普通教育课教师要求及培养过程

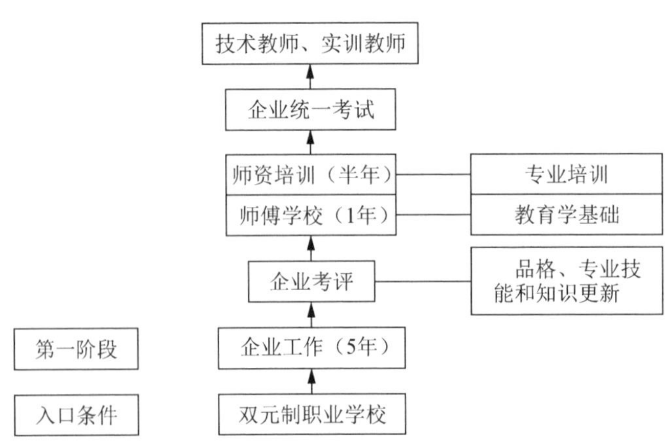

图 6-3　技术教师和实训教师要求及培养过程

六、教师的培训

1. 法律规定

德国联邦政府的继续教育法严格规定，教师每年必须参加一定时间的继续教育培训，教师培训可以在企业完成，也可以到大学等学术机构接受培训，但更多的是去企业进修锻炼。为提高教师的实践能力，有的应用科学大学实行教授定期“调研休假”的制度，即教授定期到校外对口企业从事实际工作或应用研究，以熟知企业的生产流程、工艺要求和产品质量标准，了解企业实际工作中的最新问题、最新动态，更新和扩充知识。为减轻教授们繁重的教学任务，应用科学大学还为其安排了科研学期，教授们也可以根据申请到的科研项目要求减免一定的教学工作量。

2. 培训渠道

德国建立了立体的师资培训渠道，培训机构的性质和类别多种多样，培训所需费用全部由政府买单。由于德国应用科学大学校企合作的内源动力植根于教授个人或团队与企业的合作关系，因此，教授在教学管理中起着非常重要的作用。从师资的选聘到教学计划的制订，从项目的来源到学生的奖学金等都必须要求教授与企业紧密结合。所以，应用科学大学的教授都将有没有企业来寻求帮助视为自身荣辱的标志和自身价值的体现。

安贝格—魏登应用科学大学规定，教授要定期在校外参加进修和继续教育活动，而且学校本身也设立了继续教育培训中心，以便向教师提供培训。有些学校建立了四级教师进修网络：州—州所辖行政区—行政区下属的教育局—本校内部培训，巴伐利亚州采用的就是这种进修网络。如果要参加实践导向的进修，教授可以在公司工作 1 个学期，以了解实践领域的最新发展状况，但这种在企业进行的进修需要 4 年时间才有一次机会。为了激励教师参加进修，德国还规定每 4 年由各教育局督学对教师进行一次严格考核，并将考核成绩与教师晋升相联系。

3. 监督执行

近年来，德国很多职业教育学校成立了教师参与的专门管理小组，对教师继续教育、学习效果等进行监督。其他教学人员的进修主要是参加专业会议、发表论文等，他们可以根据自己的情况自由确定学习方式和内容。只有教师拥有扎实的理论功底，同时也具有一定的实际操作能力，才能从理论的角度对学生遇到的问题进行讲解和分析。

七、师资的考评

德国应用科学大学的教师评价与考核主要侧重于质的评价，包括学生对教师教学质量的评价、系主任和模块负责人对教师的评价、教学督导及校长对教师的评价，这种评价主要是框架式的评价，评价结果作为教师是否留用的依据。如果教师评价结果不佳，则不公布评价结果，而由系主任或教学督导与教师进行沟通谈话，帮助教师分析问题的原因并给出有益的建议和意见，以期进行改进，不影响教师的经济待遇。如果连续出现评价效果不佳，则给予警告或予以解雇。

第七章

招生与就业

第一节　招　　生

德国应用科学大学招生制度也称为录取制度（Aufnahme），其在招生数量、录取标准、入学资格、录取程序以及招生机构管理等方面均做出了一系列规定，并经历了长时间的实践检验和逐步完善，有效支撑了应用科学大学的运行与发展。

一、招生数量

为了使学生了解每一年大学招生的专业与招生学校的情况，指导学生提出入学申请，德国国家出版了《高等学校指南》《大学学习与职业选择》等书籍，多特蒙德的学额分配中心（ZVS）每一年都出版《学额分配中心简讯》等书刊，供学生参考。学额分配中心目前在全德国范围内负责六个专业：人体医学、牙医学、兽医学、药学，以及生物学和心理学的硕士专业。凡属于学额分配中心分配名额的专业，申请者必须向其提出申请，并在规定期限内将申请送到学额分配中心。学额分配中心只分配第一学期的学额。如果在 ZVS 的考核分配结束后，还有剩余的学额，则由高校自己以抽签方式来录取申请者。

德国应用科学大学的招生数量依据教授人数确定。不同专业师生比要求也不相同，如电气工程专业，教授与新生比例为 1∶6，三年级 1∶18。[①]各大学及各系从自身发展考虑，必须保持一定的规模。因此，在德国生源减少的情况下，全校都有从国外吸引留学生的积极性。

二、录取标准

德国没有设定全国统一高考，学生凭高中毕业证书（或职业资格证书）即可向应用科学大学提出入学申请。应用科学大学根据各专业对学生素质的具体要求和学生的申请进行录取，实施双向选择。因此，就考试的意义与目的而言，高中学生的考试标准也成了应用科学大学的录取标准。

① 崔岩．德国应用科技大学运行机制的分析研究[J]．机械职业教育，2013，（02）：3-6.

德国高中阶段教育学生会考的形式分为笔试与口试两种类型。笔试内容分为语言文学艺术类、社会科学类、数学与自然科学及技术类三个领域，考生可任意选择；口试内容也由学生根据三个领域自行选择，但均为未经笔试的科目。德国高中阶段学生毕业考试安排的具体时间不一，大学也不参与，而是在州文教部长的监督下，由各高中学校内设的考试委员会具体负责实施。①各学校按照国家教育主管部门统一确定的命题原则，基于“掌握、运用、判断”三个考核标准和“再现、组织、迁移”三个考查目标自行命题，形成2～3套试卷，经学校考试委员会讨论、审核后附上出题说明，上报州教育委员会（或联邦教育主管部门）指定的、有丰富实践经验的专业人员进行审查，由其从中选择出一套试题密封送回，考试当天开封。

学生最终毕业成绩由22门基础课程成绩、7门特长课程成绩（内含1门特长课程的学科作业）、4门毕业学期所学课程考试成绩和4门毕业会考（Abitur）成绩4部分组成。其中，特长课程的学科作业课程成绩形式多样，可以是长作文，也可以是小设计或解复杂数学题等。学生最终毕业成绩计算方法为：每门基础课程最高成绩、及格成绩分别为15个积点、5个积点；特长课程成绩按基础课程成绩的2倍计算；毕业考试成绩按基础课程成绩的4倍计算。四部分成绩之和最高分为840个积点，最低分为280个积点（表7-1）。②学生平时成绩至少达到180个积点（基础课程成绩最低110个积点，特长课程成绩最低70个积点），毕业学期成绩至少达到100个积点（学业考试成绩至少20个积点、毕业考试成绩至少80个积点），方可获得毕业证书。各部分成绩均标注于毕业证书之上，决定了学生能否申请到应用科学大学的热门专业。

表7-1　德国中学生毕业成绩总分计算方法

课程	倍数	每科满分	每科及格分	科目数	最高课程总分	最低课程总分
基础课程	1	15	5	22	330	110
特长课程+特长课程的学科作业	2	15	5	6+1=7	210	70
毕业学期学业考试	1	15	5	4	60	20
毕业考试成绩	4	15	5	4	240	80
总计					840	280

三、招生政策

基于学校所处地域、专业设置和招生容量，德国实行应用科学大学热门专

① 李爱秋，花蕾，孔娜．中外高中毕业考试制度的比较分析[J]．中国考试（研究版），2008，(08)：46-54．

② 李其龙．德国教育[M]．长春：吉林教育出版社，2000：284．

业限额招生制度（图 7-1）。2010 年，应用科学大学医学、药学、兽医学和牙科医学四个学士学位专业和生物学、心理学两个硕士学位专业实行限额招生，由全国高校录取基金会（Stiftung für Hochschulzulassung）统一接收学生申请并进行审核，根据以往年度各校招生情况划定录取最低分数后，按照 20∶20∶60 的比例分配录取名额。其中，20%的名额根据当年申请学生的成绩排名，20%的名额安排给等候时间较长的学生，60%的名额由各应用科学大学自主选拔[①]。

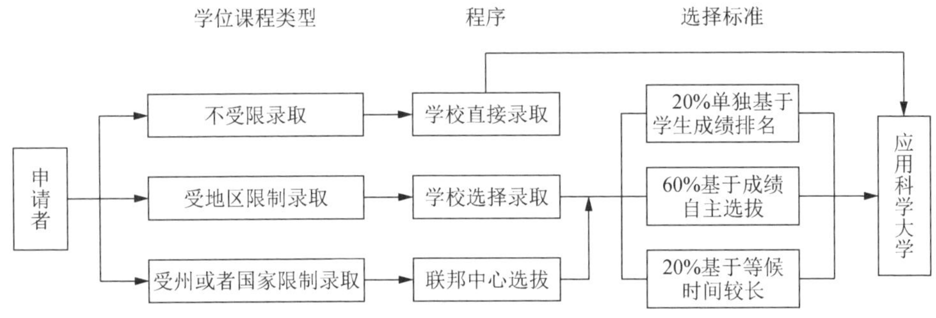

图 7-1 德国应用科学大学招生录取程序

自主选拔的标准为优先考虑学生综合成绩，统筹考虑申请专业涉及的单科成绩以及学习能力测试成绩等，并进行一次面试。若学生成绩相同，则按等候时间长短录取。若学生成绩和等候时间相同，则优先服兵役者。录取过程中，残疾人或因家庭、经济等缘由需就近入学的学生也会得到特殊照顾。

四、招生程序

德国应用科学大学实行年度招生指导计划制度，具体招生计划由全国高等学校校长联席会议（Hochschulrektorenkonferenz，HRK）依据市场人才供求状况及各应用科学大学师生比情况综合确定。各应用科学大学自主确定招生方式，独立实施录取工作，政府教育主管部门不实施任何形式的行政干预[②]。除限制招生专业外，学生可直接向应用科学大学索取申请表，填写后附带所有必须提交的个人材料寄回。冬季入学者申请期限为每年的 7 月 15 日之前；夏季入学者为每年的 1 月 15 日之前。开学前，新生需要到学校学籍管理部门办理入学手续，履行学籍注册（Immatrikulation）。此后，每学期开始两周内再次进行注册（Einschreibenund Exmtrikulation）。若学生未能按期注册，无论何种原因，均视为其自动终止学业。学生若想继续学习，只能重新申请；若学生欲转学、转换专业或终止学业，也要及时进行学籍注销或变更。

① 修春民．德国高校招生政策基本情况及发展趋势调研[J]．世界教育信息，2015，(04)：22，23．

② Aufgaben und Struktur- HRK [EB/OL]. http://www.hrk.de/hrk/aufgaben-und-struktur.

第二节 就　业

德国自20世纪90年代以来，面临欧洲一体化和世界经济、技术发展新趋势，高等教育进入调整与完善的新阶段。大学生作为社会就业的普通一员，与其他社会就业人员享受一样的就业政策和服务，在德国，与包括大学毕业生在内的求职者直接相关的法律有劳动中介法、失业保险法、社会保险法等。根据法律规定，求职的大学生有权得到有关就业信息、咨询、培训、进修，以及求职期间个人及家属最基本的生活保障。例如，推行“短期工作”制度，即“非全日工作”制度。德国联邦和各州劳工部门采取措施，鼓励从业者从55岁开始从事“半份工”，把让出的半份工作推荐给年轻的求职者。德国失业保险金除了发失业救济金外，主要用于教育部门在中学和大学中开设就业指导课程，对学生进行就业前指导，帮助大学生做好就业准备，实现顺利就业。

一、职业指导

德国就业指导始于学生入学前的就学服务，并贯穿学生学业始终，关注并提升学生就业能力，是全程动态指导与促进的过程。高校就业指导中心的主要工作有为学生提供就业信息和咨询，举办讲座、报告、讨论和培训，介绍学生与校友、国内外企业建立联系，为企业提供大学发展和毕业生信息，提供展示、介绍企业服务，举办招聘会等。高校就业指导中心的经费来源主要有学校拨款、第三方资助等。

应用科学大学的学生咨询办公室以及职业介绍机构的职业指导服务为毕业生走向工作岗位提供丰富的信息和有效的指导。一方面，学习领域的专业化开拓了学生们的就业前景；另一方面，应用科学大学教育的目标就是无限接近专业实践。这个目的的实现主要是通过将1～2个实习学期整合到学习课程中。在多数情况下，毕业论文的题目来源于学生们在实习学期中所碰到的一些问题，通过与工业和商贸界的合作为论文做好准备。这种方式使得学生们的视角能够洞察到工作领域的具体方面，并在毕业前就建立与未来雇主的联系。这两个机构还提供实习工作的帮助，另外，在互联网上也可以找到实习训练的岗位。应用科学大学还可以通过校友为学生找到工作。

由于德国的企业与大学的联系非常密切，企业以项目、人才培养等方式和大学进行合作，所以有关学生就业方面所需要的内容都是由企业与社会提供的。各个大学一般都会定期或者不定期地邀请一些企业专业人员，如人事经理、部门负责人甚至公司总裁到学校开办讲座。内容有企业宣传、现有岗位介绍，介绍所需人才，以及选择录用人才的方法、标准等。学校也针对不同专业对人才素质的要求，以讲座、讨论课、实训等方式来培养学生的相关技能。讲座主讲人和实训人员全部来自企业和管理部门，内容针对性强，结合实际，非常实用，一般包括如何制作简历、应对面试，如何与企业就工资待遇进行谈判以及相关专业发展趋势等。

另外，德国高校设有创业的咨询机构，分专业和专人对学生从创意到项目的形成、项目风险的预测方法，到公司建立所需要的程序等，提供细致入微的咨询和必要的培训，培训及咨询人员全部来自提供创业服务的企业和成功创业的公司。德国一些企业每年都联合组织在德国各地大学巡回召开招聘会，招聘应届毕业生，为即将走上工作岗位的学生进行心理咨询、能力测定等，如让企业对自己的能力、专长以及适合的岗位等做一个推荐，并分析选择的岗位和被录取的可能性等。

亚琛应用科学大学（Fachhochschule Aachen）（图 7-2）成立于 1971 年，是德国著名的应用技术大学之一，位于德国西部北莱茵-威斯特法伦州的亚琛市，亚琛市是世界上十大高科技密集区之一，拥有近 8 万家企业，1000 多家科研机构，3000 多名科学家，是欧洲的高科技中心，吸引了国际上众多知名的企业，如爱立信、微软、福特、飞利浦等。

图 7-2　亚琛应用科学大学

亚琛应用科学大学拥有区域性大学自然科学学科教研中心、研究开发中心、技术转化中心。其工程学专业在全德同类大学（应用科学大学）中排名第二位。亚琛应用科学大学不仅有雄厚的科研资金，而且和欧洲最大的科研中心有着密切的学术和科研关系，该科研中心有 4000 多名世界各地的科学家和工程师，学生可以在那里做实习和毕业论文。

亚琛应用科学大学的学生就业服务中心（Der Career Service）（图 7-3）全方位地为学生及企业服务。亚琛应用科学大学就业服务中心是连接学校与企业的桥梁，由于它与当地的中小企业、商会保持长期合作关系，因此能及时为学生及企业提供信息、咨询、培训和安置等服务。学生的就业指导工作由政府、学校和社会共同参与，由受过专门训练或有一定资质的人员来承担。通过开设职业咨询课，开展心理测评与辅导、一对一面谈、职业生涯规划、职业培训、择业技巧指导、提供职业信息等，促进毕业生顺利就业。

图 7-3　亚琛应用科学大学的学生就业服务中心

亚琛应用科学大学学生服务中心的主要工作如下:

1）对学生进行入学前的咨询指导，帮助学生确定职业生涯及创业目标。学生在入学选择之前，一般均要根据大学及专业的研究与发展、就业市场的报告和个人兴趣和特点接受学校和专业选择的咨询，这样，学生在进入大学之前就可以在专业选择上更好地与社会需求相结合。学校从学生选择学校、专业开始，就依据学生个人能力、兴趣、性格、发展潜力等，帮助学生做好学业生涯和职业生涯规划的设计，并且德国政府和金融研究机构联合在大学开设创业课程，让学生们很早就开始接触和熟悉企业管理及经营知识，初步设立创业目标。

2）提供大学专业规定课程外的培训课和实用能力培训服务。亚琛应用科学大学内设立就业服务中心，目的是使学生学习在专业课程学习中没有学习到的课程内容，而且这些课程内容对其今后工作非常重要，通常称为互补性专业知识，以填补大学专业学习和就业市场的空白。为适应就业市场的新变化，课程内容每年都会进行更新。学院聘请企业的高层主管、工程师、设计师等担任培训师资，根据社会各行各业的需求，科学合理地安排课程，对学生进行各种实用能力培训。

3）帮助学生联系实习岗位。就业服务中心帮助在校大学生联系实习岗位，是就业指导工作中不可或缺的步骤，因为这些实习岗位很可能成为大学生未来的就业工作岗位。因此，高校十分重视保持与企业的联系与合作，积极为在校大学生提供实习岗位。在学生进入企业实习之前，学校会邀请有关方面的专家、教授对学生的综合素质进行评价，从而确定其相应的实习岗位。一般来说，通过实习后，在原实习单位就业的成功率都非常高，所以学生就业指导部门、用人公司和学生都比较重视就业前的实习。这种学校为学生提供实习位置而最后过渡到公司接收毕业生就业的形式，在德国高校是非常普遍的。

4）提供就业信息服务，做好毕业前的咨询，组织毕业就业市场洽谈会。学校十分注重为毕业生提供就业信息服务，尤其对各大公司、企业用人信息的汇总、发布等工作做得非常成功，每所大学的毕业生就业指导中心都与不少用人单位建立了良好的合作关系，他们对就业资讯、职位空缺情况掌握得比较全面。毕业生只要到就业指导中心咨询或登录其网站，就能找到有用信息。

高校除了对毕业生进行必要的岗前培训外，还对即将毕业的学生提供各种咨询服务。一般由学校组织各方面的专家、教授，为毕业生提供有关个人能力、心理素质等方面的咨询服务，如对某个人的长处、短处进行分析，提出某人今后就业的领域或方向。这就使毕业生在择业就业时更有针对性和目的性，择业、就业成功率更高。学校会与企业保持紧密的联系，邀请用人单位来校招聘毕业生，同时，也积极推荐毕业生到企业面试，适当时候还召开校内招聘会。学校在整个毕业生就业过程中，扮演的角色不是包学生就业，而是尽力帮助毕业生找到合适的工作。

二、就业服务

德国大学生就业服务体系已实现高度社会化，主要体现为以政府为主导，学校、企业、中介机构等共同参与合作。其优势是可高效合理、规范有序地利用社会各种资源。

1）政府为主导。在德国，政府对大学生的就业问题是十分关注的。在德国大学生就业服务体系中，政府系统为主渠道，中央政府设立联邦劳动总署，地方设立劳动局，政府的系统功能与运作方式主要是信息统计、网络服务、就业培训，其中，最重要的是强化劳动部门系统的就业服务职能，依靠社会保障体系给予较充足的经费投入，加强就业配选①。

2）企业积极配合。德国坚持的是双元制教学，在其社会教育观念里，企业对高校的教学、教育、就业承担着一定的社会义务。企业主动为大学生提供顶岗带薪的实习岗位，定期向相关部门提供企业就业信息，并向学校投资和制订学生培训计划等；部分大学生毕业前就确定了劳动雇佣关系。德国企业主动积极的配合高校大学生的就业工作，具有较强的社会责任意识。

3）学校为中介。德国高校虽然是自主办学，但倡导学生自主择业，十分重视对学生的就业实践能力的培养。高校通过建立职业服务中心（Career/Service

---

① 刘和忠．德国大学生就业服务体系及启示[J]．外国教育研究，2001，(05)：42-45．

Center)，为学生提供就业信息和指导，从而提高学生的就业率。首先，对中心工作人员要有严格的资质要求，一般要求具有心理学或教育学的大学教育背景。其次，对职业规划师和咨询师则更要求其具有3～5年不同行业工作的实践经验，还要接受规范的专业学习和培训。

高校在大学生就业服务体系中主要起中介作用，一般通过校外政策和校内就业指导的内外结合方式，帮助毕业生就业。校内指导的主要内容有："对即将进入本校学习的学生提供咨询和指导；帮助学生进行就业设计，使其在校期间有目标的进行学习，提高就业能力；为学生安排实际工作岗位，使其能够通过实际的生产工作，获取综合职业能力；设置面试技巧、就业技能、岗位咨询、能力测试等课程，全方位提高捕捉就业机会能力"。①

4）私人介绍所为补充。德国于1994年出现私人介绍所，它的运营需要经劳动总署的批准注册，多数属于营利性机构，但是只面向企业一方收费，是求职者与用人单位之间联系的桥梁。私人介绍所具有较强的竞争力，它的优势主要体现在服务的范围广、灵活性强，有效补充了政府、企业以及学校服务的不足之处。

三、就业情况

20世纪80年代以来，德国应用科学大学的毕业生就业率一直略高于综合性大学的毕业生，这说明其人才培养结构符合社会和产业需求，人才培养质量受到雇主的普遍肯定。

德国高校信息系统（Hochschul Informations System，HIS）的调查显示，高校学生毕业五年之后，应用科学大学工程和信息科学领域的毕业生中有57%的人在学校所在州就业，综合性大学毕业生中这一比例为46%。在经济类专业领域，则有48%的应用科学大学毕业生在本地就业，综合性大学同专业领域毕业生中在本地就业的比例仅为34%。②另外，一项针对巴伐利亚州高校毕业生就业状况的调查也显示，应用科学大学毕业生在本地区就业的比例更高。在工商管理和信息技术两个专业领域，应用科学大学毕业生留在巴伐利亚州就业的比例分别高达73.4%和94%，同样的专业领域综合性大学毕业生留在本地就业的比例则分别为62%和90.2%。③这也从一个方面反映出，应用科学大学的专业设置和人才培养与本地区经济产业结构、劳动力需求状况的联系更加紧密。

---

① 蔡克，刘浩．发达国家高校毕业生就业模式分析与思考[J]．教育与职业，2014，(03) 96，97.

② Schramm M, Kerst C. Berufseinmündung und Erwerbstätigkeit in den Ingenieur- und Naturwissenschaften[R]. Hannover:HIS, Projektbericht, 2009: 37-38.

③ Falk, S Kratz F. Wer bleibt, wer geht? Die regionale Mobilität bayerischer Hochschulabsolventen[R]. München:IHF,IHF Kompakt, 2009: 3-4.

HIS 还对应用科学大学毕业生的就业状况进行了一系列调查。结果显示，2005 年大约 3/4 的毕业生在毕业一年之内即找到稳定的正式工作，只有大约 6%的毕业生一年之后是失业状态；2001 届应用科学大学毕业生在毕业五年后有 89%都是工作状态；而 1997 年毕业的应用科学大学毕业生毕业十年之后 91%拥有稳定工作。这些数据都略高于综合性大学。

另外根据卡塞尔国际高等教育研究中心（The International Center for Higher Education Research，INCHER）对 2007 届毕业生的一项调查，应用科学大学毕业生寻找工作的时间短于综合性大学。应用科学大学毕业生找到第一份工作平均需要 2.9 个月，综合性大学毕业生则平均需要 3.1 个月。其中应用科学大学本科毕业生平均需要 2.7 个月，而综合性大学本科毕业生则需要 3.2 个月。同时，根据德国劳动力市场与职业研究所（IAB）2009 年的一项调查显示，2005 年，应用科学大学毕业生失业率为 3.8%，学术型大学毕业生失业率为 4.3%。这说明应用科学大学毕业生就业难度相对于综合性大学毕业生略小些。

除了良好的就业形势之外，德国应用科学大学毕业生还有较好的收入前景。INCHER 的研究显示，2007 届应用科学大学毕业生在毕业一年半后月净收入平均为 2950 欧元，略高于综合性大学毕业生的 2850 欧元。其中，应用科学大学硕士毕业生的净收入达到 3400 欧元，高于综合性大学硕士毕业生（2950 欧元）和传统的大学文凭（Diplom）获得者（3100 欧元）。HIS 的调查则显示，毕业五年之后，2001 届应用科学大学毕业生年平均工资达到 43 000 欧元，高于大学毕业生的 42 300 欧元[①]。

INCHER 的调查显示，应用科学大学毕业生在私营部门就业的比例高达 76%，而综合性大学毕业生则仅有 45%在私营部门就业。应用科学大学毕业生在公共领域就业的比例仅为 17%，而综合性大学毕业生则高达 50%。HIS 对 2001 届高校毕业生的调查也显示，毕业五年之后，应用科学大学毕业生就业的主要经济领域是服务业（51%）和工业制造/建筑（30%），较少则从事教育、科研和文化工作（7%）。在私营经济部门，应用科学大学毕业生受到大型企业的欢迎。毕业五年后，2001 届毕业生中大约有 34%的人就职于员工超过 1000 人的大型企业。从毕业生所在的企业类型看，个体企业占到 45%，其次是跨国公司（40%）。正是由于毕业生主要服务于生产部门和第三产业，德国应用科学大学对于德国市场经济的繁荣发展而言具有重要的支持性作用[②]。

① BriedisK.Übergänge und Erfahrungen nach dem Hochschulabschluss. Ergebnisse der HISAbsolventenbefragung des Jahrgangs 2005[R]. Hannover:HIS, Forum Hochschule, 2007, 13.

② 秦琳. 以应用性人才培养促进区域经济发展和国家竞争力提升——德国应用技术大学的经验[J]. 大学（学术版），2013，（09）60-66.

四、就业保障

根据德国法律规定，高校毕业生有权得到有关就业信息、咨询、培训、进修以及求职期间个人及家属最基本的生活保障。政府制定政策，鼓励毕业生自主创业，为创业提供一定数额的银行贷款，并且对高校毕业生的工资规定了最低底线，从而有效保护了毕业生的切身利益。

1）德国联邦和州政府通过立法来统一规范和管理大学生就业。德国是目前西方国家中制定了最详尽的解雇程序且有独立的教育体制和就业管理体制的国家。1949 年 7 月，德意志联邦共和国成立之初，即制定了《德意志联邦共和国基本法》（以下简称《基本法》），即德国宪法，随后依据《基本法》制定了一系列的劳动法规。1969 年德国颁布《联邦职业教育法》，使世界上独具特色的双元制职业教育制度得以形成。2005 年 4 月 1 日，德国颁布并实施新的《联邦职业教育法》。该法规的第一部分总则第二条第一款明确规定："职业教育在以下地点进行：经济界的企业、经济界以外特别是公共事务、自由职业成员以及家政的同类机构。"这说明德国职业教育的办学主体首要是企业，从而给学生实习、实践创造了良好的政策环境。该法就学生在企实习、学习期间的合同、报酬等相关内容给予了规定。1969 年德国制定了专门的《劳动法统一法》，把所有的劳动法规统一为一个大法，主要以公民充分就业和实现就业市场的公平竞争及失业保障为目的。该法的另一个显著成就是，为成立独立的劳动法院提供了法律依据。在此基础上，德国于 1979 年制定《劳动法院法》，规定设立县、州、联邦三级劳动法院系统，审理雇主与雇员之间的劳动关系争议等。德国通过以上立法，为大学生营造了良好的就业环境，其具体表现在：规定了高校毕业生的最低待遇；鼓励毕业生自主创业，提供良好创业政策环境；规定在校大学生保证一定时间到企业实习；开展再就业培训；采取降低劳动成本，以及降低税率来减轻企业负担，促进就业；对种族歧视及外国人求职等问题也做了明确规定。

2）政府以信息统计、网络服务、职业培训等运作方式服务就业。政府的服务系统是劳动部门，从联邦劳动总署、各州各市的劳动局到各州各市的大学生集中地——大学协调中心。德国于 1927 年设立的联邦劳动局是德国规模最大的就业市场公共服务机构，由政府提供其资金来源。它的主要职责是为个人、企业和机构提供就业服务，包括为个人介绍和提供职业培训和就业服务，甚至资助职业培训；与私人职业中介机构合作，并设立专门的"高校服务组"，达到信息共享；执行政府的就业政策，为企业提供信息咨询服务；对就业市场进行数据统计和跟踪研究，促进和保存就业岗位。

联邦劳动局特设大学生职业指导处并附属信息中心。信息中心有一个全国通行的网络平台，用人单位和学生都可用任何一台计算机登录，免费共享资源。

就业指导课也是由劳动局的专业委员会负责，每位工作人员负责一两家学校，到校上课。为解决高校毕业生能力和劳动市场的需求不相吻合以及大学教师和大学生对劳动市场了解不够的矛盾，政府在大学和就业体系之间架起一座桥梁，专门成立了新的服务机构——大学协调中心，其有固定的编制与充足的经费。其主要任务如下：

① 对大学生开展咨询指导服务，指导学生学习中断时专业的选择和更换。

② 举行信息发布会。针对工作领域、国内和国际劳动市场信息举办报告会、系列报告会和培训班。

③ 开办培训班和研讨会，主要内容为应聘的战略、应聘的训练、找工作和附加能力的培养。

④ 在雇主和大学教师之间建立联系，为企业推荐学生。

在 2008 年夏季学期，柏林当地的劳动局通过高校服务组举办了包括“高校毕业生在中小企业的就业机会”在内的 68 场报告会，组织了 24 场企业自我介绍和大学毕业生参观活动，23 场包括“跨文化合作的关键能力”在内的培训讲座，10 个国外工作培训讲座，10 个关于学业、实习的讲座，54 个“职业申请材料准备”“面试技巧”等培训课程，开展 3 个促进高校毕业生就业项目和 4 个展览会。[①]高校就业组一般都设立在大学附近，通过举办一系列内容丰富多彩的活动，实现对大学生的贴身服务。

德国由于其高校自身高质量的教学保证，校企间的密切合作以及对学生的职业指导，加上政府通过立法和社会机构对高校毕业生的就业提供了切实的服务和保障，从而大大提高了大学毕业生的就业率。

① 褚静. 德国大学生的良好就业状况对我国高校的启示[J]. 合肥学院学报（社会科学版），2009,（06）: 97-99.

第八章

校企与教产

第一节 校 企 合 作

校企合作是促进高校科技与知识转化、提升企业创新能力以及构建高效的国家创新体系的一个重要环节。德国高校与企业的合作形式多种多样，并且形成了一种双赢的格局。德国应用科学大学大都走校企合作办学的道路。从学校方面来看，与企业密切合作，以企业对人才的需求为导向设置专业，更新教学内容，促进高校科技和知识的转化，以及拓展科研人员在高校内外的发展空间。应用科学大学强调的应用能力培养通过产学研结合来实现。从企业方面来看，与大学的合作有助于加快企业创新进程，提升其市场竞争力，保证员工掌握市场需要的技能，招聘到符合企业需要的后备人才，降低独立科研的风险，开拓新的发展领域。因此，在德国，无论是大学还是企业都十分积极地开展校企合作。

应用科学大学的许多教师在教学同时还创办了公司或者直接参与企业的工作，而学生在整个的学习过程中和企业也保持密切联系，授课过程中一般都有两个实习学期，毕业设计在企业里完成，解决的一般也是企业在生产实践中需要革新的工艺流程或需要解决的实际问题。

一、学校

德国应用科学大学是随着企业需求的增长而发展起来的，与企业有着千丝万缕的联系，学校与企业相互依存。企业是学校生存的依靠、发展的源泉，学校则是企业发展的人才库、技术革新的思想库。

学校与企业间的合作有法律的支持。据《德国基本法》，联邦各州拥有文化主权，学校法的立法权属各联邦州的权限范围。每一个州都有与校企合作相关的条文内容。但鉴于各联邦州所规范的是学校相关的教育事务，所以与校企合作的内容也都是从学校角度出发的。

根据《德国各州学校法中关于校企合作的条文》，德国各州和州级市的学校法中关于校企合作的条文有以下特点：

1）多方共管合作事务（多位一体）：德国企业、行业、学校、政府，特别是学生、家长多方共同参与校企合作事务的监督、管理和落实，体现教育事务的公开、公平。例如，石荷州学校法规定教师、家长参与探讨学校与教育企业的合作问题，莱茵兰法尔茨州家长对校企合作事务的基本原则有建议和咨询的权利等。[①]合作学校类型集中在职业学校、职业预科、职业专科学校等。

2）校内设置专职机构：德国各州职业教育类学校内部基本都设置有校务委员会或管理委员会等机构，且多有来自企业的代表做委员会成员，参与决策，对校企合作具有话语权。下萨克森州校务委员会还下设顾问组，为学校和企业合作提供咨询。柏林还在校务委员会下设专业委员会，协调校企合作和意见分歧。应用科学大学一般都设有实习生办公室，各系也设有实践教学委员会，负责学生实习事宜。实习岗位和实习合同都必须得到学校的认可，以保证实习质量。

每个系都设有研究所，研究所成为校企合作研发项目的平台。例如，奥斯特法利亚应用科学大学机电一体化研究所有三位教授，教授通过企业项目，得到企业的资金资助，通过项目研究过程，将学生平时的学习结合到项目中去。例如，教学中的实验题目，经过教授设计后由科技人员指导学生来做，每个学生都有动手的机会。每个班 4 个题目，内容基本可以归纳为数学建模、控制器制作、设计目标实现、运行及结果分析 4 个步骤，学生要轮换做完这些步骤。根据明确的培养目标，在教授的指导下，进行与其能力目标相关的能力培养。科研已经成为教师追求个人发展的一种自觉行为。教师有能力做科研，是因为教师都有至少 5 年以上的企业经历，懂得企业需求，了解前沿的科技发展。

3）责任义务明确具体：各州学校法对双元教育体系中的学校责任及涉及学校事务的企业责任进行了明确具体的规范，可操作性强，较好地保障了学校、企业、学生三方的利益。例如，萨尔州、巴符州规定企业必须为没有完成义务教育的受教育者注册和取消学籍，还要监督其完成义务教育。如此，企业可以掌握受教育者的学校教育信息，同时促进学校教育的顺利完成。

4）凸显家长参与：受教育者的家长或监护人通过参与学校相关委员会或会议的形式，关注校企合作，参与议题讨论。布兰登堡州、巴符州、汉堡等多个州或州级市学校法就家长参与校务做出了明确的规定。例如，莱茵兰法尔茨州的政府部委要听取家长顾问委员会对校企合作原则的建议并给予必要咨询。学校法授予家长就校企合作事务的话语权，有助于家长和监护人配合校企合作的开展，监督受教育者履行教育义务，营造一个全方位的促学体系。

5）关注学生核心利益：保障学生义务教育阶段的在学时间、保险费用，特

① 江奇．德国职业教育校企合作机制研究[D]．西安：陕西师范大学，2014．

别是学生意外保险的费用支出等（石荷州），关注学生在学校、学校路上、学校的活动过程中，乃至企业实习等情况下发生意外或造成损失的保险和赔偿问题，为受教育者和教育提供者创造一个有保障的安全环境。在学校体系的职业教育中，莱茵兰法尔茨州、石荷州学校为参与企业活动的学生购买意外保险和学生造成的损失保险。

应用科学大学的教授具有多年丰富的企业经验，与企业始终保持着亲密的联系，教授的个人情感因素也促进了中小型企业对应用科学大学的偏爱。这一因素对增进大学与区域经济区域间的信任、企业与学院间的信任具有重要作用。应用科学大学的教授需要得到企业至少 5 年的资金支持才能继续受聘于大学，鉴于教授具备的资质与资源，他们有足够的能力证明假使未来高校在没有获取额外财政支持的条件下，他们也能够带领团队将应用科学大学的专业建设成为面向未来发展、依托实际，能够独立生存的专业。

随着经济的跨界融合，培养未来国际化青年员工已经成为企业的重要职能领域。许多国家的高校已走出国门，开始与国外的公司、企业建立合作关系，双方互利互惠，互相支持，共同发展。世界范围内的贸易往来、资金融通和技术转移的规模将日益扩大。在这种新形势下，各国企业界也日益重视与国外的高校建立各种协作关系，以求得国外高校在技术和智力上的支持。例如，美国或法国的企业相比其他国家更加热衷建立与国外高校的合作，为学生提供在国际分理处实习的机会，或为国外的实习学生为其在家乡所在地提供实习机会。[①]

企业和院校分别属于两个不同的系统。企业中的培训是按照联邦政府颁布的职业教育法进行的，而院校则遵循各州教育法。要使处于两个系统中的组织协调起来，完成一个任务，就需要教学实施的协调，该协调包括教学文件、教学内容和教学活动的协调。

莱茵瓦尔应用科学大学（Hochschule Rhein-Waal）成立于 2009 年 5 月 1 日，是一所创新型、现代化、国际化的应用科学大学。该校位于德国下莱茵地区，学校拥有两个现代化的校区：克莱沃校区（kleve-campus）和坎普-林特福特校区（kamp-lintfort-campus），如图 8-1 和图 8-2 所示。到 2014 年已经拥有 4000 名注册学生。学校在自然科学、经济和技术、人文科学、社会科学以及健康科学领域提供 25 个学士学位课程和 8 个硕士学位课程。

学校的宗旨是：为了确保你非天生注定在“学术的象牙塔”之中用去所有的时间而在毕业之后才思考未来，我们会把学习中的科学理论和大量的实践知识和实际应用相结合——我们将为您日后的事业发展做出充足的准备。

① 徐纯，钱逸秋．德国应用技术大学校企合作激励机制研究[J]．高等职业教育（天津职业大学学报），2015，(02)：75-79.

另外，就国际倾向性而言，工业企业，如公共雇主，越来越期盼拥有海外工作经验并具备业务英语流畅性的雇员。因此，莱茵瓦尔应用科学大学提供的课程有 80%都是英语教学。从一开始，海外学习学期和实践工作的学期便已经安排在课程大纲之中——学校众多的合作方将帮助学生找到适合自己的合作伙伴大学或合适的实习工作。

图 8-1　莱茵瓦尔应用科学大学克莱沃校区

图 8-2　莱茵瓦尔应用科学大学坎普-林特福特校区

莱茵瓦尔应用科学大学坚持不懈地扩宽其自身与其他国际科学领域的联系，因为越来越多的学生希望能丰富自己的海外经验——通过完成海外交换学年或是海外实习学年。莱茵瓦尔应用科学大学早已与以下国家/地区的多所大学建立了紧密合作关系：孟加拉、中国、印度、荷兰、俄罗斯和美国等。除此以外，有高达 58 个不同国籍的背景也为莱茵瓦尔应用科学大学增添了与众不同。

莱茵瓦尔应用科学大学作为一个和公司联系密切的大学，协助企业寻找专家并帮助其完成企业的项目，这样企业就可以直接从莱茵瓦尔应用科学大学的研究人员的应用科学知识和经验中获益。同时，学校支持企业把企业的想法变成一个联合研发项目，因此，企业可以从面向应用的研究中获利。

为协助中小型公司克服一些商业化道路上存在的障碍，北莱茵-威斯特法伦州已建立了创新计划（Innovationsgutscheine）。根据该计划，符合条件的中小企业将有机会获得 5000～10000 欧元的财政补贴激励，可以用来资助专业技术和服务，这将有助于当地企业把一个新想法变成一个新产品或新的生产方法。也有许多其他的计划开放给公司和大学作为合作的资助。

二、企业

1. 企业向学生提供实习岗位

应用科学大学的各个专业都将实习作为课程的一个重要组成部分，学生必须完成实习方能毕业，实习由学生直接与企业联系。同时，学校也设立“实习办公室”为学生提供实习信息和申请指南方面的帮助。德国企业一般会将所提供的实习岗位以招聘广告的形式发布在自己的网站上。总地来说，德国企业在为学生提供实习岗位方面比较积极。例如，德国铁路公司（Deutsche Bahn AG）每年提供的实习岗位多达 600 个。这不仅仅是因为德国企业对于后备人才培养具有传统的社会责任感，而且是因为企业确实可以从中获益，如可以借此找到符合企业需要的员工，培养未来员工对企业的认同感。

2. 企业向学生提供毕业设计岗位

应用科学大学的学生多数选择在企业中完成毕业论文或设计，即以解决企业中的实际问题作为论文研究的题目。学生在完成毕业设计时除了得到大学导师的指导之外，还会得到企业方面相关问题领域专家的辅导。双方会为此签订一个专门的合同来约定各自的责任与义务。通常来说，在企业中完成毕业论文的学生比例为 60%～70%。在有些学校，如罗伊特林根应用科学大学（Hochschule Reutlingen）和慕尼黑应用科学大学（Hochschule für Angewandte Wissenschaften München），这一比例甚至达到了 90%以上[①]。毕业设计也是由学生自己直接向企业提出申请。与此相应地，德国企业一般会以招聘广告的形式在自己的网站或专业的招聘网站上发布需要学生完成的毕业论文或设计的主题及内容。

3. 企业参与大学的项目教学

项目教学是德国应用科学大学一个重要的教学环节。学生在学习期间通常需要完成至少一个项目工作（Pro-jektarbeit）。完成项目所需的时间一般为一学期，有时也会持续多个学期。项目往往要求学生（有时甚至是不同专业的学生）组成项目小组（5～8 人）来共同完成。提出项目题目的可以是教授、校外特聘讲师或学生自己，也可以是参与的合作企业。企业往往通过这种方式来解决企

① 孙进．德国应用科学大学校企合作的形式、特点与发展趋向[J]．比较教育研究，2012，(02)：41-45.

业中的一些小规模的问题，并安排专业人员与大学教授一起辅导学生完成此类项目课题。

4. 企业是大学应用科研项目的资助者及合作科研伙伴

德国企业投入科研的资金近年来呈增长的趋势。2008 年，德国经济界投入科研和发展的资金为 573 亿欧元，比 2007 年增长了 7.3%，其中有一大部分资金投向了高校。明斯特应用科学大学（Fachhochschule Münster）在 2009 年共获得 1079 万欧元的第三来源资金，其中来自经济界的资金占 45%。与此相应地，明斯特应用科学大学在与企业的合作中也非常活跃。例如，它与西门子公司（Siemens AG）合作研究网络电话的信号标准化，与拜尔材料科技公司（Bayer Material Science AG）、汉高泰罗松有限公司（Henkel Teroson GmbH），以及应用这种材料的企业一起研究用于钢材黏结的黏合剂，与易阿迪斯公司（EADS Astrium GmbH）一起为国际空间站（ISS）生产氧气更新器，与德国铁路公司一起发展一种用于由预应力混凝土构成的铁路枕木的检验系统。另外，德国政府设立了专门用来资助应用科学大学与企业合作科研的项目，并且以企业的参与为申请前提。因此，企业除了委托大学进行科研之外，也以合作伙伴的形式与应用科学大学开展联合科研，如建立特色研究分院。通过这样的合作，高校既保证了科研环境较大程度地贴近实践，又使自身的优势得到加强；企业在合作中也做出了积极的贡献，为了能够将前沿的科研成果在自身领域得以实现，企业也参与到研究内容的设计中，获得的成果对企业的长远发展与建设具有很高的价值。

5. 企业是大学双元制专业的合作伙伴

许多应用科学大学都和企业共同开设双元制专业。在这些专业中，申请者首先要经过企业的筛选，获得企业提供的培训合同和资助，方有可能被大学录取。双元制专业的理论教学部分在大学完成，实践教学部分则在企业完成，分别为期 3 个月，轮流进行。为了让企业的实践教学和大学的理论教学有机地结合起来，学校方面会和企业负责培训的人员进行专门的沟通和协调。当然，并非所有的企业都有资格参与双元制项目。企业要想成为高校的双元制项目伙伴，必须达到一定的要求。例如，柏林经济与法律应用科学大学（Hochschule für Wirtschaft und Recht Berlin）有 650 多家双元制专业的合作伙伴。[①]该校设有专门的双元制委员会负责审核企业的资质，检查企业在培训内容和人员方面是否具有参与双元制教学的资格。

① Department of Cooperative Studies[EB/OL].[2016-12-14]. http://www.hwr-berlin.de/en/department-of-cooperative-studies.

6. 企业参与大学的师资建设

在应用科学大学中，有一部分教师是来自于校外（企事业单位）的特聘讲师（Lehrbeauftragter）。例如，柏林经济与法律应用科学大学有 156 名教授，495 名校外特聘讲师。卡尔斯鲁厄工程和经济学院（Hochschule Karlsruhe Techni kund Wirtschaft）有 176 名教授，330 名校外特聘讲师。这些校外特聘讲师将实践中的最新知识和问题带到高校，对于培养学生的创新意识和实践能力具有不可低估的作用。不过，这里需要说明的是，兼职讲师数量虽然多，但是他们每周的授课时间要比教授少很多。应用科学大学的教学主要还是由教授们来完成，他们每周的授课时间为 16～18 小时。除了校外特聘讲师之外，德国企业还单独资助或与其他企业一起在应用科学大学中资助设立基金教授席位（Stiftungsprofessur）。例如，明斯特应用科学大学有 4 个基金教授席位：技术矫形外科学、后勤学、可持续性营养学/营养生态学和不动产生命周期管理，由 12 家不同的企业单独或联合资助。[①]

7. 企业在大学设立或资助实验室和研究机构

德国企业历来重视依靠应用科学大学的科研力量来从事相关产品和技术的研发工作。为此，他们会选择单独资助或与其他相同行业的企业共同资助在某一所大学设立专门的实验室或研究机构。例如，巴斯夫公司（BASF）与明斯特应用科学大学共同建立了实验室，开展合作研究。此外，还有的企业选择与多所高校合作成立研究中心。德国各州政府也大力支持此类校企合作，并将其视为提升地区科技创新力的重要举措。代表性的例子是由下萨克森州政府和大众汽车公司共同设立的、由布伦瑞克工业大学（TU Braunschweig）和奥斯特法利亚应用科学大学（Ostfalia Hochschule für angewandte Wissenschaften）等 12 家高校和研究机构共同组成的下萨克森车辆科技研究中心（NFF）。

8. 企业参与高校管理

应用科学大学的高校理事会（Hochschulrat）中有许多来自经济界的人士，代表经济界的利益和社会需求。他们参与决定高校的战略发展规划和学科专业设置。另外，在有些规模比较大的学校（如慕尼黑应用科学大学），学院层面还设有咨询委员会（Beirat），其主要由经济界人士组成。咨询委员会负责就新专业的开设和教学内容的选择提供咨询。

---

① Fachhochschule Münster. Partnering[EB/OL].[2016-12-14].https://www.fh-muenster.de/forschung-transfer/downloads/partnering.pdf.

明斯特应用科学大学（图 8-3）位于北莱茵-威斯特法伦州，成立于 1971 年，是德国一所大规模的公立应用科学大学。明斯特应用科学大学分为两个校区，分别是明斯特校区和史丹福特校区。明斯特应用科学大学开设有多个本科和硕士专业，如应用信息学、应用材料学、建筑学、会计金融与税收学、建筑工程学、生物医学技术、化学工程科学、职业学校教师方向的化学、设计学、电子技术、能源种植与环保技术、欧洲贸易、国际供销管理、青少年福利发展、机械制造、护理与卫生管理、社会学和社会管理等。此外，该校开设有化学方向经济工程学、能源与环保方向经济工程学和机械制造方向经济工程学等。明斯特应用科学大学是德国 4 所较大的公立应用科学大学之一，也是德国研究实力最强的应用科学大学之一，与多家知名企业合作。

图 8-3　明斯特应用科学大学

例如，德国巴斯夫公司是全球最大的化工公司，被美国商业杂志《财富》评为“全球最受赞赏化工公司”；同时在德国所有公司的跨行业评比中，巴斯夫名列第二。明斯特应用科学大学与巴斯夫的涂料部门开展合作，合作范围包括研究和项目开发、高等教育政策方面的合作、提供访问其他合作伙伴的网络使用权限、在学生实习和毕业论文方面进行指导、人力资源开发。此外，学校还为巴斯夫公司制订了具体的可持续的培训计划。

目前，德国高校与企业的关系正在从零散式的合作关系转向建立长期稳定的战略联盟关系（Strategische Allianz）。德国政府也大力支持高校与企业建立这种战略性伙伴关系。2007 年，德国教育与科研部（BMBF）和德国科学资助者协会（Stifterverband für die Deutsche Wissenschaft e.V.）联合组织了名为“高校与企业的交流过程”（Austauschprozesse zwischen Hochschulen und Unternehmen）

的竞赛，奖励和资助那些在校企合作方面有突出表现的高校。

第二节 教产融合

一、教育部门

联邦管辖双元体系企业教育事务，学校教育事务由州管辖。法律规定，联邦州的教育和文化事业归属联邦州业务范围。颁布职业学校教学计划、为学校教师提供经费、法律监管各行业协会均由各联邦州层面负责。

德国州级还拥有州职业教育委员会。州职业教育委员会属于官方机构，其隶属于州政府，州有关专业部负责管理其有关工作。其职责有：州职业教育委员会针对本州职业教育相关问题向州政府提供可行建议，其由来自雇主、雇员和政府三个方面的同等人数人员组成。各州职业教育委员会需要负责制定相关议事章程，报请指定的州最高行政机构审批。议事章程可决定是否设立小组委员会，并可对小组委员会的成员是否来自州职业教育委员会做出规定；举行会议时，至少应有半数以上成员出席，决议需要多数票才可通过。州职业教育委员会与州行业协会关系紧密，许多问题会事先进行沟通，意见取得一致后再提交至委员会讨论，决定是否通过。

各州文化部代表州政府负责普通教育学校和职业教育学校事务。1948 年成立的州文化部长联席会议（KMK）是跨州的部长及专家合作机构，负责教育、高校和科研以及各种文化事务工作。文化部长联席会议既是各州商议跨州教育、科学和文化事务的机构，也是州和联邦之间的合作桥梁。KMK 及其秘书处的职业教育的主要工作包括以下内容：

1）各州就推动职业教育领域事务进行信息交流。

2）制订职业学校职业相关课程的框架教学计划，就国家认可的教育职业与联邦教育条例进行协商。

3）为职业专科学校开发职业教育补充课程，协调职业教育供需关系。

4）与经济专业协会协商开发专科学校领域的职业继续教育项目。

5）推动文凭互认及职业教育受教育者大学入学权利。

6）协调职业教育政策、普通教育和职业教育的公平问题。

7）通过议定职业学校里的跨州校址保障弱势教育职业（受教育者人数极少的教育职业）。

8）与雇主、雇员联合会及其他相关专业联合会合作。

9）议定关于促进职业教育类院校特殊群体（如残疾、学习障碍等）的事务。

10）议定教师培训和跨州教师进修教育。

11）参与国际、欧洲和双边框架内的职业教育合作。

德国联邦政府从 1977 年开始，委托联邦职业教育与培训研究所（简称联邦职教所，德语缩写 BIBB）每年发布《职业教育年度报告》。该报告由两大部分组成：①主要包括政府对当前的培训位置和就业状况提出预测、职业教育结构性发展的大量数据和详细的研究结果，并介绍政府解决教育问题的政策；②主要包括职业教育规划、职业继续教育和国际职业教育发展的数据。年度报告的统计数据为德国职业教育的结构和发展提供了可靠的基础。

二、行业协会

在德国，职业教育被企业看做特权，并不是每个企业都可以举办职业教育，只有通过行业协会审核的企业才能举办职业教育。[①]行业协会是德国双元制职业教育运作机制的关键环节。

行业协会是其主管国家行政部门根据国家法律设立的公法法人，个人无权自主成立行业协会。行业协会中，会员自定领导，形成自下而上的选拔机制。企业必须加入所在职业或行业的相关行业协会。企业注册成立时，注册所在地部门会自动将该企业材料的复印件寄给行业协会，行业协会将信息录入数据库后向该企业发出入会欢迎信。加入行业协会后成员要按规定缴纳会费，会费金额由行业协会全体会议决定。行业协会受国家法律监督，但只对其行为的合法性进行审查，无法对其行为的合目的性予以监督。目前，德国有 53 个手工业行业协会、80 个工商业行业协会，以及农业行业协会、自由职业行业协会等近 300 家行业协会[②]。

德国《职业教育法》规定行业协会作为职业教育的主管机构。行业协会下设职业教育委员会。委员会由 6 名雇主代表、6 名雇员代表和 6 名职业学校教师组成。所有涉及职业教育的重要事宜，均须报告职业教育委员会并听取其意见。其主要内容包括职业教育及职业改行教育机构资质、填写书面教育证明、缩短教育期限、许可提前参加结业考试、举行考试、实施跨企业教育及企业外教育等管理规定及职业教育管理准则的颁布、由州职业教育委员会建议的措施的实施、涉及培训合同根本内容的改动。可见，行业协会在德国职业教育管理与决策中处于举足轻重的地位。德国行业协会参与职业教育管理与决策的途径如下。

① 邓志军，李艳兰．论德国行业协会参与职业教育的途径和特点[J]．中国职业技术教育，2010，(19)：60-64．

② 江奇．德国职业教育校企合作机制研究[D]．西安：陕西师范大学，2014．

1. 参与职业教育与培训机构的资格认证

德国具有一套完备的行业协会参与职业教育资格制度，包括资格审定和质量监督。经审定通过的企业称为培训企业。依据德国《职业教育法》的规定，企业参与教育必须具备一定的资格，须由行业协会认定。企业培训资格的认定包括两个方面：一是企业主本人的素质，二是企业培训的物质条件。前者认定要求包括：人品合格，没有任何违法前科；专业合格，企业主必须取得与培训职业相关专业的毕业文凭，并具有职业教育和劳动学等方面的基本知识。后者认定包括考察必需的培训场所和必要的培训设备情况。

行业协会设有企业培训咨询部，当企业提出进行职业培训申请后，咨询部的企业培训咨询人员需要对企业进行面访，对企业条件进行审定，审定合格后，行业协会发放培训准许通知。培训过程中，企业培训咨询部人员定期到“培训企业”进行调查，考核培训过程。在实施企业职业教育准入机制过程中，政府又制定了相关的配套措施，而对企业参与职业教育形成激励作用的主要集中于国家职业教育资源配置。职业资格考试是检验职业初级教育成果的法定途径。职业资格考试由行业协会主持，包括中期考试和结业考试。学生有两次补考机会，如果两次补考还未通过考试，则说明学生不适合从事该行业工作，必须转学其他职业。行业协会设立考试委员会，其成员包括同等数量的资方和劳方代表。

培训企业与非培训企业享受待遇截然不同。德国政府规定，无论培训和非培训企业，在一定时期内都须交纳培训基金，通常按企业员工工资总额的一定百分比提取，比例一般介于 0.6%～9.2%。另外规定，只有培训企业才有资格获得培训资助。一般情况下，企业可获得其培训费用的 50%～80%的补助；如果所培训的职业前景看好，企业可获得 100%的资助。[①]企业职业教育的准入机制及配套措施有效地将国家有限资源集中分配，并且通过差距待遇，提升了企业积极性。

2. 参与职业培训过程的管理与实施

行业协会参与职业培训过程的管理与实施，如审查管理职业培训合同、确定培训时间、修订审批教育期限、定期检查合同执行情况等，他们特别关注学徒的工资、工作时间和假期。

1）审查培训合同。行业协会有权与任何涉及合同内容的人员接触，如认为合同不符合法律或有关规定的要求，则不予备案。除国家统一规定外，行业协会可根据实际情况，制定补充规定，如培训合同样本等。

---

① 邓志军，李艳兰. 论德国行业协会参与职业教育的途径和特点[J]. 中国职业技术教育，2010，(19)：60-64.

2）确定培训时间。行业协会对确定培训时间有决定权。德国职业教育双元制培训一般为 3 年到 3 年半，该时间的确定是基于主体中学毕业生的水平。如果文理中学（13 年学制）毕业的学生或有一些专业知识的学徒，则可适当缩短培训时间。另外，因病中止学业或考试不及格而复修等则可适当延长培训时间。此外，对于在企业和学校学习成绩优异者，还可提前参加考试。

3）组织各种考试。德国行业协会负责组织学徒考试工作。按照德国法律规定，行业协会负责进行国家承认的职业培训结业考试。在培训期间，行业协会组织一次中期考试，一次毕业考试。为此，行业协会组建考试委员会，公布考试规则，审批考试资格，组织阅卷，处理考试中遗留问题，颁发证书。例如，仅慕尼黑和巴伐利亚地区工商行业协会就组织了约 950 个考试委员会，每个考试委员会均要有对等数额的雇主协会和雇员协会的代表，另有 1 名职业学校的教师参加。为使考试水平保持一致，各行业协会特别是机电、建筑等主要行业协会通常会联合起来举行全国或某一地区的统一考试，考试的内容70%由地方行业协会决定，30%由行业总会决定。[①]结业考试一方面评定学徒的学习成绩，另一方面确定学徒今后是否胜任他们所选择的职业或工作。结业考试是一种“三证合一”的考试，即通过考试可获得考试证书、培训合格证书和职业学校毕业证书。这种由企业和学校承担教学，行业协会负责考证的制度，即教学、考证分离的制度，有利于保证所培养学生的质量。

4）仲裁双方矛盾。按照德国《劳动法》规定，在双元制职教培训中，签约双方在合同问题上出现分歧，应先到行业协会内设的仲裁委员会进行仲裁。如仲裁未果，争议双方可到劳动法庭判决。例如，1997 年，马格德堡工商业行业协会申请仲裁争议 60 件，成功率约 70%，约 30%的合同争议需要到劳动法庭判决。

5）监督、咨询。行业协会通过其培训顾问对培训人员和培训场所的资格进行监督，实行动态管理，对资格条件变化的企业采取相应的处理办法，并协调学校与企业在教学安排上的矛盾。行业协会职业教育委员会对职业学校教学中的问题及时向政府教育部门反映，并进行相应调整的交涉。行业协会之间的协调则由行业协会联席会议解决。行业协会的这些职责在德国《职业教育法》中予以确定，为行业协会活动的合法化提供了强有力的法律保障。

3. 参与职业教育教师管理

德国职业学校教师教育的管理由联邦政府、州政府、各高校、教师联合会分级与政府和企业分类管理，形成了以联邦政府宏观调控和各州政府自主管理

---

① 刘玉林，朱小萍，叶隽．德国的人力资源开发行业协会与职业教育[J]．中国职业技术教育，1998，(11)：51，52．

为主、跨地区和跨行业相互间既有协调又有监督的职教教师教育管理体制；德国实训教师教育的管理则是主要由联邦教育部、各州文教部管理，各行业协会和教育企业遵循《联邦职业教育法》进行具体管理工作。

联邦通过《职业教育法》委托和授权各公法团体的行业协会以自我管理的方式实现对实训教师教育的管理。根据《职业教育法》第 77 条规定，职教教师的职责主要有以下几点：①组织实训教师教育办学机构。行业协会和工会均可依法组织实训教师培训，根据联邦职业教育研究所制定的教学大纲进行授课教学。②负责根据联邦及州政府所颁发的各种法律和条例对实训教师进行考核并颁发文凭。③制定规章制度。教学工作，特别是专业类、实践类课程的教学主要由兼职教师承担。兼职教师除少部分来自大学外，绝大多数来自企业。他们不仅有扎实的专业知识、丰富的实践经验，而且能把企业的生产、经营、管理及技术改进等方面的最新情况及时地带进学校，真正体现理论联系实际，让学生学以致用。

4. 获取职业教育经费

德国行业协会覆盖面大，经费筹集范围广，实力雄厚，在经济上不要政府资助。行业协会作为双元制职业教育中企业培训的主管部门，能够通过多种渠道获得职业教育经费。例如，政府对于行业协会委任的培训顾问给予一定的补贴，行业协会的跨企业培训场所的建立也可以从政府那里得到补贴。德国中小企业行业协会拥有多功能、跨企业的职业培训网络，共有 6.3 万多个培训车间位置和 8000 多个寄宿位置。这些机构都是政府支持的，政府不仅为这些培训机构的设立提供补贴，而且为其设备配置、材料消耗、培训课程的实施等提供补助。例如，一名离家远的学徒在培训寄宿中心住宿，政府为其承担一半费用；政府对各培训点的培训课程承担 2/3 的费用。行业协会在对职业培训考试的验收中也可以收取费用。此外，政府还通过给行业协会某个项目补贴的形式来支持行业协会的工作。在德国，不仅法律给予了行业协会公法地位，政府也通过各种补贴的形式来支持行业协会履行职业培训的任务。

此外，行业协会还定期或不定期地开展职业教育工作。职业教育是在各种不同层次，为各种不同目标展开的，有的属于专业培训，有的属于为兼职人员而举办的。以上这一系列服务多数都是有偿的，只不过收费标准比社会上要低一些。另外，协会除了对会员提供服务之外，还要向协会以外的单位提供有偿服务。

值得注意的是，德国非常强调行业协会是非营利性社会团体的组织，它的协会一般不办实体公司，避免与企业竞争，产生不必要的矛盾，导致会员对协会的不信任。会员缴纳的会费都要用于行会服务性的活动中，即使有结余，也一般不进行任何经营性投资。在经费的使用管理上，德国行业协会依据“取之于民，用之于民”的会费政策，发挥自身优势经营，逐步实现良性循环。在经费的具体收支管理上，讲求公开透明，多数协会都有良好的财务制度，许多协会还专门聘请会计师事务所予以定期审计，力求达到最佳的资金利用率。

第九章

学分与学位

随着全球化进程的推进，以英美高教体制为代表的发展模式在国际上日益体现出其高效实用的优越性。该体制将大学的全套学习过程按程度分为学士、硕士和博士三个阶段，使学生可以根据自身的能力和职场的需求灵活地选择希望攻读的学位，便于早出人才、快出人才。而以“硕士—博士”两段培养制传统为主体的德国高等教育，相形之下则越来越暴露出学习时间过长、滞校学生过多等缺点，人为地拉大了培养与就业在时间上的距离，也日益加重了高校的负担。加之由于学制与国际惯例不相兼容，给学分、学历的换算带来了诸多不便，这也削弱了德国高等教育的国际吸引力，使德国高校的国际竞争力受到影响。

1999 年 6 月 19 日，欧洲 29 国教育部长在意大利博洛尼亚举行联席会议，会议签署了联合声明（后称博洛尼亚进程，Bologna Process），旨在建立欧洲统一的高等教育区域（Europaeischer Hochschulraum），促进欧洲高校学制的统一和国际化的早日形成。在 2003 年于柏林召开的有关该议题的后续会议上，已增至 40 个成员的博洛尼亚计划参与国就实施该计划的进程取得一致意见，拟定在 2010 年前全面实行分阶段的“学士—硕士”学位制。迄今为止，参加这一计划的国家已达 47 个。[①]德国从 1998 年起开始对高校的学位制度逐步进行改革，引进国际通用的学士和硕士课程并实行欧洲学分转换系统 ECTS，其目的是与国际接轨。

第一节 学　分

德国应用科学大学传统的教学大纲的计算单位是授课时间，即以课程的周学时和学期的总课时为单位编排教学大纲。实行的是学时制，而非学分制。要想达到毕业要求，必须有“成绩证明（Schein）”，即根据教学条例和考试条例的要求收集所有课程及教学活动的成绩证明（Schein）。这种评价体系对学习内容做出了明确的要求，但是没有制定统一的可测量、可比较的量化规定。

《博洛尼亚宣言》倡导引入学分制度，这意味着学生可以在国内或国外的高校之间流动。欧洲学分转换系统（European Credit Transfer System，ECTS）也已

① The Bologna Process[EB/OL].[2016-12-07].https://www.bmbf.de/en/the-bologna-process-1421.html.

作为附录列入《博洛尼亚宣言》之中。这一制度使课程规划更加现实，也使得学分转换更加容易。

一、学分的分配

学分的分配要根据课业负荷量，为此 ECTS 十分重视学生课业负荷量的确定，欧洲学分转换系统规定大学生的学习工作量应根据中等水平学生掌握相应学习内容所需要的时间来确定。欧洲学分转换系统将课业负荷量的确定分为三个步骤：

1）确定课程单元。每个课程单元的课业负荷量所需要的时间要以达到一定的学习效果为标准。

2）确定学生的课业负荷量。教师估计完成这些课程所需时间，学生完成课业所用的时间要与课程单元设置的学分相一致。

3）估计课业负荷量并及时调整。学校发放关于课程负荷量完成情况的调查问卷让学生填写，然后统计数据来审核课业负荷量的制定是否与实际情况一致。如果不一致，学校要及时调整，以求教学活动和学生的课业负荷量达到一致。教师在课程设计中既可以用固定的模块来分配学分，也可以用非模块来设计学分。在非模块化课程系统中，保留一学年的总学分，以 60 学分为前提的，每一课程可以有不同的学分。而在模块化的课程系统中，每一课程都有一个固定学分，如 5 学分或其倍数（如 5 学分、10 学分、15 学分）。一个典型的课程分配学分的样例见表 9-1（样例中课程名称为多元文化社会中的跨文化交流）。

表 9-1　模块化的课程学分分配样例

<table>
<tr><th>学习预期效果</th><th>教学活动</th><th>预估的学生工作量/小时</th><th>评价方式</th></tr>
<tr><td rowspan="10">熟悉分析文化的多种方式，并理解其应用。
理解并能使用一些学术性的文化词语：多元文化、文化认同、文化整合、同化、种族隔离、意境等</td><td>学生背景问卷调查</td><td>0.5</td><td rowspan="10">课堂参与（40%）、口头展示（12%）、用于分析的研究报告（10%）等</td></tr>
<tr><td>第一讲：分析文化的多种方式</td><td>1</td></tr>
<tr><td>有关文化定义的小组讨论活动</td><td>1</td></tr>
<tr><td>课堂讨论</td><td>1</td></tr>
<tr><td>阅读学习资料</td><td>5</td></tr>
<tr><td>阅读后课堂研讨会</td><td>0.5</td></tr>
<tr><td>第二讲：感知和文化</td><td>1</td></tr>
<tr><td>阅读学习资料</td><td>3</td></tr>
<tr><td>阅读后课堂研讨会</td><td>0.5</td></tr>
<tr><td>⋮</td><td>⋮</td></tr>
</table>

无论是固定模块还是非固定模块，在确定课业负荷量的前提下，欧盟国家在本科和研究生学业的基础上都采用统一的学分标准，即满 60 个学分代表完成了一年的学习，通常 1 学分需要花费 25～30 小时。这 60 个单位的学分并不是

一个简单上课学习、实践的累加，它还包括自学、讲座、演讲、做报告、研讨会、实习、个人或实验室工作、考试、论文或其他评估。根据这一原则，一个学期必须要完成 30 个学分量。要获得大学本科学历就要达到 180 个学分，这需要三年的时间；硕士学位的获得需要 300 个学分，这就需要五年的时间。这个标准同样也适用于高级技师班、专业学校、高等学院、职业技术学院、远程教育、函授等高等教育系统内的不同形式的学校和机构，这样就形成了全面的多层次的覆盖网。

二、学分的获得

学分的获得要通过考试等形式，学生考试要遵循联邦法律与州法律，法律基础是高等教育框架和州高等教育法。与考试相关的问题包括考试人员资格、考试细节、考试级别和学习期限。考试规定由学校制定，州教育部批准。

1. 考试形式

1）书面考试。学生需要通过书面考试证明自己能够在给定的时间内，借助允许的辅助工具解决任务，解答给定的选题。书面考试包括知识性问题、方法问题与理解性问题。学生能够给予批判性的反馈。书面考试的时间根据每个模块描述中的具体规定而定。

2）面试。面试分为理论模块和实习模块的面试，理论模块的面试时间大约持续 30 分钟，实习模块的面试考查学生对专业知识的理解，掌握其与其他领域间的联系。除考查学生的专业能力外，跨专业的能力也作为面试的主要考查核心。另外，如果学生考试不通过（两次补考不通过），即退学处理。退学学生可以申请学习其他相近专业，原有学分由教授认可即可按 ECTS 规则予以承认。但在欧洲学分转换系统（ECTS）范围内不得申请原学习不合格专业，重修也不可以。

2. 考试组织

学校要成立考试委员会（校长指定主席 1 人，副校长指定来自不同专业的委员 4 人），专业成立专业考试委员会（主席 1 人，委员 2 人），校外学生要进行学分认定。课程由考官负责，考官可以是教授，也可以是达到教授水平的授课人员。作弊和抄袭，考试成绩被判定为不及格。评分标准为 5 分制，1 分最好，5 分不通过。考试形成的考试报告要符合欧洲标准等级。

3. 报名与退出

学生可以自由选择网上报名考试科目，考试前五个工作日可以提出退出考试，特殊情况可以由医院证明请求退出，否则课程以不通过处理。由于不满足报考原因不能考试、阶段性成绩不达标等也不能进行考试。

另外，由于第六学期学校会安排学生进企业实习或出国留学一个学期（18周，第1周在学校处理相关事务，第18周校企共同座谈和评价实习情况），因此学生必须在第五个学期完成基础课程考试，完成至少90～100学分（专业不同，要求不同）才能进入实习期。

各课程要公布课程考试时间、考试报名时间、退出考试时间、成绩公布时间、成绩投诉时间等。学生可以不需要理由地提出成绩异议，约考官查问试卷并复印，一个月内考官要给出意见，考委评议给出答复。如学生不满意，由学生服务中心给出声明书，学生可以依次向法院起诉。

三、学分的等级

欧洲学分累积系统不仅可以为学生提供学分，还可以表示他们学习水平的等级。为了使学生在不同国家、院校之间的流动更加便利并且透明，欧洲学分累积系统的评分等级不仅依据学生的客观分数，而且依据等级标准来评定学生的学业表现。等级标准是指按照学生考试成绩的高低排序，学校教务部门根据每个等级的比例来确定学生的学分等级，针对不合格的学生，也会给予相应的学分级别。

ECTS等级标准将学生分为7个等级，每个级别所占学生的百分比见表9-2[①]。

表9-2　ECTS等级标准

ECTS等级	获得该等级的学生比例	定义
A	10%	优异——表现出众，只犯极少的错误
B	25%	优秀——高于平均水平但有些错误
C	30%	良好——较好完成学业，有一些明显的错误
D	25%	满意——基本完成学业，但所犯错误需引起注意
E	10%	及格——表现达到最低标准
FX		不及格——在获得学分前需要更多的努力
F		不及格——需要大量的努力

德国应用科学大学课程评定用“1、2、3、4、5”表示不同的等级（1最高，5最低），欧洲学分转换系统的评定用“A、B、C、D、E”表示不同的等级。考试成绩还可在以上分数基础上0.3左右细分，但不用0.7、4.3、4.7和5.3等分数，以免混淆。表9-3为德国评分标准与ECTS评分标准的转换与对应关系。如果一个课程模块只包含一门课程，则该门课程成绩就是模块成绩。另一种情况是模块成绩以模块中课程成绩的绩点按比例计算而得。这里只保留小数点后一位，相应的分数值是：1.0～1.5 = 优秀，1.6～2.5 = 良好，2.6～3.5 = 满意，3.6～4.0 = 及格，4.1～5.0 = 不及格。

① ECTS granding scale [EB/OL]. (2016-09-09). https://en.wikipedia.org/wiki/ECTS_grading_scale.

表 9-3　德国评分标准与 ECTS 评分标准的转换与对应关系

ECTS 等级	德国评分标准	获得该等级的学生比例/%	ECTS 定义	德国定义
A	1.0	10	优异	优秀
B	1.7	25	优秀	良好（+）
C	2.3	30	良好	良好（-）
D	3.3	25	满意	满意
E	3.7	10	及格	足够
FX/F	>4	没有通过	不及格	不及格

以代根多夫应用科学大学机械工程专业 ECTS 学分管理为例，ECTS 按照学生的课业负荷量给每门课程分配学时，并将课程学时与该课程学分相匹配。授课、学习和评价的方法对学生课业负荷量都有影响。学习的课程由专业相关的课程模块组成。每个模块包括一门或几门课程，一个模块一般 2～10 ECTS，一个 ECTS 分配一定的学习时间，根据学生学习的课业负荷量来定。1 ECTS 一般对应 30 个学时，每学期的学分应达到 30 ECTS。如果两个学期后尚未达到 30 ECTS 学分，则学生需要寻求学业辅导。进行实习学期前，至少要达到 90 ECTS。机械工程专业学士毕业总学分为 210 ECTS，完成 180 ECTS 可以毕业，若没有修够 180 ECTS，则需要延迟毕业，可以继续学习，直到修完学分要求为止。这种学分管理制度可以真正使学生学到相应的专业知识。

第二节　学　　位

德国应用科学大学充分利用博洛尼亚进程这次机会，引入了学士和硕士二级学制和学位体系，设计并提供了大量新的“学士/硕士”学位课程。德国大学校长联席会议（HRK）的官方统计数据显示，到 2015 年，德国应用科学大学为社会提供了 5413 个学位课程，而全德提供的学士、硕士课程分别为 7817 和 8833 个，占全德高校课程总数（17731）的 94%。[①]

一、学士学位的授予

德国应用科学大学建立的“学士/硕士”学位是一个连续的、开放式的二级学位体系。学士和硕士学位都是独立的、具有从业资格的高等教育学位。新的“学士/硕士”体系与原有的学位制体系有一定的对应关系：学士学位（Bachelor）相当于原来的应用科学大学硕士（Diplom FH）学位，硕士学位（Master）相当

① Hochschulrektorenkonferenz: Higher Education Institutions in Figures，2015[EB/OL]. http://www.hochschulrektorenkonferenz.de/.

于综合性大学的硕士学位（Diplom）。也就是说，德国应用科学大学在启动新学位体系后，拥有了与综合性大学相同并且等值的学位体系。

按照德国高校校长联席会议（HRK）、德国各州文教部长联席会议（KMK）和各专业全国委员会的规范，应用科学大学的本科教育（学士）阶段，主要学习专业基础知识、学科的学习方法和工作方法，为学生进入工作岗位打好基础。

以德国巴登符腾堡双元制应用科学大学（Duale Hochschule Baden-Wuerttemberg，Stuttgart，DHBW）的学位授予为例，巴登符腾堡双元制应用科学大学（DHBW）负责颁发毕业证书、学位证书、成绩证明与学位补充。毕业证书与学位证书上标注对应学生所学专业及研究方向，在成绩证明与传统学位证明中会对上述两点进行更加深入的描述。毕业证书需所在校区校长签名，学位证书需学院院长与专业负责人共同签名。两份证书均加盖巴登符腾堡双元制应用科学大学公章。学位证书中包含每个已修模块的名称及模块分数与绩点分数、学士论文题目、绩点总成绩及学分等级。在成绩证明中包含每个模块成绩及模块下的理论课程。学位补充证明中对获得学位的类型和等级，以及学习中的一些细节信息做出说明。

一般来说，应用科学大学的学生在完成 180 ECTS 之后即可获得学士学位证书。同时，学校要给学生提供能够具体说明有关学业证书的性质、水平、内容、学习成绩等相关情况的文凭补充文件（Diploma Supplement，DS）。

欧洲学分转换系统只有同文凭附件密切结合起来，才能更好地贯彻实施，促进学生的跨国流动。文凭补充文件包括八个部分的内容（表 9-4）：文凭持有者信息、文凭信息、文凭层次信息、内容和成绩信息、文凭功能信息、附加信息、文件证明信息、国家高等教育制度信息，以上八个部分的信息应该全部提供，不能提供的部分，要对原因做出解释和说明。补充文件要行文简洁，使用通用的术语，避免内容冗长和复杂。由于文凭补充文件是为了在国内和国际的认可及人员的流动而设计的，而目前欧盟成员国有一种官方语言，因此文凭补充文件在语言使用方面也有要求。如出于国内使用的目的，文凭补充文件可以用本国语言书写，同时，为了国际流动与交流的目的，还要有英文版的文凭补充文件，如有可能，应提倡使用更多的语言。在语言表达上，不能带有任何价值判断的成分，或进行内容等值的表述，以防止语言转换过程中的信息缺失和失实。

表 9-4 文凭补充文件的基本格式

1. 文凭持有者信息			
1.1 姓	1.2 名	1.3 出生日期（日/月/年）	1.4 学生证编号
2. 文凭信息			
2.1 文凭名称	2.2 主要学习领域	2.3 发证机构	2.4 教学/考试语言

续表

3. 文凭层次信息				
3.1 证书层次	3.2 学习期限	3.3 入学要求		
4. 内容和成绩信息				
4.1 学习方式	4.2 学习要求	4.3 课程科目、内容	4.4 所获学分、等级	4.5 总体等级
5. 文凭功能信息				
5.1 深造资格	5.2 职业资格			
6. 附加信息				
6.1 附加信息	6.2 进一步的信息来源			
7. 文件证明信息				
7.1 签发日期	7.2 签发人	7.3 职务	7.4 官方印鉴	
8. 国家高等教育制度信息				
8.1 国家高等教育体系概述	8.2 高等教育文凭结构			

文凭补充文件为欧洲高等教育的多样化提供了支持，促进了公民的流动，有利于简化文凭认可，使得文凭认证更加方便、快捷和高效。

巴登符腾堡双元制应用科学大学对于学位的授予和评定非常严格。如果参考人员在毕业证书授予后被发现考试成绩有欺诈行为，专业学院将根据《巴登符腾堡双元制大学工程领域考试条例》第 9 条第 3 款[企图通过欺骗作弊或利用禁止使用的辅助工具从而使考试成绩发生改变的，均被视为“不及格”（5.0）或“不通过”]修改相应的分数，并陈述考核不能被视为通过的理由，最后下达决策前给予相关涉及人员书面解释的机会。如果参考人员没有通过考试，则不能得到学位认定，并且没收所有相关结业证书。

二、硕士学位的授予

德国各州文教部长联席会议对“学士/硕士”学位的学习年限做出了框架性的规定。学生只有获得学士学位后才能攻读硕士学位。学士学位年限为六～八学期，硕士学位年限为二～四学期。并且规定，同一学校同一专业的学士加硕士学位的学习期限最长不得超过五年。应用科学大学所授予的学士和硕士学位原则上与综合性大学授予的学士和硕士学位没有质量等级差别，而是具有同等效用的。

在德国，无论是综合性大学还是应用科学大学，硕士学位在入学专业的要求上都很严格，选定的硕士（Master）学位课程必须与学士（Bachelor）专业相同或相关。关于读硕专业方向，德国高校的官网上都有具体介绍，指明哪些本科专业方向可以申请与之衔接的硕士课程。同时获得硕士学位也不是一件轻松的事情，不仅需要积累 60～120 个学分，还必须在 2～4 个学期内进行研究，并通过硕士论文（Masterarbeit）和笔试、口试等多种考核方式证明自己的确可以完全满足德国大学所要求的专业学术要求，才能成功拿到梦寐以求的硕士学位文凭。

应用科学大学提供学士学位或硕士学位作为最后的学位证明，同时，小规模授予 Diplom（FH）学位。基于国外高等教育机构的合作，一些应用科学大学还可颁发学位给合作高校的学生（双学位）。本科的学习课程奠定了学生的学术基础，传授了方法技能，还提供了专业领域学习证明和学士学位证明。学士学位通常与在应用科学大学获得的 Diplom 资格有同等的价值。

汉诺威应用科学大学（Hochschule Hannover）（图 9-1）位于下萨克森州，成立于 1971 年，拥有近万名在校生，是下萨克森州首府汉诺威市的第二大学。汉诺威应用科学大学设有电气与通信技术学院、机械制造与生物工程学院、传媒信息与设计学院、经济与信息学院和医疗与社会学院，部分专业从 2005/2006 年冬季学期起实行新的学位制度，即分为学士和硕士学位，现有 37 个学士学位课程和 17 个硕士学位课程。

图 9-1　汉诺威应用科学大学

汉诺威应用科学大学机械制造专业的新学位制课程在 2005 年通过了认证委员会的专业认证，学士学位课程设计的学习时间是七个学期，比原来应用科学大学的“硕士”学位课程少一个学期，硕士学位课程的学习时间为三个学期。也就是说，汉诺威应用科学大学机械制造专业的“学士+硕士”的学习时间共有十个学期，即五年。

汉诺威应用科学大学的硕士学位课程非常强调面向应用的研究和方法，前两个学期学生将有机会参与开发两个大型项目，在现实环境中利用理论知识实施项目。这些研究项目将为学生第三学期的硕士论文和随后的学术报告打下基础。

汉诺威应用科学大学没有博士授予权，但可以和综合性大学联合培养博士生。

三、博士学位的授予

在 2016 年之前，德国应用科学大学不能独立颁发博士学位，所以博士合作培养（Kooperative Promotion）成为越来越多应用科学大学硕士学位毕业生深造的途径，应用科学大学与综合性大学达成博士合作培养的意向，实施相关的联合培养项目，通常研究工作在应用科学大学完成，并由教授对其指导，而正式的辅导培养、考试、毕业论文和博士学位的颁授则由合作的综合性大学完成。例如，从 2010 年 4 月，汉诺威应用科学大学（Hochschule Hannover）与费希塔大学（Universität Vechta）就博士合作培养和青年发展形成了正式基础。2012 年 1 月起，该校又与汉诺威莱布尼茨大学（Leibniz Universität Hannover）在研究和人才培养上实现深度合作。此外，与国外的高等学校合作培养博士也在各校展开，其准入门槛各校均有不同规定。例如，汉诺威应用科学大学就基于合作协议的框架，与它在英国的伙伴高校共同培养博士。德国巴符州科教部长鲍尔（Theresia Bauer）于 2015 年 10 月 26 日在斯图加特宣布，该州科教部批准了 10 所综合性大学与应用科学大学（FH）合作培养博士的项目。

关于应用科学大学授予博士学位可能性的讨论已持续数年。在德国，一般以实践导向和理论导向作为区分应用科学大学和综合性大学的标准，但是应用科学大学认为，近年来科研已经作为其必修任务被写进法律，而且它们确实已经在科研方面取得了很多成果，因此应用科学大学要求获得博士学位授予权。在 2013 年，前石荷州科学部长瓦拉 • 文德（Wara Wende）就开始推动这一进程，但主要受到了综合性大学代表的抗议。黑森州大学校长联席会议（KHU）就于 2015 年底宣布，反对给予应用科学大学博士学位授予权。当时的马堡大学校长卡塔琳娜 • 克劳泽（Katharina Krause）说，这样下去高等教育体系的平均主义倾向就会朝着“千篇一律的高校”方向发展下去。黑森州大学校长联席会议主席、卡塞尔大学校长罗尔夫 • 迪特 • 珀斯特莱普（Rolf Dieter Postlep）说，应用科学大学的工作应更多以实践和应用为导向，而大学则应着重从事基础研究。“是否拥有博士学位授予权应与研究水准紧密相关，而这是定义在综合性大学的任务里的。”尽管争议存在已久，但在 2016 年 10 月，德国黑森州富尔达应用科学大学成为德国首个能够独立授予博士学位的应用科学大学。

第十章 投入与经费

高等教育系统的有效运作也需要充足的经费投入并进行有效分配。教育投入是指一个国家和社会每年投入整个教育领域的经费总额。它是衡量一个国家教育事业发展水平的一个基本参数，也是判断一个国家和社会赋予其教育事业重要性的一个重要指标。在过去，德国高校的经费主要来自政府的财政资助、州政府提供的日常性经费，来自企业和社会的捐赠比较少。20 世纪 80 年代以来，德国高校的收入方式由较为单一的政府拨款方式转型多元化的筹措方式，第三方经费来源增加。20 世纪 90 年代以来，德国实施了多项高等教育财政改革计划，包括实施卓越计划、绩效拨款。

第一节　高校的经费收入

进入 21 世纪以来，高等教育对于人才市场的重要性与日俱增。为社会培养合格的高学历人才，是高等教育的一个重要职能。而政府为高等教育提供资金无疑是对未来的投资。在德国，高等教育是一项准公益事业，以联邦与各州政府为核心的公共部门所提供的公共财政资金一直是高等教育事业赖以支撑和发展的基础。德国高等教育系统由 16 个州高等教育子系统构成。德国高校的经费收入主要由三大部分构成，分别为政府拨款、高教机构的创收、第三渠道经费。

一、政府拨款

德国是一个善于运用立法手段推进社会各项事业发展的国家，在高等教育的管理方面当然也不例外。德国高校实施年度财政预算制度。例如，高校用于教学与研究的固定资产由州财政承担。通常，高校每年向州文化教育部申报购置固定资产的项目及资金，该申报书交到相应的咨询机构审查并加以适当调整后，再交给相应委员会加以讨论，最后由州议会通过。而在培养费上，资金的划拨以在校大学生（标准学习年限内的大学生）人数为依据，毕业生的数量和质量则不在考虑之列。经费使用由州的财政监察审计机构——总会计署监督，但审计的内容主要是计算上和项目上的正确性，而不是其效益或效率。在资金的使用上，实行专款专用，不得挪用，并实行年终结算。这种没有成本核算的、分类管理的财政制度，极大地限制了高校的自主性。

为提高财政拨款的使用效率，德国联邦政府在拨款机制上进行了改革：①允许本年度的结余资金转到下一个年度使用；②赋予高校一定的经费自主权；③依据产出大小进行拨款；④参照多个参数进行公式拨款（依据固定公式，参考某些重要参数来决定拨款额度的方法）；⑤加强人才培养和科研工作的成本核算和绩效考核。这些改革措施的实施，大大增强了高校配置和使用经费的自主性和灵活性，使得经费分配和使用更适合高等教育事业发展的现实需要。[①]

德国的16个州对各自辖区内的高等教育事务均有管辖权，尽管各州大部分依据以上方式和改革方案进行资金分配，但同时也依据各自的政治及地方特色采用不同的拨款模式。以下萨克森州为例，2002 年制定的《下萨克森州高等教育法》提出了以下改革举措：未来时期大学和高等专业学院的拨款将依据关于发展和绩效的目标协议而定，这种方式的财政拨款将延续数年。具有决定意义的绩效拨款标准包括：在校大学生数和新课程的数量；学习期限的缩短和辍学人数的减少；初级学术人员的晋升比例；教学和科研的质量保障水平；科研中心的预先规划、国际化的进展、在提供女性机会均等方面的进展。

再如，巴登符腾堡州从 2002 年开始实行基于公式的资金分配方式，这一方式包括数量取向和激励取向两部分，两种取向的变化最大幅度不超过1%，即前后两个年度分配给一所大学的资金的变化不能超过 1%。到 2003 年，变化的最大幅度调整为 1.5%。州政府评估数量取向部分里的绩效拨款使用以下指标：①从大学入学第一年～第十年的学生数；②最后两年毕业生数的平均值；③与州政府分配的经费相关的第三渠道经费；④获得第三渠道经费总量；⑤最后两年的博士学位获得者。激励取向部分，单个大学绩效与拨款挂钩，所使用的指标包括：①毕业生数与第四学期和第五学期学生数两者之比的调高（这一指标评估学生的巩固率）；②长期待在学校里的学生数的减少；③外国留学生数的增加；④女毕业生数的增加；⑤获得博士学位和资格的人中女性所占比例的提高；⑥学术型教职工中女性所占比例的提高；⑦女教授人数增加的比例。在激励取向部分中，女性地位改进方面的权重加大。实践表明，传统大学失去了部分资源，而应用科学大学则因此得到更多资源，原因在于指标体系中第三方经费指标的权重较大，应用科学大学获得的第三方经费较多。

高校教学方面的经常性经费直接来自州政府。用于教职员工工资方面的经费是专项经费，不拨到高等教育机构，而由州政府直接支付，它占高等教育总经费的 70%～80%。在建造新建筑方面，以及超过 15 万欧元的投资、大型设备和计算机的投资方面，州政府和联邦政府按照各出一半的原则进行拨款。高等

---

① 赵凌．高等教育财政改革：德国的探索及其对我国的启示[J]．现代教育科学，2014，(01) 142-145.

教育机构向州政府提出申请，批准后高等学校将得到必要的经费资助。

二、第三渠道经费

高等学校得到的科研拨款依据高校的学术研究成就而定。基础研究方面的公共经费来自诸如德意志研究协会这样的中介机构。德意志研究协会由联邦政府和州政府按照60%∶40%的比例原则提供经费，再将科研经费分配给研究者个体和团队。经费资助不是依据提出申请资助的项目建议书的内容，而是依据申请者的实际素质和科研能力而定。

德国高校还可以通过承担联邦政府和州政府的科研项目以及经济界的科研任务获得经费，这种经费被称为第三渠道经费。为了统计的目的，科学委员会对第三渠道经费进行了分类：①促进科研的资金；②来自联邦政府的专项资助；③来自州政府的专项资助；④来自联邦政府和州政府的对初级科研人员的资助；⑤来自国际组织的资助；⑥来自慈善基金会的资助；⑦来自产业界和贸易协会的资助。

2005 年，德国高等教育经费投入为 244.968 亿欧元，占全国教育投入的17.3%。表 10-1 列出了 2006 年德国大学和应用科学大学的经费结构。[①]

表 10-1 2006 年德国大学和应用科学大学的经费结构

经费来源	州政府拨款	高教机构的创收	第三渠道经费
德国大学	76%	4%	20%
应用科学大学	91%	4%	5%

大学的创收主要来自医疗服务方面的收入。[②]需要指出的是，德国高校中医疗服务方面的收益不计入高等教育的基本经费收入中，但其支出对于多数高等教育的总体经费支出具有显著影响。[③]

大企业往往是第三渠道经费最大的埋单者，如德国大众基金会自 1961 年成立以来已经累计为 29000 个大大小小的科研项目资助了 35 亿欧元的资金（截至 2008 年）。目前对德国的大学而言，无论是综合性大学还是应用科学大学，获得“第三渠道经费”的多少已经成为衡量大学科研能力的一个重要标准，许多应用科学大学成立了专门的机构，以便管理好第三渠道经费的资金，同时协调企业、大学和科研者之间的关系，更好地为资金提供者服务。另外，多数应用科学大学设有科技转化中心，它们由政府投资建造，学校教授和大学毕业生有创业项目时可以用十分优惠的租金获得办公和生产场地，企业盈利后必须离开孵化基

① 杨明，赵凌．德国教育战略研究[M]．杭州：浙江教育出版社，2014：192．

② 杨明，赵凌．德国教育战略研究[M]．杭州：浙江教育出版社，2014：177．

③ 徐昭恒，王琪．走进世界名校：德国[M]．上海：上海交通大学出版社，2014：109．

地，也可以将科研成果在知识产权市场拍卖变现。

第三渠道经费的获得具有竞争性，需要提出申请并得到同行严格标准的审核才能获得，从科研人员或教授个人年度科研经费中第三渠道经费比例看，各州差别较大（表 10-2）。[①]但第三渠道经费使用非常灵活自主，可用于聘用临时专业研究人员、资助年轻科研人员，甚至可用做大学发展资金，如亚琛科学大学用第三渠道经费聘用的具有一线实践经验的研究人员达半数以上。

表 10-2　德国 2013～2014 年科研人员和教授科研经费结构表　（单位：欧元）

州名	年份	科研人员年均科研经费收入			教授年均科研经费收入		
		总额	第三渠道经费	第三渠道经费比例/%	总额	第三渠道经费	第三渠道经费比例/%
巴登符腾堡	2013	10 179	4 669	45.9	40 100	18 395	45.9
	2014	10 218	4 332	42.4	42 233	17 906	42.4
巴伐利亚	2013	11 032	4 230	38.3	44 891	17 214	38.3
	2014	11 842	4 154	35.1	48 062	16 860	35.1
柏林	2013	9 617	5 611	58.3	34 520	20 140	58.3
	2014	11 762	6 296	53.5	41 225	22 067	53.5
勃兰登堡	2013	12 203	4 595	37.7	37 572	14 147	37.7
	2014	12 560	4 464	35.5	39 363	13 991	35.5
不莱梅	2013	11 394	7 497	65.8	30 601	20 136	65.8
	2014	11 303	7 429	65.7	30 131	19 804	65.7
汉堡	2013	11 723	4 363	37.2	45 225	16 831	37.2
	2014	11 779	4 137	35.1	45 180	15 869	35.1
黑森	2013	12 744	3 905	30.6	47 019	14 406	30.6
	2014	13 514	4 270	31.6	46 521	14 697	31.6
梅克伦堡-前波莫瑞	2013	9 702	3 297	34.0	41 089	13 964	34.0
	2014	9 927	3 791	38.2	42 537	16 244	38.2
下萨克森	2013	14 279	5 182	36.3	50 835	18 447	36.3
	2014	14 360	5 001	34.8	52 521	18 291	34.8
北莱茵-威斯特法伦	2013	11 329	4 186	36.9	45 777	16 914	36.9
	2014	12 103	4 606	38.1	48 106	18 307	38.1
莱茵兰-普法尔茨	2013	11 309	3 377	29.9	38 084	11 372	30.0
	2014	11 161	3 386	30.3	37 558	11 394	30.3

① Expenditure on education and culture[EB/OL].[2016-12-17].https://www.destatis.de/EN/FactsFigures/SocietyState/EducationResearchCulture/EducationalCulturalFinance/Tables/PprofessorLaender.html.

续表

州名	年份	科研人员年均科研经费收入			教授年均科研经费收入		
		总额	第三渠道经费	第三渠道经费比例/%	总额	第三渠道经费	第三渠道经费比例/%
萨尔	2013	9 354	3 308	35.3	45 534	16 101	35.4
	2014	7 414	2 282	30.8	43 023	13 241	30.8
萨克森	2013	9 798	7 048	71.9	35 725	25 696	71.9
	2014	10 349	6 794	65.6	38 094	25 009	65.7
萨克森-安哈尔特	2013	11 538	3 259	28.2	43 577	12 818	29.4
	2014	11 071	3 177	28.7	43 806	12 572	28.7
石勒苏益格-荷尔斯泰因	2013	11 085	3 859	34.8	46 234	16 097	34.8
	2014	11 741	3 837	32.7	48 595	15 881	32.7
图林根	2013	10 978	4 001	36.4	42 271	15 414	36.5
	2014	11 087	4 103	37.1	41 700	15 433	37.0
总计	2013	178 264	72 387	40.6	669 054	268 092	40.1

德国现有 227 所应用科学大学，占德国高校总数的 58%，在诸多研发领域是缺乏自身研发体系的德国中、小企业重要的合作伙伴。20 世纪 90 年代以来，继应用型人才培养之后，应用型科研为德国应用科学大学增添了又一重要特色。2004～2006 年，为鼓励双方合作，同时也服务于保持和提高德国科技竞争力的核心目标，联邦教研部推出并实施了“应用科学大学联合经济界科研计划”，3 年共出资 5300 万欧元。在此基础上，联邦教研部加大投入力度，于 2007 年启动“应用科学大学联合企业界科研计划”，重点资助信息、通信、电子、材料、自动化、建筑工程、机械制造和企业管理等方向的科研与开发，以改善、加强和加快应用科学大学与企业之间的应用型科技成果转化。该计划明确要求与应用科学大学的人才培养相结合，以提高学生的科研能力，并为优秀硕士毕业生创造攻读博士学位的机会。“应用科学大学联合企业界科研计划”为期 4 年，至 2010 年，总投入 1 亿欧元。2007 年的总预算为 2320 万欧元，资助了 60 所应用科学大学的 106 个项目，其中，工程、自然科学和经济学领域的项目分别占 74.8%、17.2%和 8.0%。每个项目获得最长 3 年、最高 26 万欧元的资助。

德国下萨克森州加大对该州应用科学大学的资助力度

为保证在高等教育扩招的同时教学质量不下滑，联邦和各州政府于 2010 年 6 月 10 日在《高等教育协定 2020》的框架下通过了专门项目——《为了更好的学习条件和更高的教学质量的项目》，计划 2020 年前投入 20 亿欧元用于改善德国高校的学习条件和教学质量。

德国下萨克森州计划加大对该州应用科学大学的资助力度。按照该州计划，2014～2020 年，州政府将为该州 6 所应用科学大学提供约 4.8 亿欧元的经费资助。德国科学和文化部部长海伦·科娅吉珂表示，此举将扭转大学生流失的趋势，有助于保证应用科学大学规划的长期性，提升学校创新能力，吸引更多的大学生到该州就学，为推动地区经济发展创造原动力。此外，为提升应用科学大学的教学水平，推动其创新科研项目的实施，各校还将获得约 1 亿欧元的第三方经费资助。经费一部分来自汽车巨头——大众汽车集团的利润分红（下萨克森州政府为大众汽车集团的第二大股东），另一部分则来自欧盟经费。

目前，全德 9.9%的大学生来自下萨克森州，但该州的大学生数量仅占全德大学生总数的 6.8%。

第二节　高校的经费支出

高等教育经费是衡量一个国家保持并发展其创新能力的重要指标。该指标既反映了高校教学经费的投入，也反映了高校（综合性大学和应用科学大学）科研经费的投入。在德国，高校在财政上严重依赖政府投入。但在教学和科研方面，高校是自主管理的主体，它们有权自我管理、实现自治。

一、高校的支出情况

2014 年，德国各类高等教育机构的经费支出总额约为 482.1 亿欧元，比上一年增加了 4.1%。该支出包括常规性固定支出（Laufende Ausgaben）以及投资性支出（Investionsausgaben）两大部分。2011～2014 年德国各类高等教育机构经费总支出变化情况见表 10-3①。

表 10-3　2011～2014 年德国高等教育机构经费总支出情况　（单位：百万欧元）

时间	常规性支出	投资性支出	总额
2011 年	38 697	4 968	43 665
2012 年	40 370	4 642	45 012
2013 年	42 340	3 974	46 314
2014 年	44 216	3 994	48 210

① Statistisches Bundesamt.Bildung und KulturFinanzen der Hochschulen 2014 [R]. Wiesbaden: Statistisches Bundesamt, 2016:12.

从德国高等教育机构经费总支出的情况来看，用于常规性支出的经费占绝大比例，且经费总支出在逐年提高（表 10-4）。[①]

表 10-4　2014 年德国高校的经费支出情况（按学校类型）　（单位：千欧元）

学校	常规性支出	投资性支出	总支出	占高校总支出的比例/%
综合大学	38 105 103	3 339 258	41 444 361	85.9
应用科学大学	5 014 724	609 033	5 623 757	11.7
教育学院	132 073	7 923	139 996	0.3
神学院	41 224	1 095	42 319	0.1
艺术学院	583 008	21 950	604 958	1.3
行政管理专科学院	340 068	14 596	354 664	0.7
高校总和	44 216 200	3 993 855	48 210 055	100

从学校类型来看，德国高校中综合大学的支出最多，占高校年总支出的 85.9%；其次是应用科学大学，占高校年总支出的 11.7%。包括教育学院、神学院、艺术学院和行政管理专科学院在内的其他高等教育机构支出总和占当年高校总支出的 2.4%。可见在德国高校支出结构中，综合大学的经费支出占绝大比例。

二、高校的支出分配

德国大学主管财务的校务长是学校的领导成员之一，在很多州其职务是终身的，而其他校领导都是任期制的，一般 4～8 年，校务长是受州政府委托的校内财务专管人，在财务方面基本上是校务长一票否决制，而在学校其他学术事务方面则是由学校和各系所代表的评议会讨论决定。

以巴登符腾堡州的曼海姆大学（Mannheim）为例。当政府一次性下拨的财政经费进到大学账户上以后，在学校内部又被分成了三大部分：第一部分为基础财政。基础财政包括人员工资以及基础设施建设所需资金，是根据岗位职责及其运转成本而发放到各教授（研究所及其他基本单位）手中，并由他们支配的。第二部分为专项财政。专项财政主要根据各学院争取第三渠道资金的数量、在标准修业年限内的大学生人数，以及毕业生人数等，将资金分配到各学院。当学校将该项资金划拨到学院账户后，学院可以自主支配这笔资金。不过，由于对教学研究效绩难以数量化，专项财政实际上是一种基于目标协议上的发展基金，即各学院提出一个学院发展目标，学校认可后，给予配套的财政支持。

① Statistisches Bundesamt.Bildung und KulturFinanzen der Hochschulen 2014 [R]. Wiesbaden: Statistisches Bundesamt, 2016:19.

以学校与企业经济学院签订的目标协议为例，企业经济学是曼海姆大学的优势学科，为此，曼海姆大学与企业经济学院签订了一个使该学院向国际一流水平迈进的目标协议。2001 年校长委员会与企业经济学院的目标协议书内容包括：①建设一个国际化的企业经济管理硕士学位点（MBA）；②与国民经济学院、法学院合作，建设一个国际化的经济学研究生院；③通过调整或增加专业培养计划，扩大学生选择专业及课程的可能性，并对此开展连续性的评估工作；④在基础学习阶段（Grundstudi-um）开展一个新教学计划试验。第三部分为学校储备金，由校长委员会掌握，用于学校战略性的发展。

第三节　学费和资助

自 20 世纪 60 年代以来，德国实行免费的高等教育，这也是被德国社会广为认同的教育公平原则的标志。但在世纪之交，高校规模不断扩张，联邦和各州政府对高校投入不足，以及“免费午餐”效应导致学生学习主动性下降，严重影响了德国高校的办学效益，征收学费成为德国高校筹集资金的必要手段之一。

一、高校学费制度的演变

20 世纪 80 年代以来，德国高等教育学费制度改革问题一直是社会关注的热点，直到 90 年代，德国面临公共财政危机，德国财政部也开始关注高等教育学费制度改革的讨论，在讨论中，财政部为了平衡目的设计学费方案，而不是为了教育目的设计方案。总体来说，高等教育收费制度改革中既有机会又有风险，机会在于收费后，政府将有更多的经费投入高等教育部门，高校也可以拥有更多的经费投入教学及科研中，可以招收更多的大学生，特别是贫困家庭的大学生，还有助于改变高校的办学模式，实施收费制度后，高校会将学生视为顾客，更充分地考虑学生的需要，提供更好的服务。但也伴随着风险，如收费后，会导致弱势群体遭遇入学机会不平等的现象，可能还会导致管理方面的低效率，如果收取学费的成本很高，而且相当一部分学费用于管理费用的支付，则收取学费反而无功有过。当时还有一则关于收取学费的民意调查，表 10-5 反映的是民意调查的结果。①

① 杨明，赵凌．德国教育战略研究[M]．杭州：浙江教育出版社，2014：208．

表 10-5 关于收取学费的民意调查结果

民众意见	公众的赞同率/%	学生的赞同率/%
学费为 500 欧元，且纳入州预算	21	6
学费为 500 欧元，且用于改善学习条件	57	32
学费为 500 欧元，且用于改善学习条件，实施贷款，并在低于一定收入的条件下免于还款	62	47

2005 年 1 月，最高法院公布其裁决：《高等教育法案》规定禁收学费是违背宪法的，因此，准许各州开始收取学费。最高法院的裁决公布后不久，德国第一批州宣布他们实行收取学费，其基本想法是所有专业每学期收 500 欧元。但是德国 16 个州的政策之间存在相当差异。德国所有东部的州，还有柏林，都不计划实施收取学费政策。剩下的 9 个州计划自 2006～2007 学年的冬季学期或 2007 年的夏季学期引进学费政策，每学期收 500 欧元。然而，不同州的学费标准和相关规定各不相同，[①]且均表示所收取的学费只能用于学校的教学，不得挪作他用。但收费制度仍然受到教师和学生的质疑，抗议活动不断。德国曾实施过的高校收取学费的模式见表 10-6。[②]

表 10-6 德国曾实施过的高校收取学费的模式

模式	学费额度（每学期/欧元）	含义	实施地区
使用者付费	50	支付管理成本	巴登符腾堡、柏林和勃兰登堡
对超长滞留学生收取学费	500～650	对学生的学习产生激励作用，惩罚学习时间过长的学生，学费归高等教育机构所有，有时采取教育券模式	巴登符腾堡、下萨克森、北莱茵-威斯特法伦、汉堡、萨尔
对修习第二学位的学生收取学费	约 500	对修习第一学位的学生免费	巴伐利亚、萨克森、北莱茵-威斯特法伦
向非本州居民的大学生收取学费，向本州大学生提供教育券	500	对输入大学生的州而言，这是一种策略，鼓励大学生就读本州的高校	汉堡

慕尼黑技术大学实行另一种稳健的收费模式。这一模式注重质量目标的达成，基本做法分三步：①决定用钱干什么；②制订一个计划，以决定怎样使用这笔钱；③考察使用现有的高等教育公共经费能否完成这一计划，如果经费不足，再设法收取学费。慕尼黑技术大学的收费模式是一种个性化的收费模式，

① Barbara M. Kehm. 德国的学费改革[J]. 教育发展研究，2007，(01)：86.

② 杨明，赵凌. 德国教育战略研究[M]. 杭州：浙江教育出版社，2014：208.

学费被视为实现高等教育机构愿景的手段，每个高等教育机构需要确定收费标准，制定独特的收费政策。这种模式有别于传统的模式，传统的模式是先收取500欧元的学费，然后决定怎样使用这笔钱。

德国的教育事务属州政府管辖。经过几年的收费政策的实施，民众的不满情绪越发激烈。2008年6月，黑森州的州议会通过了自2008～2009学年冬季学期起，取消普通大学学费和超长滞留学生学费。这样，黑森州就成为第一个取消大学学费的联邦州，其收费政策仅实行了一年。这如同多米诺骨牌效应一样，收费制度很快土崩瓦解。随着下萨克森州自2014～2015学年冬季学期（2014年10月开学）起停止收取大学学费，德国大学收费的大幕也随之落下，重返免费时代。

德国的经济情况和教育投入有着非常重要的关系。根据德国联邦统计局统计，德国的经济在2003年陷入一个非常低迷的时期，从2006年开始，德国的经济开始复苏，由于2008年国际金融危机的影响，当年的经济增长为负值。①但随着2008年德国的经济刺激方案的出台，经济又开始好转。经济情况持续的改善使得联邦和州政府手中能够支配的资金变多了，财政不再那么捉襟见肘。改善的经济情况使得联邦财政和州财政有充足的资金投入教育领域中，这是取消学费的主要原因。

二、大学资助政策

目前，学生进入大学无需再缴纳学费。但是一些高校仍向学生收取杂费，如下萨克森州州政府于2014年取消统一学费，但保留超长滞留学生学费，不过将其额度从原来的600～800 欧元降至500欧元，且超过规定学期6个学期以上才收取，比之前延长了2个学期。

德国高校学生获取经济资助的方式通常有以下四种：一是申请国家助学金；二是申请由私人或者公共基金提供的奖学金；三是由父母资助；四是通过正式工作或者兼职工作获得资金。其中，国家助学金制度在为低收入家庭的学生提供经济保障，促进德国教育机会均等方面发挥了重要作用。②

国家助学金在建立之初，旨在为有需要的贫困学生提供无偿的国家补助，补助的比例根据学生个体以及父母的实际收入决定。该助学金由国家津贴（50%）和无息贷款（50%）两部分构成。若大学生申请到国家助学金，可免费获得国家津贴。国家助学金的资金来源于德国联邦政府和州政府，联邦政府承担其中的65%，州政府承担其余的35%，国家助学金由大学生服务中心管理和拨款。教育

① 韩丁．2006～2014年德国大学学费改革（下）[J]．世界教育信息，2015，(19)：32-38．

② 徐昭恒，王琪．走进世界名校：德国[M]．上海：上海交通大学出版社．2014：121．

研究数据中心统计，2008年德国大学生199.6万人，其中约51万名获得国家助学金，人均398欧元/月；2009年约57万名德国大学生受到该项资助，人均413欧元/月。据此可估算出，生均资助额约为100欧元/月，是生均学费的2倍左右。

从1971年成立以来，德国国家助学金制度经历了多次变革。2010年10月1日开始生效的助学金制度主要进行了以下方面的调整：

1）助学金金额提高了2%，每月最高额度从原来的648欧元提高到670欧元；对最低家庭月收入的限制由原来的1555欧元放宽到1605欧元；对单亲家庭的收入限制从原来的1040欧元提高到1070欧元。

2）硕士申请人的年龄限制放宽到35周岁。

3）放宽对学生转专业的要求和限制。根据新的规定，第一次转换专业的学生（不限学期）仍可继续获得助学金，且不再扣除已获得资助月份的钱。

4）从2012年12月31日起废除对成绩优秀，以及提前毕业学生减免部分无息贷款的规定。

州政府通过实施资助计划对研究生进行资助，联邦政府给予的学生资助还包括对超常儿童的资助和对学生与学者国际交流项目的资助。2011年得到资助的学生的比例比上一年增加了2%。在新的时代背景下，德国国家助学金政策更多地考虑了学生群体发展的实际状况和困难，其资助的金额进一步提高，涉及的学生群体也在不断地扩大。

联邦政府和州政府除了直接对学生进行资助外，在2011年设立了三个重要的资助项目：①联邦政府为教学质量提升项目提供1.4亿欧元资助；②联邦政府为卓越计划的实施提供3.2亿欧元的资助；③联邦政府设立“通过教育实现进步的开放大学发展”竞争计划，以便加强继续教育。联邦政府设立了一个全国奖学金计划，以便帮助来自学业基础不佳家庭的子女进入大学学习。

联邦政府增加了对大型科研组织的资助，还继续对科研和创新计划予以资助，该计划确保德国科研组织的经费年度增长率不低于5%。2011年，联邦政府对大量科研项目的基本资助的数额达到2.28亿欧元。德国卫生研究中心的建设是这一研究政策议题中的重要项目。对新技术项目资助的力度也很大，将达到7.09亿欧元，联邦政府将重点投资超导研究及气候、能源和环境研究，经费达到3.68亿欧元。

第十一章

质量与评价

长期以来，德国实施高等教育质量均衡化战略，即着力保证同一类别的高校大体达到相同的质量水准，政府不鼓励各个高校在质量方面产生大的差异。这种战略的优点是保证高校基本的办学水平和质量，但同时对一流大学的形成和优势学科专业发展及高校特色的形成带来了一些不利的影响。20世纪60年代，德国应用科学大学这一新的高校类型异军突起，并且成为培养工程师和技术员的摇篮，联邦政府，尤其是各州政府及各种协调机构在保障其质量，确定其质量衡量标准方面进行了许多有益的探索，对原有的高等教育质量保证机制进行了调整，一种以认证机制为核心的新的高等教育质量保障机制正在形成。

第一节　质量保障

德国莱茵兰法尔茨州国家教师进修与教学心理咨询研究院院长普里贝在《质量体系及其对学校的重要性》前言中指出："质量保障、质量提高、质量系统和质量管理是包括教育系统在内的所有重要领域。"

一、法律保障

20世纪90年代，新的《联邦德国基本法》规定："联邦政府和州政府可以依据协议，通过国际比较，共同确定教育事业发展目标，并制定相关报告和建议。"

1994年，欧盟实施"高等教育领域质量评价"项目，德国首次将实施这一项目作为促进高等教育质量提升的有效工具。教学质量评价分两个阶段，它包括内部自我评价和外部评价，以检测教师的教和学生的学的质量。在初步实践的基础上，德国大学校长联席会议通过了实施"特别关注教学评价的德国高等教育机构评价计划"（Zur Evaluation in Hochschubereich unter besonderer Beruecksichtigung der Lehre）的决议。这一计划确定了迄今为止仍然有效的适合于高等教育领域的质量评价程序方面的基本原则。

1995年，德国科学委员会发表了"高等教育政策十点建议"（The theses on Higher Education Policy）。"高等教育政策十点建议"强调了开展内部和外部评价的必要性，它提出在工商行政管理和物理学这个学科，率先进行评价试点工作。

1998～2000 年年末，德国大学校长联席会议实施了一项全国的“质量保障工程”，旨在加强各州高等教育质量保障的信息和经验交流，以便编制全国统一的评估标准，并且在专家、相关人士、地区性评估机构和其他相关机构之间建立一个全国性网络。

21 世纪初，联邦政府对高等教育进行重点投资，以使德国高校更加现代化，更加适应社会对大学生培养、对科研、对提供服务的要求，在国家竞争中更具有优势。2000 年，德国大学校长联席会议批准了“实施教学评价”（Handreichungen zur Evaluation der Lehr）的报告，它成为总结以往经验和将 1995 年科学委员会提出的建议进一步具体化的新起点。

2001 年，德国大学校长联席会议和德国各州文教部长联席会议批准了“区分学士学位和硕士学位的参考性框架”（Reference Framwork for the distinguishing between Bachelor' and Masher's Programmes）。认证委员会规定操作程序，制定正式标准，确定设立新认证机构的标准。

2002 年，德国各州文教部长联席会议决定，认证具有永久的法律地位，适用于所有州和所有高等教育机构，这意味着高等教育机构管理范式的转换。同年，德国各州文教部长联席会议通过《州与州之间和高等教育机构之间认证法》，它将认证扩展到所有不受州政府控制的学位计划，这些学位计划包括不受考试规定制约的学位计划和针对目前的考试规定已经失效的学位计划。从长期发展的角度看，以往框架性规程将被新的认证体系所取代。

一直以来，德国应用科学大学对教育教学质量监督与评估工作都十分重视。按照各州《大学法》的具体规定，应用科学大学负责教学的副校长全面负责学校内部教学质量监督与评估工作。各系主任负责各自系内的教学监督、评估及评估后的改进工作。学校内部所有与大学有关的人员，包括学生、教授、学术工作人员、行政管理人员等都是内部监督的参与者，以确保高质量的学校管理和教育教学目标的实现。

二、监督体系

1. 质量保障的组织形式

德国在政府组织下设立常设机构——教育质量考评委员会，由质量管理专门培训的教育专家、教育行政人员、企业人员组成，负责制定教育教学质量评估体系，并定期进行教育质量评估。一般每年各校要进行自评，每五年接受州组织的教育质量考核。委员会深入学校与企业，以合作的方式重点开展教育教学研究、学校质量体系建设的咨询与评估，有力地保证了教育教学质量。

2. 行业协会的监督

在德国高职教育质量保障体系中，行业协会发挥了重要作用。行业协会是双元制职业教育运作机制中的关键环节，其主要任务是保持和维护工商界信誉。按照德国《职业教育法》规定，每个行业协会都有一个职业教育委员会，其职责包括：认定企业培训资格，包括企业必须具备一定规格的培训场所与设备、企业主需具备同培训职业相关专业的文凭及职业教育与劳动学知识；监督、咨询，即协会通过培训顾问对培训人员与培训场所进行监督，对资格条件变化的企业采取相应处理，同时还接受企业和学徒就培训提出的咨询，并对职业教学中出现的问题及时向政府教育部门反映等；此外，行业协会还具有审查培训合同、组织技能考试等职责。

3. “宽进严出”的教学过程

德国高等职业院校入学资格相对宽松，但教学过程很严格。《职业教育法》规定学生要顺利毕业，必须通过中间考试、毕业考试、师傅考试和进修考试，学生很少按期毕业，淘汰率在30%左右，应用科学大学的正规学习时间是8个学期，但实际上学生需要10个学期甚至更长时间才能拿到毕业文凭。“宽进严出”有效地保证了德国高职教育的质量。

4. 有效的国家干预

为了保证职业教育的较高水平，联邦政府对职业教育的各个环节（包括职业学校、企业及学生各自的责任及他们之间的关系）都规定了明确和统一的标准。学生完成职业教育后，要接受全国统一的结业考试。一般来说，实践技能考试为14小时，专业知识考试为5～6小时。国家《职业培训条例》规定了职业考试的最低标准，通过考试者由工商联合会统一发给合格证书，考试的组织实施由行业协会承担，保证了考试的客观性和严格性。

三、核心举措

1. “知识创造市场”行动

21世纪，知识成为最重要的原料。2001年3月，德国联邦政府提出“知识创造市场”的行动纲要（以下简称纲要），该纲要由教育科研部和经济技术部联合制定。[①]纲要共分为四个部分：第一部分，加强对科研成果的评估工作；第二部分，建立新企业，增加就业岗位；第三部分，科研是知识向经济转化的伙伴；

① 彭正梅．德国高等教育的改革动向[J]．全球教育展望，2002，(09)：66-71．

第四部分，创新能力是知识向经济转化的前提。

德国教育部提出，今后德国的科研经费将优先资助对人的研究和对创立新工作岗位的研究。所有的 IT 领域和生命科学是未来的关键技术，仍是资助的重中之重。开发有利于生态、环保的新产品也是资助的重点。大幅度提高高等专科学校的资助，以促进高等专科学校进一步发展和应用研究。布尔曼部长认为，“高等专科学校在教学、科研和企业合作中起着特别重要的作用。应用研究和实践研究是高专的重要特点。它使得新产品和新工艺的革新得以实际落实，也有利于增加工作岗位，对此我们应该加大资助力度。”

2. 教学评价行动计划

依据德国大学校长联席会议和科学委员会的建议，自 1995 年开始，德国高等教育机构引入教学评价程序，以便增加评价的透明度，促进高等教育机构责任制的落实，支持高等教育机构引入系统的质量改进措施，促进高等教育机构的意愿设计和竞争力提升工作。这些评价程序旨在明确被评价机构的优势和劣势，并引导高等教育机构采取更为系统的质量保障和质量改进战略。德国所有州的《高等教育法》都提出引入高等教育机构教学评价机制，将其作为高等教育机构的一项基本任务。

教学评价形式包括内部的自我评价、外部同行评价和跟踪评价。自我评价主要关注以下八个方面的内容：①相应学系的结构和组织；②教和学的目标；③学习计划；④学术人员和其他资源；⑤学生和所修习的课程；⑥教和学的过程；⑦教师和学生对教和学的看法；⑧工作市场和毕业生的就业情况。目前不存在全国性的协调教学评价活动的机构，但是存在一些跨州、跨地区、跨高校的创新行动计划。

州层面的高等学校教学评价机构包括下萨克森州的中部评价和认证机构、北莱茵-威斯特法伦州的大学评价机构和应用科学大学评价机构。

各地区的评价和认证机构负责整体评价程序的准备和实施，包括确定时间、检查学系所提供的资料的完整性、组织现场视察、发表最终报告。

第二节　评价方式

在德国，人们对评估形式和过程有不同的种类划分方法。但最重要、也最为人们接受的划分有两种：外部评价（或不自主评估）和内部评价（或自我评估）。

一、外部评价

在德国，应用科学大学外部质量保障主要采取以下三种形式：巴登符腾堡评价机构（Evalagagency）推动的高校教研常规评估、德国认证委员会开展的认证评估、德国高等教育发展中心（Centrum für Hochsclhulentwicklung，简称 CHE）与媒体联合发布的大学排名。

1. 巴登符腾堡评估

巴登符腾堡评价机构是德国的一所公立评估机构，其名称来自德语中“评估机构”（Evaluationsagentur）一词的缩写。该机构评估的对象主要是大学、技术学院和师范学院，机构拥有一个由 11 名成员组成的固定的理事会，该理事会负责任命评估专家组成员，并决定评估采用的时间和形式。

巴登符腾堡评价机构成立之初的目标是负责对联邦高等教育体系教学和科研的定期评估。此后，它将自身的使命进一步明确为以下五个方面：①确保公共教育资金能够培养出高质量的学生；②促使高校完善机构设置，增强师资力量，提高专业层次，改进绩效标准；③形成评估报告并向学生和公众公布；④通过标准化的评价使高等教育更加透明和公开；⑤向高等教育机构和政府提供信息和决策参考。

巴登符腾堡评价机构对高等教育的评估坚持以下四项准则：①定期进行评估；②内部评估和外部评估相结合；③学生参与到评估的过程；④评估结果对外公开。高校依据巴登符腾堡评价机构编制的自我评估标准开展内部评估，在评估完成后将评估结果发布在同行审阅的刊物上，其中评估的标准可以根据评估的具体情况适当更改。外部评估则是由巴登符腾堡评价机构派出的评审专家到各高校进行考察，这些评审专家会花相当长的时间同学生以及教职工人员进行深入交谈，了解他们对于自己所在院校的看法以及满意程度。

2. 认证评估

德国认证系统由德国认证委员会及其指导下的实际认证机构两个层次组成，共 18 个会员，包括 4 位州立大学代表、4 位各州政府代表、5 位学界专家、2 位学生代表、2 位国际专家和 1 位认证机构的代表。认证委员会负责以下三方面工作：①对认证机构的认证；②对认证机构的工作和再认证的事项进行监控；③对认证规则中的标准、程序和指标进行规范。认证委员会成立之初主要负责对学士、硕士学位课程进行认证，但从 2003 年开始不再履行该项职能。作为国际质量保障网络体系的一个组成部分，特别是国际高等教育质量保证网络和欧洲高等教育质量保证网络的一部分，认证委员会还担负着与国外的认证机构进行认证决定和学位相互认证的重任。

德国认证委员批准的认证机构一般采取两种不交叉的学科认证方式，一种是对地区内所有专业进行认证的通用认证；另一种则是对全国或国际范围内的特定学科专业进行认证的学科认证。目前经德国认证委员会批准的六个认证机构中，有三个是通用认证机构，另外三个是学科认证机构。它们各自的名称及认证范围见表 11-1。

表 11-1 德国认证机构及其认证范围

认证机构类别	认证机构名称	认证范围
通用认证机构	质量保障认证机构（AQAS）	对北莱茵-威斯特法利亚、莱茵兰-普法尔茨州的所有科目进行认证
	鉴定、认可和质量保证研究所（ACQUIN）	巴伐利亚州、图林根州、萨克森州的通用认证
	汉若威中央评估和认证机构（ZEvA）	地区性认证机构，负责萨克森、黑森州的所有专业的认证
学科认证机构	计算机科学、自然科学、数学课程认证机构（ASSIN）	对全国范围内的计算机科学、自然科学、数学的专业课程进行认证
	护理和社会工作课程认证机构（AHPGS）	对全国范围内的护理、社工领域内的课程进行认证
	国际行业商业管理认可基金会(FIBAA)	德国、奥地利、瑞士、荷兰、瑞典的行业管理类别的学士和硕士学位课程的认证

以鉴定、认可和质量保证研究所（Accreditation Certification and Quality Assurance Institute，ACQUIN）为例来介绍学科认证的一般程序。ACQUIN 是国际高等教育质量保证机构网络（INQAAHE）正式会员，是一个经德国认证委员会（German Accreditation Council）认可的、非政府、非营利机构。以公立大学、应用科学大学、政府承认的私立大学、政府承认的私立应用科学大学为评估范围，独立面对学术标准和传统，对学士和硕士学位专业进行认证。专业认证的对象是高校所开设的学士和硕士专业，或是某几个相近专业的集合。专业认证的目的在于保证德国高校所开设的学士与硕士专业的质量、透明度、等值性以及多样性。[①]ACQUIN 在 2007 年共评估 70 个专业，并提出改进意见，但不对专业进行打分或排名。同时，ACQUIN 公布所有认证通过的专业的报告，但不公布不通过的结果。ACQUIN 公布报告的摘要，包括专业的概况、质量的概况、应该满足的条件、评估同行的姓名和身份、认证的有效期限等。

3. CHE 大学排名

德国 CHE 大学排名是高等教育发展中心和有关媒体合作发布的对大学进行排名的榜单。CHE 大学排名的设计基于以下理念：首先，所有大学的教学质量都相同，没有优劣之分；其次，学生对学科与职业的选择比对学校的选择更重

① 孙进．德国高等教育认证——机构、程序与标准[J]．高等教育研究，2013，（12）88-95．

要；第三，将差别很大的指标合并成一个整体的排名是无意义的。基于这些理念，该排名强调学科评价，并完全建立在对学科评价的基础之上，因此也被认为是目前世界上具有完全意义的、唯一的分学科排名。[①]

CHE 由德国大学校长会议和贝塔斯曼基金会发起成立，并于 1998 年开始第一次大学排名，至 2007 年，CHE 已完成 288 所德国大学、4 大领域 35 个学科排名，每年约有 75%的学生参考德国大学排名来申请大学。[②]在排名对象上，CHE 大学排名选择从众多大学提供的学科中筛选出来部分的主流学科进行评估。其中大部分学科是针对研究型大学，只有少数学科是完全针对应用科学大学进行评估的，如德国高等教育发展中心 2012 年发布的评选学科中，社会科学类中的媒体和通信科学专业[Medien-/Kommunikations（FH）]、工程与技术类中的机械工程专业（Maschinenbau），以及生物科学与医药类中的护理科学专业（Pflegewissenschaft）的学科排名中只针对应用科学大学，不涉及研究型大学内的相关专业的评选。CHE 大学排名的服务对象是中学毕业生和大学新生，它力图为学生的选择起到咨询与引导作用。

CHE 的大学排名指标体系，是在广泛征求大学协会、评估专家教授、大学毕业生和在校生意见的基础之上建立起来的。该指标体系共包含 9 个维度、37 个二级指标，旨在帮助学生进行抉择。其排名指标体系见表 11-2。

表 11-2 CHE 大学排名指标体系一览表

维度	二级指标
学生	学生总数、女生比例、大一学生人数、学生人数在近年来的变化趋势
学习成果	毕业考试的平均成绩、修业时间、毕业率、期待的毕业时间、在预期的时间内毕业生的比例、学习结束后的证明
国际化	双学位的选择、加入欧洲学分转换系统、专门的国外语言专业、用国外语言讲授课程的数量、学生能够赴国外学习或者实践的机会、国际学生的人数、国际访问教授的人数、主要与哪个国家有合作项目
教学	师生比、申请联合学位的机会、专业的结构、与教授的接触程度、在线学习、专业的广度、透明度、跨学科、师生互动
资源	图书馆资源、基础设施、实验室和其他特殊的设备
研究	每名学术人员所能得到的研究经费、专利数、出版物、引用率、一名导师指导的博士生数、基于教授评价的科研声誉
劳动力市场	提供社会实践的要求与机会、学生对职业准备的评价
城市和大学	当地的人口、学生的比例、主要的交通工具、生活条件、房屋租金水平、学生总数、主要的学科领域、学生的咨询、图书馆的开放时间、大学体育、大学的创建时间
教授和学生的综合评价	学生对专业的总体满意度、教授给高中毕业生推荐其学科领域内的五所最合适就读的大学以及所列的其学科领域内研究做得最好的五所大学

① 朱明，杨晓江．世界一流学科评价之大学排名指标分析[J]．高教发展与评估，2012，（03）：7-15．

② 白争辉．高等教育质量保障的理论与实践研究——以英、日、法、德为例[D]．广州：华南理工大学．2014：56．

在排名处理上，CHE 大学排名根据评选结果将学科划分成顶尖（Spitzengruppe）、中间（Mittelgruppe）和末尾（Schlussgruppe）三个组次，各组次分配比例大致为 25%、50%、25%，但不区分具体名词。位于不同组次的学科之间的差异明显，组内差异较小。根据 CHE 多项卓越排名的排名原则，在每个维度的二级指标中有一半指标进入顶尖组次的学科被评定为在该维度所关注的方面表现一流的学科，相应的大学也被认为是在该学科此方面表现强势的大学。同样，在所有评估指标中至少有一半指标获评进入顶尖组次的学科则被认为是 CHE 多项卓越排名中的一流学科，相应大学成为拥有一流学科的大学。

从 CHE 大学排名可以看出，该指标体系特别注重教育质量，设身处地为高中毕业生的需求和利益考虑。同时，作为高校质量评估重要工具的大学排名已经逐渐开始为德国高校以及社会各界认可和接受。

二、内部评价

外部质量评价的诸多信息均来自于学校内部，如石勒苏益格-荷尔斯泰因州（Schleswig-Holstein）明确规定，内部质量评价结果可以直接被用于外部评价，包括学校对学生、教师、企业等利益相关者所做的调查结果，而不需要重新调查；外部质量评价所需的学校基本数据信息也由学校提供[①]。为了优化和改进教学质量，促进科研水平以及提升应用科学大学的综合竞争力，1994 年，在州政府要求下，所有应用科学大学都建立了内部评估制度，主要有院系评估和认证自评两种方式。

1. 院系评估

院系评估是指德国高校为了应对外部评估人员的校际评估，以院或系为单位在收集资料的基础上进行的自我检查和自我评估，每年都要举行一次。自我评估是为了提高学校教学的透明度，了解自身长短处，以便于制定进一步的发展规划。通常情况下，来自被评院系和校内专家组成的自评小组负责具体实施自我评估。在院系评估的过程中，为了规范和统一评价标准，自评小组会将所要考察的内容定量化，形成八个具体的指标，并在最终的自评报告中体现出来。德国大学院系评估指标体系见表 11-3。

表 11-3　德国大学院系评估指标体系

项目	具体内容
课程	开设课程的数量和类型、必修课和选修课的比例、理论课程和实践过程的比例

① 王玄培．德国职业教育内部质量保障的模式研究[D]．天津：天津大学，2013：16.

续表

项目	具体内容
师资力量	一线教师的数量、非一线教师的数量
学生	第一学期的学生、平均年龄、男女比例分布情况、成绩及格和不及格的学生、中途退学的学生人数、要求增加教室数量的学生比例
考试	学习期限、期中和期末考试的次数、不及格率、最后考试的准备时间
监督管理比例	上课期间学生，教授的比例以及学生、全体教室的比例，期中和期末考试次数与教授，全体教室的比例
学生容量、课程利用	学生在第一学期学习课程中对课程标准的利用情况、全体学生的数量、在学习的不同阶段学生数量的减少情况
青年教师	男女博士数量、男女博士后数量
研究生的大概情况	获得第一学位、获得博士学位

德国要求高校每一到两年由系向评估机构提交教学报告，其目的是为下一轮的内部评估的顺利开展收集被评高校的基本资料和指标。内部评估的内容主要包括以下三个方面：①作为内部评估过程的主要承担者，应针对外部评价机构的指导方针制订详细周密的自评计划；②自评小组针对问卷、指标与本院系的匹配性，修改和开发适合的指标体系；③安排时间进行访谈，收集二手资料，撰写自评报告，并提交院长、校长和评估机构。

2. 认证自评

德国高校除了应对校际评估的院系自评外，还开展了应对认证代理机构认证评估的认证自评。认证自评是高校为了保证学校的教学质量，提高认证评估的通过率，由学校内部组织相关人员对本校进行的评价，主要包括专业自评和体系自评两个方面。其中，专业自评是对学校所开设的学士和硕士专业或某几个相近专业的集合进行的评估，而体系自评是对学校的质量管理体系进行的评估。

（1）专业自评

专业自评是高校进行内部质量管理的一种重要方式，目的在于保障所开设学士和硕士专业的质量、透明度和多样性，从而能通过认证代理机构的认证评估。一般来说，学校非常注重专业自评，并选取符合待评估专业的内容和特色的成员组成专业评估小组。专业评估小组参照认证评估的标准对各专业进行自评，具体标准包括 11 个方面，见表 11-4。

表 11-4　专业自评的标准

项目	具体内容
专业培养目标	包括专业和专业之外的培养目标，特别是学术或艺术能力的培养、就业能力的培养、参与公民社会的能力培养、个性发展

续表

项目	具体内容
专业符合相关的规范和要求	符合《德国高校学位资格框架》《各州通用的对学士和硕士专业进行认证的结构要求》、各州对于学士和硕士专业进行认证的特殊要求
专业培养方案	涵盖专业知识与跨专业知识的传授以及专业与方法能力的培养
专业可完成性	准入条件的基础能力、恰当的学业规划、学习负担的合理说明、考试频率、辅导服务、专业方面及专业外的辅导咨询
考试制度	分模块进行并以一门涵盖整个模块的考试结束，高校应确保在学习期间及考试中都顾及残障学生的问题，《考试规章》需要通过法律审查
与专业相关的合作	高校委托其他组织参与教学，须保证专业培养方案的实施与质量。高校需要对合作机构进行书面说明，作为合作基础的相关协定档案
人员、物质与空间配置	在质量和数量方面确保人员、物质以及空间的配置，考虑与其他专业的联系。学校要有人员发展和培训方面的措施
透明性与存档记录	专业、学业流程、考试要求、录取前提以及对处境不利的残障学生的照顾条款需要记录下来存档并公开发表
质量保障发展	高校需要考虑评估的结果，有关学生学习负担、学业成就以及毕业生去向的调查结果
特色专业	在应用上述标准时需要照顾特色专业的特殊要求
性别平等和机会公平	旨在保障性别平等和机会公平，如照顾残障学生、有子女的学生、外国学生、具有移民背景的学生以及来自社会下层家庭的学生

专业自评的工作流程如下：专业评估小组会根据认证委员会所提供的专业评估标准，对相关专业的数据资料进行审阅并进行实地考察，在考察过程中会采取座谈会、数据资料对比等形式，并将汇总的信息进行整理分析。在此基础上，专业评估小组会对各个考察项进行打分并给出改进意见。最后，专业评估小组会根据专业自评的具体情况形成一份自评报告并提交给学校。

（2）体系自评

体系自评是为了审查高校内部与教学相关的质量管理体系能否保证该校所开设的学士和硕士专业符合既定的质量标准而开展的评估。这里的标准包括《欧洲高等教育质量保证标准和准则》、德国文教部长联席会议及认证委员会出台的相关标准。通常情况下，学校会任命一位专家来负责体系自评的相关事务。体系自评所依照的《专业认证和体系认证的规范》主要包括七个方面，见表 11-5。

表 11-5　体系自评的标准

项目	具体内容
培养目标	培养目标是高校发展战略的一部分，应为整个机构及各个专业明确定义培养目标特色并公布。高校具有用以检验专业培养目标是否实现的程序并持续不断地应用这一程序
教学与学习的管理体系	能保证将专业培养目标和所设定的学习目标落实到培养方案之中，为专业的正常运转提供所需的人力和物力资源，培养目标要符合认证委员会的规定及其他相关标准，要让各方参与到改革和发展专业的过程之中

续表

项目	具体内容
内部质量保证程序	定期对专业进行内外部评估，定期让学生进行课程评价，在招聘及升职时检查教师在教学和考试方面的能力，定期检查各个专业是否遵守专业认证所确定的标准，确立有约束力的程序和激励措施
记录制度与数据收集	高校确立了内部的记录制度，确保记录下专业发展和运行的过程、质量保证的过程和措施以及这些工作的结果和影响
职能分工	明确定义了高校内部质量保证体系和教学管理体系的机构和人员的职能领域和决策范围，并向全校公开
汇报制度	高校至少要每年向主管教学和学习的高校理事会、社会公众、举办者以及高校所在的州政府汇报一次其教学质量保证的程序和结果
合作专业	如果高校和其他高校合作开设专业，那么高校需要确保其伙伴学校采取了恰当的措施来保证其负责的教学部分也符合上述的要求和标准

体系自评的工作流程如下：首先，高校撰写一份详细的论证书，内容包括高校内部的管理和决策机构、发展愿景、办学特色、专业目录、所确定的质量保障目标，以及内部质量保证体系。论证书还需说明高校质量保证和质量发展的程序和运作方式，以及用来解决质量缺陷问题的措施。该论证书一方面是学校办学思想和办学标准的体现；另一方面也是为认证评估做书面准备。其次，体系自评还会对以下几个方面进行实地考察和全面分析，包括培养目标、学业组织、学分转换、课程模块化、学生学习负担、人员结构、考试制度和学业资讯，要看它们是否符合德国文教部长联席会议和认证委员会所确定的标准，以及各州的特殊规定。最后，体系自评需要出具一份报告，对综合情况进行总结。

需要指出的是，评估结果并不与教师晋升、奖惩等直接挂钩。这种内部的质量监控与评估重视的是过程，重视的是发现问题并及时改进，而不是结果的使用和考核的依据。学校、教师、学生共同关心的是，如何持续地改善教学方法，提高教学质量。

第十二章

启示与借鉴

德国应用科学大学产生较早，在发展进程中遇到了挫折，也积累了十分宝贵的经验，我国通过转型建设应用技术大学工作刚刚起步，两国社会制度和教育体制虽然存在着较大差异，但作为同类型大学的建设，对我国具有一定的启示和借鉴价值。

第一节　产生与发展的启示与借鉴

一、产生与发展的启示

需求是应用科学大学产生的根源和发展的动力。20 世纪 60 年代，德国经济的高速发展，迫切需要大批拥有良好文化基础，既掌握理论知识又具有实践能力的高层次技术人才，而传统的学术型大学由于培养目标单一、学制过长等原因无法满足社会的需要，以高新技术产业为支柱的知识经济时代的到来，对接受职业教育的学生个体提出了更高的要求，知识经济时代一体化、价值取向智力化、学习终身化、市场竞争合作化、低碳环保绿色的主要特征，对劳动者的素质、就业方式和职业生涯发展等都提出了新的要求。[①]而传统的本科大学和职业学校都无法满足这种要求，德国应用科学大学在这种背景下应运而生，承担起为社会培养高级应用型人才，满足经济社会发展需要的历史任务。

不同是应用科学大学发展的价值和成功的空间。应用科学大学被定位为与传统的学术型大学“不同类型、但是等值的”高等学校，德国政府对高等教育机构的这种分类设计是为了满足社会对各方面人才的需求，而不是以此来界定所培养学生的档次。为了充分体现“不同类型，但是等值的”办学指导思想，在对待与学术型大学不同类型的应用型人才培养模式，德国政府对应用科学大学与学术型大学进行了分类指导，无论从专业设置还是教学质量评估都是各有针对。在应用科学大学的发展过程中，德国政府根据应用科学大学的发展需要，在社会上形成了有利于应用科学大学发展的政策导向和舆论环境，得到学生、家长、企业界和社会的广泛认可，在重要的历史转折时期更是抓住机遇，修正

① 邓泽民．职业教育教学论[M]．北京：中国铁道出版社，2012：4．

设计，完善的制度保障更使得整个社会在对待应用科学大学的毕业生在就业、升职方面也无明显差别。而且，德国政府对高等院校的升格与改建严格把关，使得这两类高校能够做到各居其位，各司其职。学术型大学和应用科学大学都恪守自己的办学理念，珍视自己的办学特色。

二、产生与发展的借鉴

我国地方普通本科转型须抛弃旧的教育观念。无论从需求还是从价值来看，我国地方普通本科如果不抛弃传统学术人才培养方式，学校转型就难以成功。价值和发展需求是应用科学大学发展的动力。德国的高等教育改革一开始是在传统高校中启动的，而且采取了开设应用型的专业、建立短学制的模式等各种途径，但均以失败告终，失败的原因之一就是受传统教育观念的影响，无法提供经济社会发展需要的应用型人才。最终，德国不得不采取同类教育学校升级的做法，经过 60 多年的发展，德国应用科学大学满足了经济社会对应用型人才的需求，赢得了社会的认可，拥有了与综合大学同等的地位，取得了成功。在德国有近三分之二的学生选择职业教育，只有三分之一的学生选择学术教育，这并不能说学术教育不好，或者高等教育资源不够，而是社会和人们的需求不同。因此，德国才会建立新的类型的高等学校——应用科学大学。

现阶段我国高等教育改革遇到的主要问题，与德国 20 世纪 60 年代开展的高等教育改革遇到的问题非常相似，我国的本科学校也有着“学术至上”的传统，培养的是“天之骄子”，但随着高等教育大众化，单一学术教育模式已不适应当今社会的发展，也无法满足社会需求。

德国应用科学大学成功之处在于在各类职业院校合并升格为高等学校时，没有盲目模仿综合性大学而沦落为二等综合性大学，而是探索出了一条新的高等教育发展之路，培养出高层次应用型人才。需求是发展的动力，我国地方普通本科高校的转型之路，应以需求为出发点，以建设不同于传统研究型高校的应用技术大学为目标，走出一条中国特色的新型本科院校发展之路。

第二节　学制与衔接的启示与借鉴

一、学制与衔接的启示

博洛尼亚进程对德国高等教育的影响这一问题一直讨论至今，德国国内也分成了支持博洛尼亚进程的“改良派”和反对博洛尼亚进程的“传统派”。双方对博洛尼亚进程产生的影响持有不同立场。“传统派”认为原有的学制给予教师和学生充分的学术自由，让他们在较为闲适、纯粹的环境下专心从事教学与科研，新学制无疑是对学术自由的严峻挑战；而“改良派”则坚决支持博洛尼亚进程的改革，表示经过规划后的高校学习更有效率，更易于计算学生的学习量，评价体系更为公开透明，毕业生更早进入就业市场。

纵观各类改革，总有支持者与反对者。但德国应用科学大学在博洛尼亚进程中得到了发展却是不争的事实。究其原因，与德国应用科学大学抓住这一机遇，实施新的学位制度分不开，德国应用科学大学本身设置的专业就比较少，而且偏向应用型，注重实践，设置与国际接轨的新的学位制度更容易一些，且新的学位制度促进了学生的国际流动性，也扩大了高校的影响。同时，随着新学位体系在德国的确立，传统的博士生培养模式也在发生改变，博士生的培养不再被看做个别教授或者个别学院的职责。富尔达应用科学大学得到博士学位的授予权，体现出了德国高等教育的多样性及兼容性，也是满足日趋多元化的高等教育需求的保证。

二、学制与衔接的借鉴

我国在高等教育大众化初期，没有像德国一样敏锐地意识到需要建设一种新型的应用技术大学，而是通过本科扩招和建立了一批与原来本科同质的学术本科。时至今日，我们看到也体会到了建设这批本科院校所带来的阵痛，所以今天，我们不得不提出地方本科转型建设应用技术大学。

职业教育在传统的教育观念中一直是“断头教育”“次等教育”，原因之一是学制衔接不畅。我国现行学制仍是 20 世纪 50 年代学制的延续，已严重滞后于大众化时代高等教育发展的需要。尤其是我国职业教育学制，职业教育基本上只到专科层次，而且往往将“高职”与“高专”联系在一起，这就给人一个错觉，似乎“高职等同于高专”。若根据经济社会对人才的需要和技术技能人才成长的规律，办四年的高等职业教育，就要专升本，舍弃职业教育，进入现行的学术本科，然后是硕士生、博士生教育。在这种学制下，不但“专升本”热潮愈演愈烈，而且人为地降低了职业教育的地位和人们接受职业教育的热情，影响到职业教育的发展，最终影响合理教育结构和人才结构的形成。建设应用技术大学就是为了改变这种现状，建设本科层次的职业教育，培养出更高水平的应用型人才，才能从根本上改变职业教育在大众心中的观念。

第三节　法律与治理的启示与借鉴

一、法律与治理的启示

德国应用科学大学的发展与完善的制度环境分不开，德国在应用科学大学的学校地位、学生地位、教师地位、校企合作及经费投入等方面均有明确的法律规定。联邦及各州政府颁布的职业教育法确立了职业教育在德国国家教育系统中的地位与作用，规范了德国的职业教育在培训企业和受培训者的关系、双方的权利和义务、培训机构的资质与培训教师的资格，以及学校名称、培养目标、专业设置、学制长短、办学条件、经费来源、教师资格、教师进修、考试办法、管理制度等。为了保障职业教育制度的落实，德国政府还设立了一套包括立法监督、司法监督、行政监督、社会监督在内的职业教育实施监督系统，使职业教育真正做到了有法可依，依法治教，违法必究的法律体系，以法律形式完善了职业教育的管理和运行机制，为应用科学大学建立了良好的制度环境。德国应用科学大学应企业需求而发展起来，与企业紧密结合，学校负责理论教学，企业负责实践教学，并为毕业生提供工作岗位。

在治理方面，联邦政府、各州政府及各类高等教育组织机构形成了独特的外部治理机制，且三方不存在领导与被领导的关系，而是以合作伙伴的关系共同管理高等教育。在此过程中，德国高校虽然受到来自政府和社会各方面的干预和监督，但在学校内部却拥有高度的自治权。不同于传统的“学术自治”，德国高校决策组织中引入了校监会，这是一个新生事物，加强了大学和社会的联系，促进了大学向社会开放程度，虽然校监会的主要职责是监督和建议，但它带来了一种信息：作为公共财政支持的事业，大学不仅要承担社会责任，而且必须接受社会监督。

二、法律与治理的借鉴

我国的高校实行的是党委领导下的校长责任制的现代大学制度，这是由我国的国情和政治体制决定的。经过 20 多年的实践经验，党委领导下的校长责任制在确保大学办学方向、促进高等教育发展和维护社会稳定等方面发挥了重要作用，也为中国特色现代大学制度奠定了坚实的框架基础。但长时间实行一种制度，难免会出现僵化现象。例如，高校的“行政化”现象，要消除这一现象，并不是说简单地去掉行政职务就可以解决的，而是应该明确高校管理是为谁服务的，高校管理是为教师和学生服务的。大学不再是“象牙塔”，现代大学是与社会紧密联系的，既为社会服务，也要受到社会的监督。我国部分地方普通本科高校正处于转型的关键时期，除了应坚持党委领导下的校长责任制外，还应建立行业企业深度参与的高校治理结构，共同努力推进治理体系和治理结构的现代化。

1. 完善职业教育法律体系

德国的《职业教育法》包含了职前和职后教育，包括职业准备教育、职业初级教育、职业进修和职业改行教育，内涵广阔，不仅明确了高等职业教育的组织管理形式，还明确了各类培训机构与受训者的关系，包括培训人员和机构的资格认定等，可以说是西方最详细、最严密的职业教育法规。《职业教育法》这一法令的出台也确定了政府对职业教育的主导权，同时进一步加强和稳固了高等职业教育的地位，体现了高等职业教育的全面制度化，并为职业教育实现“政府主导、行业指导、企业参与”提供了行为规范。

我国至今没有一部关于高等职业教育的专门的法规出台，与高等职业教育直接相关的法律法规主要有《高等教育法》《职业教育法》《国务院关于大力推进职业教育改革与发展的决定》，以及《国务院关于大力发展职业教育的决定》和其他一些相应配套的行政法规、部门规章等。而我国的高等职业教育的政策上多是大政方针的要求，对具体的环节没有明确要求，缺乏细节的指导意义，再加上我国在职业教育经验的缺乏，对职业教育认识的不足，以及某些高等职业学校办学的盲目性等，相当程度上制约了我国高职教育的健康发展。因此，我国应以立法的形式保证其教育的独立性和完整性，而且以法律的形式规定企业的责任和义务，将教育和市场完全结合在一起。同时，高等职业教育政策的决策过程，一要靠国家行政机关统筹规划，明确细则，对基本的东西要有明确的立法保证；二要分析研究市场经济规律，允许地方根据具体情况进行调整，使职业教育政策的改革更具民主性和科学化；三要加强高等职业教育政策执行过程中的监督和反馈环节，使政策能够及时应对新形势，进行调整和修正。

2. 改善内部治理结构

现代大学制度从来就不是一个通行共用的制度，而是与一定的社会历史条件和文明程度相匹配的。与德国应用科学大学内部治理结构的发展过程一样，我国建设应用技术大学的内部治理结构的形成和发展也与我国的历史文化传统和政治经济环境相联系。

首先，要遵循高等职业教育规律，按照现行法律法规，遵循“党委领导、校长负责、教授治学、民主管理”的工作原则，紧密结合学校实际，在制度的顶层设计上对学校的领导体制、组织架构、决策程序和权力运行方式等重大问题做出安排，依法制定学校章程，使权利的行使与义务的履行得到有效落实，确保各利益相关者的权益，构建科学规范的制度体系。

其次，要明确学校党委行政职责，按照现代大学制度的要求，构建决策、执行、监督相互协调的运行机制。党委是学校最高决策机构，统一领导学校各项工作，支持校长依法独立行使职权。校长作为行政主要负责人全面负责教学、科研和行政工作。在高等院校的管理工作中，经常因为职责不分、权力边界不清、决策程序不明，导致党委与行政之间工作的重叠和混乱，引发党委与校长的矛盾。因此，党委要从制度建设出发，根据组织层级和权力运行轨迹的差异，对重要事项、重大项目、重要人事任免和大额资金使用做出制度设计和制度安排，明晰重大事项的决策程序，完善和细化党委会、校务会等决策机构的工作制度和议事规则，完善教代会制度，形成规范有序的决策、执行和监督机制，提高决策效能和工作效率，确保学校发展的社会主义方向。

第三，要转变治理理念，按照校院（系）两级的不同职责，逐步实现管理重心下移，使院系真正成为充满活力的教学基层组织。长期以来，我国的高等院校在校、院（系）两级管理上采用的是直线职能型模式，即学校按不同的工作内容设立职能部门，通过职能部门实施管理。这种管理模式使权力过度集中于职能部门，导致职能部门与院（系）之间关系紧张，进而影响管理效率。因此，明确校院（系）两级职能，实施校院（系）二级管理，逐步下放职能部门管理权力，实现职能部门从管理型向管理服务型转变已成为建设现代大学制度的当务之急。

第四节　专业与课程的启示与借鉴

一、专业与课程的启示

德国高等教育属于联邦体制，高等教育专业目录的制定采用自下而上的方式，以各高校具体专业设置为基础，由联邦统计局统计公布，目录本身不具有强制性。高校具有很大的自主权，应用科学大学以解决的实际问题和行业发展对人才能力结构的需求为导向而设置专业，因此专业设置具有针对性、应用性和动态性。为保证教育质量，德国还设立专门的专业认证委员会。在课程设置方面，应用科学大学课程安排具有重实践、模块化、多元化和学分制的特点。

虽然我国《高等教育法》早就规定，高校有依法自主设置和调整学科、专业的权利，但一直以来，我国高校本科专业设置权就相对集中，除了 2002 年教育部批准的六所高校（北京大学、清华大学、上海交通大学、北京师范大学、浙江大学和武汉大学）具有自主设置专业的权利外，其他高校在进行专业设置或调整时仍需逐层上报备案。对《高等学校本科专业设置目录》范围以外的专业，教育部还保留核准审批权，对专业名称的统一和开设程序都非常严格。因此，很多普通高校呼吁没有专业设置的自主权，无法科学合理地规划学科专业的发展，影响学校或教师的积极性。但给予高校完全的专业设置自主权是不现实的，在政府严格控制的高校专业设置的情况下，仍然有很多高校在专业设置上趋于综合性，未顾及市场需求及学校特色，“千校一面”的现象严重，人才培养规格与行业产业需求不相符。

因此，地方本科高校向应用型转型的过程中，可以借鉴德国的做法，给予高校适当的自主权，政府采用有效可行的办法，发挥导向和制约的功能，按照科技发展水平和职业资格标准设计课程体系，优化课程结构，形成突出实践能力培养的课程群或课程模块。

二、专业与课程的借鉴

应用技术大学教育的发展始终与地方经济的发展水平密切联系，因此，应用技术大学的专业设置及课程安排应对接产业体系和技术体系。

1. 专业设置

我国应用技术大学在设置专业时应强调服务当地产业布局的需要，注重周边同行的意见。德国应用科学大学在新学习专业设置调研报告中要求，必须有周边开设同类专业的学校的意见，一般征求意见的地域在周边50～60千米范围内。州教育部在审批时非常注重他们的意见，有的州甚至可以“一票否决”，既避免了生源的恶性竞争，也避免了人才的需求过剩，专业的“同质化”问题得到有效解决。由第三方专业认证机构组织论证，体现了专业设置的严肃性、科学性和客观性，专业认证机构组成人员由来自企业、学校、行业协会、州政府等不同部门，人员由教授、政府官员、学生代表、企业代表、行业协会专家等组成，代表了不同方面的意见，既要考虑当地企业需要这个专业的毕业生，也要考虑周边学校类似专业开设情况，还要考虑能否招到对这个专业有学习兴趣的学生。

专业设置还必须考虑资源效益：一是要专业建设不宜全面开花，要以点带面，逐步形成优势专业群和学校的专业特色；二是要充分发挥教学资源优势，注意开发能与已有专业教学资源共享的新专业；三是要充分发挥教学改革试点专业、传统优势专业的示范作用。①

新专业的开设，最重要的一点是有与之匹配的教师队伍，专业设置中硬件条件是基础，软件条件是核心，硬件设施可以通过加大资金投入来解决，而师资队伍、人才培养方案、教学的组织管理等软件条件则不是一朝一夕之功，尤其是拥有一定企业经历、具备双师素质的教师队伍更是专业设置的根本。德国职业教育的经验告诉我们，不但要开门办学，把这类人才引进来， 而且要把企业生产中的实际问题带进来，更要通过教师带徒弟的方式，通过项目教学的有效组织，提出解决问题的具体办法，对具体生产问题进行解惑答疑，才能彰显

① 邓泽民．职业教育教学论[M]．北京：中国铁道出版社，2012：169-170．

职业教育的无穷魅力。

2. 课程开发

我国传统学科课程理念根深蒂固，应用技术大学课程开发必须打破学生所学一切内容来自于已经建立的学科课程的局面，而要将企业生产实践中的技术应用活动和技术创新活动作为主要课程内容，形成技术活动课程为主干理论知识体系、技术方法体系为辅助的课程体系。

第五节　教学与研发的启示与借鉴

一、教学与研发的启示

德国应用科学大学从教学目标的确定、教学内容的选择、教学组织的构成、教学方法的使用到学生实习和毕业设计均有企业的参与，双方深度合作，以学生为主体，全面促进学生素质和能力的提高。同时，应用科学大学从企业需求出发，重视技术研发，同时设立技术转让中心，服务德企跨境发展，双方形成了一种长期合作的有效机制。与之相比，我国部分地方普通本科高校正处于向应用型转型时期，教学内容应与职业实践相联系，教学过程与生产过程对接，以工作过程为导向，教学方法以培养学生实际能力为导向，与行业内领头企业协同育人，重视学生参与教学和研究。

德国应用科学大学定位非常明确，其任务旨在培养实践动手能力强的应用型、技术型人才，而提高学生实践能力最佳途径就是与企业进行产学研合作。德国应用科学大学非常注重实践教学，与企业联系十分紧密，企业的主导地位是其实践教学模式的显著特点，企业绝不只是学生的实习场所，而是在整个办学过程中起着主导和核心作用的培训主体。而这恰恰是我国应用型本科教育发展中的“瓶颈”问题。因此，我国地方本科向应用型转型，首先应明确办学定位，定位准确了才能把路走对，办应用型本科应积极对接地方优势行业企业，与企业共建集技术开发、项目研发、人才培养于一体的产学研发合作发展平台。企业通过合作平台开展项目研发与产品加工；教师通过合作平台进行科学研究与技术孵化；学生通过合作平台开展实习与毕业设计。学生通过对这样的实际项目研发，带着问题学习、思考、分析，既能培养研究创新意识，又能在实践中锻炼动手操作能力。

二、教学与研发的借鉴

德国应用科学大学强调以职业能力为本位，将实践教学与理论教学紧密结合。而我国应用型本科院校的实践教学还相当薄弱，实践教学课时比例偏少，内容落后，多为基础性、验证性的实验，带有设计性、创新性、综合性的实验较少，学生难以发挥学习的主动性与创造性。为此，需要借鉴德国应用科学大学的实践教学模式，在课程设置与教学环节应该立足于实践应用，重点培养学生认识问题、分析问题和解决问题的能力。尽量避免过多的理论灌输和空洞说教，尽量多地采用技术应用与创新项目教学、案例教学等行动教学方法。另外，加强与行业企业的联系，开展多种形式合作，聘请成功的、有经验的管理者来学校兼职，或举办讲座，开阔学生的视野，引导学生早早地接触实际问题，培养独立工作能力和创新意识。

德国的经济主要依靠中小企业，但企业小不代表力量弱，在德国，约占企业总数 99%的中小企业贡献了约 54%的增加值，拉动了 62%左右的就业，因此，他们才称得上是德国工业和服务业的中坚力量。德国应用科学大学与地区行业企业联系密切，注重应用研究，推动科技成果转化，既提升了区域经济水平、企业技术水平，也提高了学校的知名度及科研力量。因此，我国地方本科高校也应提升服务区域发展的应用研究和技术创新能力，开展应用科研项目，发挥出学校潜在的科研实力，使之转化为现实生产力。2015 年末，全国工商登记中小企业超过 2000 万家，以工业为例，全国规模以上中小企业（年主营业务收入 2000 万元）36.5 万家，占规模以上工业企业数量的 97.4%。中小企业是地方税收的主要来源，提供 80%以上的城镇就业岗位。但中小企业普遍存在着缺乏技术竞争力、市场拓展能力，以及良好的企业文化与氛围等问题。这些问题使得中小企业处于行业中的末端，极易受到市场冲击、洗牌和淘汰。因此，普通本科高校在转型的过程中不能只关注学校本身，还应看到地区行业企业的发展潜力，与之合作，共同创办科研机构，通过提供技术指导、技术转让或技术入股等方式与企业开展合作，既提高了企业的竞争力，也扩大了学校的影响力，实现促进区域经济发展水平的目的。

第六节 学生与师资的启示与借鉴

一、学生与师资的启示

师资是应用科学大学发展的关键。受聘为应用科学大学的教授不仅需有学术性，获得博士学位，是某一学科的专家，具有从事某种科学或艺术工作的特殊能力，具有教学才能，有教学经验或者参加并通过高等学校教授资格考试，还特别要求要具有实践性，在本专业的科学知识和方法的应用或开发方面具有至少五年的职业实践经验，其中，至少三年在高等学校以外的领域里工作，并做出过特殊的成绩。没有实际的工作经验，对企业环境不熟悉，这样的教师很难培养出高素质的应用型人才。因此要重视加强教师实践能力的培养，应加强“双师型”教师队伍的建设，重视引进一批具有实践经验的教师。另外德国应用科学大学十分重视实验教师培养。而我国应用型本科院校对实验教师配备还没有引起足够的重视。造成这种情况的原因也是多方面的，因此学校要有计划、有针对性地提升实验教师学历结构和业务水平，教育部门和学校应该在政策上给予扶持。

学生是应用科学大学存在的主体，且师生关系令人满意，它是一种相互尊重与相互信任的关系。这种融洽关系的前提条件在于师生双方具有完全的自由。教师与学生之间不是上级与下级的关系，他们的关系套用一句俗语 commilitones 来形容的话，就是通常所说的战友关系，他们携手一起去拓展真理的疆域，缩小无知和谬误的领地。[①]在德国，很少会有无礼行为和扰乱秩序的事情发生在课堂中，一旦真的发生这样的事情，如上课迟到或行为不当，学生们自己就会负起维持秩序的责任。而学生的组织机构如德国学生议会（Studie renden parlament）、学生联合委员会（AStA）等则是为学生服务的，目的是使学生真正融入学校里，参与到学校的管理中来，这样，极大地提高了学校的教育质量，并且增强了学生对学校的情感。

二、学生与师资的借鉴

我国高校教师招聘条件强调学历，忽略工作经历。但应用技术大学项目化教学对专业教师的素质要求较高。因此对于地方本科院校而言，向应用型转型，师资队伍转型尤为困难，主要表现为：传统学科专业教师多，新办专业青年教师多，各专业双师型教师少，企业兼职教师少。因此，对学校现有教师而言，学校应创造条件，制定相关政策，鼓励教师到企业中去，和企业一起联合开发新产品、新技术，建立健全科技成果转化机制，增强教师解决实际问题的能力；同时高校也应聘请一些企业中有专长且经验丰富的兼职教师，通过他们进一步增强高校与企业间的联系，共同培养真正的高素质应用型人才。

我国地方本科向应用型转型的过程中，如何让学生对大学有更强的归属感，也是大学的一项重要工作，这不是简单的几句校训就可以赋予学生的，大学在管理过程中应该让学生参与进来，听取学生的意见，以此来提高学校的教育质量。

---

① 弗里德里希・包尔生．德国大学与大学学习[M]．张驰，郄海霞，耿益群，译．北京：人民教育出版社，2009：184.

第七节　招生与就业的启示与借鉴

一、招生与就业的启示

德国应用科学大学以培养具有高素质实践能力的技术应用人才为目标，在招生制度上，明显不同于综合性大学，注重学生的职业能力素质，对文理高中或职业/专业文理中学毕业生必须具有三个月以上、与所申请专业一致的实践经历要求。而应聘为应用科学大学的教师，一方面具有博士学位；另一方面必须具有五年以上实际工作经验。这样，在进入高校后，他们的教学能够和现实工作中的最新、最前沿的技术理论和知识结合起来，使教学和社会经济发展同步。另外，无论在教学上，还是科研上，应用科学大学教师都充分享有学术自由，在承担规定任务的同时，享有很大的自主性，这一制度一是给了教师自我发展的空间；二是为高校获得持续高素质的教师提供了可能性。

高等教育大众化会提高一个国家的国民素质，增强国家的综合国力，但随之而来的是大学生就业问题。德国早在 1970 年，高等教育毛入学率就已达到 15%以上，开始进入高等教育大众化阶段，但德国大学生的就业问题却得到了很好的解决。究其原因，一是德国应用科学大学的创建，不但自身专业、课程与经济社会需求对接，而且推动了综合大学的课程改革；二是德国有完善的大学生就业服务体系。因此，学习借鉴德国在此方面的经验，有助于改善我国大学生就业难的现象。

二、招生与就业的借鉴

目前，我国地方本科院校 70%以上的学生通过参加全国统一高考途径入学，10%左右的学生来自对口招生，20%左右的学生来自学校自主招生（多为普通高中生源），全国统一高考是地方本科院校招收新生的主要方式。显然，用统一高考试卷测试不同生源考生，录取各类生源，不符合地方本科院校向应用型转型的目标要求。借鉴德国应用科学大学的招生经验，推行分类招考制度，将地方本科院校招生考试从全国统一高考中分离出来，针对不同生源类别单独组织招生考试。对缺少专业实践经验的普通高中毕业生，要求其到企业或职业院校补习相关专业课程，提升其专业实践能力；对于文化课相对较弱的中职学校毕业生，要求其补习相应文化课程；对已经具备两年以上相关专业工作经验或持有中级以上相关职业资格证书人员，可通过相关文化课程测试后直接录取。

我国的高等教育在2003年进入大众化阶段，毛入学率达到17%，时至今日，我国高等教育毛入学率已达到 40%。高等教育大众化带来的不仅是国民素质的提高，综合国力的增强，还有严重的大学生就业难的问题。据统计，2016 年毕业的中国大学生数量达到历史最高的765万，比去年增加16万。我国大学生就业难主要原因之一就是我国 2/3 本科高等学校专业和课程仍然坚守学术本科办学思想，大学生学非所用。一方面企业招收不到合适的人才；另一方面大学生找不到就业位置。因此，为解决大学生就业难的问题，可以从三个方面来考虑：第一，国家在政策上进一步深化大学生就业制度的改革，建立市场导向、政府调控、学校推荐、学生与用人单位双向选择的就业机制，努力实现高校毕业生的充分就业；第二，高校在工作中进一步加强对毕业生的思想教育和就业指导，建立以提高大学生就业能力为中心任务的全程就业指导体系，同时开设专门的就业指导课，应实现高校毕业生就业市场、人才市场和劳动力市场相互贯通，实现网上信息资源共享，更好地为高校毕业生和用人单位服务；第三，大学生自身要转变就业观念，在激烈的社会竞争和知识更新的新形势下，要努力提高自身的知识和技能水平，提高自己的综合素质，树立终身学习的理念，因为用人单位越来越注重毕业生的综合能力。同时，大学生还可以根据自己的情况选择是否自主创业。

第八节　校企与教产的启示与借鉴

一、校企与教产的启示

德国应用科学大学与企业的合作形式呈现出多样性的特点，两者之间的合作包含了三个层面：首先，学校层面，企业资助学校设立实验室或研究机构，校企双方共同从事研发工作，企业还参与高校管理，是高校理事会/咨询委员会成员；其次，教师层面，学校聘请企业教师来校为学生授课，而学校教师通过与企业合作科研，为企业提供咨询服务和问题解决方案；最后，学生层面，校企合作为学生提供了实习的机会，学生通过实践项目、参加双元制项目和完成毕业设计来融入企业。

从德国应用科学大学校企合作、产教融合的经验来看，可以给我国地方本科向应用型转型过程中开展校企合作一些启示：

1）建立健全的校企合作制度。德国企业与学校合作的一个重要原因是德国政府具有一系列高度可操作性的法律法规，用以保障校企合作顺利进行。我国虽然已经颁布实施《职业教育法》，各级地方政府也制定了相应的实施细则，但还没有形成完善的职业教育法律法规体系，建议将行业企业在职业教育发展中的地位、作用、任务、机构设置、条件保障、管理职责、举办方式、教师、教育对象及与社会的关系等以法律形式规定下来，尤其是行业企业举办职业教育经费的筹集和管理，要予以法律保障，通过法规的规范实施来使企业参与职业教育的工作落到实处。

2）地方高校应对本地区内主要行业企业有全面的了解，可以有针对性地与地区企业建立战略联盟关系。《2015 年度中国中小企业行为分析报告》中指出，我国 99.7%的企业是中小企业，因此，地方高校在寻求校企合作伙伴时，应把目标瞄准中小企业。中小企业因自身经济实力，往往没有自己的研究机构和培训基地，所以，中小企业的发展更需要高校的支持。两者建立战略联盟关系，进行深度合作，这样不仅为企业的技术开发和人才需求提供支持，也可以提高学校的办学实力，培养地区经济发展所需的人才。

3）校企合作应发展多种形式、全方位的合作。在教学、科研、管理和社会服务等不同方面开展校企合作，由政府、学校、各行业协会、学校和学生等主体以自己的方式参与校企合作，以形成全新的合作模式，达到最大的效应。

4）发挥各行业协会的作用。受传统关系的影响，我国行业协会具有明显的官办色彩，与职业教育联系不够密切，缺乏行业协会参与职业教育的必要法律保障。同时，行业协会自身发展不健全，没有独立引导职业教育发展的能力。我国行业协会参与职业教育的时间短，经验相对不足，德国行业协会参与职业教育的经验为我国职业教育发展提供了很多有益的借鉴，我国政府应该完善法律法规，明确行业协会在校企合作过程中的角色定位和权利，否则，行业协会参与职业教育只会流于形式。

5）注重产学研发。德国校企合作的成功与德国整体经济发展水平、德国企业对社会的责任感、应用科学大学科研实力以及德国学生的能力水平等因素有着不可分割的联系。不过，其中最关键的原因还是德国的校企合作形成了一种双赢的良性格局，因而双方都有内在的动机参与校企合作。校企双方应共同研发新技术、新产品，这样既提高了企业的经济效益，也提高了学校的科研实力。

二、校企与教产的借鉴

在我国众多的高等院校中，有一批传统上与行业、企业关系密切的本科院校，这些院校有鲜明的行业背景，追其根源是由行业举办的，专业设置、人才培养都是为行业服务的。尽管目前这类院校的隶属关系发生了变化，有脱离行业的趋势，但此类院校在学习和借鉴德国应用科学大学方面有其明显的优势，它们仍应把培养高等应用型人才作为今后发展的主要任务。还有大部分的职业院校强调自身是校企合作的办学模式，但在与企业合作的过程中存在着诸多现实问题，校方认为企业没有社会责任感，企业方则因职业院校的学生综合素质低、知识储量与能力都不足等原因不愿意与学校合作，因而校企合作通道不顺畅。德国应用科学大学在校企合作方面给我们很大的启示，我们也应结合实际探索适合自己的校企合作模式，形成自身的办学特色。

首先是实训基地建设。建立相对稳定的校内外实践教学基地是培养高等技术应用型人才的必备条件，也是形成办学特色的关键。学校要依据所开设专业的实际需要，对实践教学基地建设进行全面规划，逐步实施。实训要尽可能与生产、建设、管理、服务第一线相一致，形成真实或仿真的职业环境。要注意资源的优化配置和共享，防止各专业自成体系。要特别重视校外实训基地建设，按照互惠互利原则，尽可能争取与专业相关的企事业单位合作，使学生在实际的职业环境中顶岗实习，并逐步建立形成产学合作机制。鼓励地处一个地区的学校开放、联合、共建、专管共用的体制和机制建设实训基地，特别注重职业资格实习实训基地建设。[①]

其次是应学习德国应用科学大学主动服务社会、服务企业。职业院校要能够有效整合校内外资源，实现学校与行业企业合作办学、合作育人、合作就业、合作发展，进一步增强人才培养的针对性，为行业企业培养出更多更好的所需的高端技能型人才，实现双赢。同时，充分融入产业、行业、企业、职业、实践五要素，充分发挥政府部门、行业协会和企业的作用，并且使这些要素在教育模式、运行机制、教学过程等方面逐步融合，以提升职业教育培养质量，实现真正意义上的校企合作。

第九节　学分与学位的启示与借鉴

一、学分与学位的启示

德国传统的学位制度是硕士-博士学位制度，无学士学位，和其他国家学位制度没有对等关系，影响了德国教育的国际化交流，影响了学生和教师等人员在各国之间的流动，抑制了德国高等教育的发展。虽然德国传统的学位文凭质量非常高，但是由于与国际惯例不能相兼容，给学分、学历的换算带来了诸多不便。

自博洛尼亚进程启动之后，德国开始进行学分和学位制度改革，应用科学

① 邓泽民．职业教育教学论[M]．北京：中国铁道出版社，2012：175．

大学改变传统的学时制，引入与国际接轨的欧洲学分转换系统，实行模块化的课程学分分配方式，以确保学生获得学分的同时，真正地学到了知识。欧洲学分转换系统的引入表明学生可以在国内或者国外的学校之间自由地流动，促进各校、各国间的学术交流。同时，学位制度的改革缩短了学业年限，降低了辍学率，与世界学位制度接轨，增加了德国大学生进入世界各大学的可能性以及日后进入国际劳动市场的机会。

二、学分与学位的借鉴

高等教育学历、文凭和学位相互承认问题，是高等教育国际化进一步深化过程中面临的一个重要问题。我国早在1988年就开始和一些国家建立了相互承认学位和文凭证书的协议。但在学分制度管理方面差异很大，有的高校实行学年制，有的实行学年学分制，有的正朝完全学分制过渡；从学分设置看，有的把17课时定为1学分，有的把16课时或15课时定为1学分。各学校规定学生每学期至少需修学分数及至多能修学分数也不尽相同。这就在高校之间划出了一条难以逾越的鸿沟。可喜的是，我国高校间已经开始进行尝试，北京大学在2005年与来自亚洲、大洋洲、欧洲和北美洲的八所大学校长共同签署了一份谅解备忘录，据此北京大学的学生们可以在合作院校进行一个学期甚至更长时间的学习，并享受大学间的学分互认。因此，借鉴博洛尼亚进程与德国高等教育改革的精华，学习欧洲学分转换体系，设立可以量化的通用的学分指标体系，加强国内高校间的合作与互动，有利于提高我国高等教育办学水平，提高国际竞争力。

第十节　投入与经费的启示与借鉴

一、投入与经费的启示

一个国家高等教育系统的运作能力，有赖于经费充足及有效利用。在德国，高校获得经费的来源有三种：州政府拨款、高教机构创收和第三渠道经费，其中州政府拨款占高校经费来源的主要部分。因为自1969年以来，德国在高等教育事业领域中，联邦政府负责制定总法，其他的一切都由州政府负责，包括举办和组织权、法律监督、财政主权和人事主权等均为各州的权限。州政府通过人员预算手段对高等教育机构进行外部控制的同时，还在专项经费使用管理方面有十分细致的规章制度，但是严格的科层制控制并不能十分有效地提高高等教育的效率和效益。因此，德国各州在高等教育财政管理制度中进行了相应的改革，引入以绩效为指标的财政分配制度。例如，巴登符腾堡州自 2000 年开始实行基于公式的资金分配方式；巴伐利亚州依据绩效和能力标准分配教学和科研经费；黑森州实施绩效取向的拨款方式，资金管理的重心从州政府转向大学，大学的资金使用自主权得到增强；下萨克森州 2002 年制定的《下萨克森州高等教育法》提出，未来时期大学和高等专业学院的拨款将依据关于发展和绩效的目标协议而定，这种方式的财政拨款将延续数年。综上所述，德国财政改革中，引入以高校绩效为指标的拨款方式，不仅增加了政府拨款的弹性，激发了学校的财政活力，还给予了高校一定的自主权。

二、投入与经费的借鉴

从德国高等教育财政改革的实践经验看，我国现阶段高等教育财政制度的建构有必要采取以下几个方面的改革措施。

1. 改革政府与高校的权力结构及资源配置格局

近年来，德国联邦政府和各州政府积极改善高等教育治理结构，减少对高校自主办学的干涉，赋予高校较多的自主权，促进各高等院校相互竞争。在资源分配方面，努力实现德国各个区域经济的均衡发展，各州财力差距不大，因此不至于形成各州和各高校高等教育经费投入的巨大差异。而我国不同类别高等院校经费投入差距巨大，“985”、“211”高校经费充裕，但数量众多的地方本科高校、高职院校的办学经费往往十分紧张，尤其是经济发展比较落后的地区，这直接影响了教育质量的提升，形成一个恶性循环。因此，为减少我国各类高校经费分配的差距，政府应加大对经济发展落后地区的高校财政投入力度，吸引高质量人才前来就业，以促进高等教育的发展。同时，确立不同类别的经费由不同层级政府负担的做法，高校的经常性经费由地方政府负担为主，科研经费由中央财政拨款，基础设施经费由中央和地方财政共同负担。

2. 拓宽筹措高等教育经费的渠道

随着社会主义市场经济体制的建立，我国高等院校的经费来源也从国家财政拨款和地方财政补助变成国家、集体和个人的多元化投入新格局，呈现出“财政拨款、教育税收、学费、校办产业、社会捐赠、助学基金、科研经费”的新局面。但是 2011 年我国高等教育经费中的财政性经费仍占到接近 60%的比例，这意味着高校财政仍为政府所控制，很难真正意义上“当家做主”。高校想要扩大自主权，就应该拓宽筹措经费的渠道，积极争取社会团体、个人、企业和校友等经费支持，提高此类经费在我国高等学校资金来源结构中的比例。同时，

高校应建立公开、透明、高效的教育捐资管理组织、管理制度和管理方法，使捐赠者清楚自己捐赠资金的投向和在高校所发挥的作用。

3. 完善我国学费制度

自 1999 年以来，我国高等教育规模急剧扩大，国家财政很难满足这一发展需要，学费的征收在一定程度上弥补了资金上的不足，减轻了国家的财政负担。但是目前关于学费制度的规定是 2005 年由教育部国家发展改革委财政部下达的《关于做好 2005 年高等学校收费工作有关问题的通知》，缺乏明确的法律规定，以致各校在具体操作上的主观性、随意性和非规范性。由于我国高校收费与学校办学成本密切相关，因此学校更愿意增加成本，但是目前学费的增加已经超出居民的承受能力，如果不加以控制，就会出现上学交不起学费的现象。我国目前的学费标准占城市居民人均收入的 50%以上，占农村居民人均收入的 200%以上，大大超过了中等家庭的可支配能力。以我国现在的经济实力，想要借鉴德国实行高等教育免学费制度还不太现实，但是，学费收入应当考虑家庭的实际承受能力，如果超过一定限度，教育就失去了公平的原则。

第十一节　质量与评价的启示与借鉴

一、质量与评价的启示

20 世纪 80 年代，德国高等教育规模扩张与办学条件改善缓慢的矛盾较为突出，加剧了高等教育质量提高与高校数量增长之间的矛盾。随后，联邦政府打出“讲求差异和竞争”的旗号，大力改革高等教育管理方式，增加高等学校自主权，引入更灵活多样的评价机制。至 20 世纪 90 年代，德国高等教育评估制度和评价体系不断完善，形成了以认证机制为核心的新的高等教育质量保障机制。

在德国的评估实践中，高校不是评估活动的被动接受者，而是从评估活动的一开始，就积极参与到评估活动中，充分发挥院校的评估主体作用。对此，我国开展评估工作可以借鉴德国的经验做法，调动高校与评估团队共同开展外部评估的积极性。同时，应让学生参与到评估工作中去，学生会更愿意表达自己的观点和感受，从而提供更加真实的资料，为评估工作的成功开展奠定基础。

在评估工作结束后，德国的评估团队不仅要将最终评估报告提交至学校监管机构和教育行政部门，评估团队还要邀请学校监管机构和区议员就评估报告进行讨论，并对相关问题做出解释说明。评估结果公布六个月后，学校监管机构需要向教育督导部门反馈学校的改进措施实施情况。而在我国的院校评估工作结束后，也应当建立有效的事后追踪机制。

无论是外部评估还是内部自评，都是为了通过评估工作，促进学校教育质量的提高，学校要坦诚地面对已经实现的和仍未实现的目标，针对学校现存的问题，积极寻求解决方案，并组织落实实施，提高学校教育质量。

二、质量与评价的借鉴

我国在高校扩招之后，高等教育规模迅速增长，同样面临着规模与质量之间的矛盾，近年来，随着高等教育的发展，院校及其教学质量的评估工作越来越受到社会各界的重视，政府陆续出台一系列文件，如《关于全面提高高等教育质量的若干意见》和《关于普通高等学校本科教学评估工作的意见》等。有关文件的出台对于我国高等教育评估实践具有指导意义，但在法律层面上对评估工作，特别是高等教育评估进行约束和规范，目前仍属欠缺。为此，我国应出台高等教育评估工作的相关法律法规，以法律形式明确高校质量保障工作和评估工作的责任主体、评估方式等事项。

为此，我国可以借鉴德国的经验，在对职业院校进行评估时，通过充分发挥职业院校在评估活动中的主体作用，调动职业院校与评估团队共同开展外部评估的积极性。只有职业学校与评估团队对评估工作形成共同认识，学校愿意向评估团队提供更为全面的数据资料，校内实地考察期间的相关活动安排更为细致，教师、学生更愿意表达自己的观点和感受，才能使评估团队了解更为全面的学校信息，从而为评估活动的成功开展奠定重要基础。

在评估内容的选择上，采取必评与选评相结合的方式。有一套对所有职业学校都必须进行评估的质量标准，此外，还有一些质量标准可供学校选择。这样不仅有利于职业学校之间的横向对比，还能更好地分析单个学校的自身特点。同时，通过让职业学校与评估团队共同确定评估中使用的质量标准，能够鼓励学校从评估活动的一开始就深入参与到评估过程中，从而获得更好的评估效果。

在评估活动中以提升学校质量为导向。不对学校评级，而是通过开展评估活动促进各利益相关群体对学校质量工作的共同理解和认识，促使学校提高工作透明度和责任意识，坦诚面对已经实现的和仍未实现的既定目标，针对学校存在的问题，积极寻求解决方案，并落实实施，提升学校工作质量。另外，在评估活动的规划和操作中，应弱化或消除“国家骨干”“国家示范”之类的学校名誉色彩，而应将关注重点转移到如何学习、借鉴其他学校的先进经验和做法，如何拓宽学校之间的沟通、交流渠道，以及如何改进自身的工作质量上。

评估结束后对学校改进工作的持续关注与支持。第一，评估团队根据学校

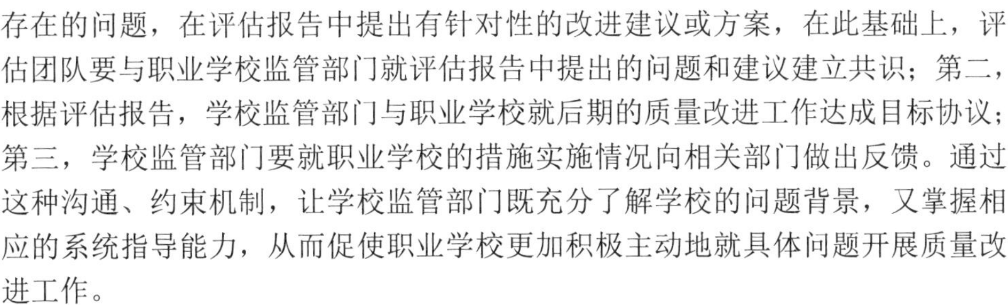

存在的问题，在评估报告中提出有针对性的改进建议或方案，在此基础上，评估团队要与职业学校监管部门就评估报告中提出的问题和建议建立共识；第二，根据评估报告，学校监管部门与职业学校就后期的质量改进工作达成目标协议；第三，学校监管部门要就职业学校的措施实施情况向相关部门做出反馈。通过这种沟通、约束机制，让学校监管部门既充分了解学校的问题背景，又掌握相应的系统指导能力，从而促使职业学校更加积极主动地就具体问题开展质量改进工作。

续表

序号	德文名称	中文名称	高校类型	高校性质	所在联邦州
34	Mediadesign Hochschule für Design und Informatik	柏林传媒设计与信息学应用科学大学	无博士学位授予权	国家承认的私立学校	柏林州
35	Medical School Berlin- Hochschule für Gesundheit und Medizin (MSB)	柏林医学院	无博士学位授予权	国家承认的私立学校	柏林州
36	Psychologische Hochschule Berlin (PHB)	柏林心理学院	无博士学位授予权	国家承认的私立学校	柏林州
37	SRH Hochschule Berlin	柏林 SRH 应用科学大学	无博士学位授予权	国家承认的私立学校	柏林州
38	Hochschule Biberach	比伯拉赫应用科学大学	无博士学位授予权	公立学校	巴符州
39	Fachhochschule Bielefeld	比勒费尔德应用科学大学	无博士学位授予权	公立学校	北威州
40	Fachhochschule der Diakonie	比勒费尔德德尔康尼应用科学大学	无博士学位授予权	国家承认的教会学校	北威州
41	Fachhochschule des Mittelstandes (FHM)	比勒费尔德中等企业应用科学大学	无博士学位授予权	国家承认的私立学校	北威州
42	Fachhochschule Bingen	宾根应用科学大学	无博士学位授予权	公立学校	莱法州
43	EBZ Business School	波鸿 EBZ 商学院	无博士学位授予权	国家承认的私立学校	北威州
44	Hochschule Bochum	波鸿应用科学大学	无博士学位授予权	公立学校	北威州
45	Hochschule für Gesundheit	波鸿健康应用科学大学	无博士学位授予权	公立学校	北威州
46	Technische Hochschule Georg Agricola	波鸿工程应用科学大学	无博士学位授予权	国家承认的私立学校	北威州
47	Hochschule der Sparkassen-Finanzgruppe	波恩储蓄银行财团学院	无博士学位授予权	国家承认的私立学校	北威州
48	Hochschule Bonn-Rhein-Sieg	波恩-莱茵-锡格应用科学大学	无博士学位授予权	公立学校	北威州
49	Technische Hochschule Brandenburg	勃兰登堡应用科学大学	无博士学位授予权	公立学校	勃兰登堡州
50	APOLLON Hochschule der Gesundheitswirtschaft	卫生经济应用技术大学	无博士学位授予权	国家承认的私立学校	不莱梅州
51	Hochschule Bremen	不来梅应用科学大学	无博士学位授予权	公立学校	不莱梅州

续表

序号	德文名称	中文名称	高校类型	高校性质	所在联邦州
52	Hochschule Bremerhaven	不来梅港应用科学大学	无博士学位授予权	公立学校	不莱梅州
53	Europäische Fachhochschule Rhein/Erft	莱茵/艾尔福特欧洲应用科学大学	无博士学位授予权	国家承认的私立学校	北威州
54	hochschule 21	21 应用科学大学	无博士学位授予权	国家承认的私立学校	下萨克森州
55	SRH Hochschule Calw	卡尔夫 SRH 应用科学大学	无博士学位授予权	国家承认的私立学校	巴符州
56	Hochschule für angewandte Wissenschaften Coburg- Coburg University of Applied Sciences and Arts	科堡应用科学大学	无博士学位授予权	公立学校	巴伐利亚州
57	Evangelische Hochschule Darmstadt(staatlich anerkannt) Kirchliche Körperschaft des öffentlichen Rechts	达姆施塔特新教应用科学大学	无博士学位授予权	国家承认的教会学校	黑森州
58	Wilhelm Büchner Hochschule - Private Fernhochschule Darmstadt	达姆施塔特远程应用科学大学	无博士学位授予权	国家承认的私立学校	黑森州
59	Hochschule Darmstadt	达姆施塔特应用科学大学	无博士学位授予权	公立学校	黑森州
60	Technische Hochschule Deggendorf	代根多夫技术应用科学大学	无博士学位授予权	公立学校	巴伐利亚州
61	Fachhochschule Dortmund	多特蒙德应用科学大学	无博士学位授予权	公立学校	北威州
62	International School of Management	多特蒙德国际管理学院	无博士学位授予权	国家承认的私立学校	北威州
63	DIU - Dresden International University	德累斯顿国际大学	无博士学位授予权	国家承认的私立学校	萨克森州
64	Evangelische Hochschule für Soziale Arbeit Dresden	德累斯顿新教社会工作学院	无博士学位授予权	国家承认的教会学校	萨克森州
65	Hochschule für Technik und Wirtschaft Dresden	德累斯顿工程与经济应用科学大学	无博士学位授予权	公立学校	萨克森州
66	Fachhochschule Dresden	德累斯顿应用科学大学	无博士学位授予权	国家承认的私立学校	萨克森州
67	EBC Hochschule Düsseldorf	杜塞尔多夫 EBC 学院	无博士学位授予权	国家承认的私立学校	北威州
68	Fachhochschule Düsseldorf	杜塞尔多夫应用科学大学	无博士学位授予权	公立学校	北威州

续表

序号	德文名称	中文名称	高校类型	高校性质	所在联邦州
69	Fliedner Fachhochschule Düsseldorf	杜塞尔多夫弗利特讷应用科学大学	无博士学位授予权	国家承认的私立学校	北威州
70	IST - Hochschule für Management	杜塞尔多夫 IST 管理学院	无博士学位授予权	国家承认的私立学校	北威州
71	Hochschule für Nachhaltige Entwicklung Eberswalde	埃伯斯瓦尔德应用科学大学	无博士学位授予权	公立学校	勃兰登堡州
72	Nordakademie Hochschule der Wirtschaft	北方经济应用科学大学	无博士学位授予权	国家承认的私立学校	石荷州
73	Theologisches Seminar Elstal	埃尔斯塔尔新教神学院	无博士学位授予权	国家承认的教会学校	勃兰登堡州
74	Hochschule Emden/Leer	埃姆登/里尔应用科学大学	无博士学位授予权	公立学校	下萨克森州
75	Hochschule für angewandtes Management	爱尔丁应用管理大学	无博士学位授予权	国家承认的私立学校	巴伐利亚州
76	Fachhochschule Erfurt	埃尔福特应用科学大学	无博士学位授予权	公立学校	图林根州
77	FOM Hochschule	埃森经济管理应用科学大学	无博士学位授予权	国家承认的私立学校	北威州
78	Hochschule Esslingen	埃斯林根应用科学大学	无博士学位授予权	公立学校	巴符州
79	Theologisches Seminar Ewersbach	埃韦尔斯巴赫神学院	无博士学位授予权	国家承认的教会学校	黑森州
80	Fachhochschule Flensburg	弗伦斯堡应用科学大学	无博士学位授予权	公立学校	石荷州
81	Fachhochschule Frankfurt am Main	法兰克福应用科学大学	无博士学位授予权	公立学校	黑森州
82	Provadis School of International Management and Technology	法兰克福 PROVADIS 国际管理与技术学院	无博士学位授予权	国家承认的私立学校	黑森州
83	Evangelische Hochschule Freiburg	弗莱堡新教学院	无博士学位授予权	国家承认的教会学校	巴符州
84	Hochschule für Kunst, Design und Populäre Musik	艺术、设计及流行音乐大学	无博士学位授予权	国家承认的私立学校	巴符州
85	Katholische Hochschule Freiburg	弗莱堡天主教应用科学大学	无博士学位授予权	国家承认的教会学校	巴符州
86	Theologische Hochschule Friedensau	弗里登斯奥神学院	无博士学位授予权	国家承认的教会学校	萨安州

续表

序号	德文名称	中文名称	高校类型	高校性质	所在联邦州
87	Hochschule Fulda	富尔达应用科学大学	有博士学位授予权	公立学校	黑森州
88	Wilhelm Löhe Hochschule	菲尔特应用科学大学	无博士学位授予权	国家承认的私立学校	巴伐利亚州
89	Hochschule Furtwangen	富特旺根应用科学大学	无博士学位授予权	公立学校	巴符州
90	SRH Fachhochschule für Gesundheit Gera GmbH	格拉 SRH 健康应用科学大学	无博士学位授予权	国家承认的私立学校	图林根州
91	Freie Theologische Hochschule Gießen	吉森自由神学院	无博士学位授予权	国家承认的私立学校	黑森州
92	PFH - Private Hochschule Göttingen	哥廷根私立应用科学大学	无博士学位授予权	国家承认的私立学校	下萨克森州
93	Hochschule der Deutschen Bundesbank	德国德意志联邦银行学院	无博士学位授予权	国家承认的私立学校	莱法州
94	EBC Hochschule	汉堡 EBC 学院	无博士学位授予权	国家承认的私立学校	汉堡州
95	Europäische Fernhochschule Hamburg	汉堡欧洲远程应用科学大学	无博士学位授予权	国家承认的私立学校	汉堡州
96	Evangelische Hochschule für soziale Arbeit und Diakonie	汉堡新教学院	无博士学位授予权	国家承认的教会学校	汉堡州
97	Hamburger Fern-Hochschule	汉堡远程应用科学大学	无博士学位授予权	国家承认的私立学校	汉堡州
98	Brand Academy - Hochschule für Design und Kommunikation	汉堡品牌学院	无博士学位授予权	国家承认的私立学校	汉堡州
99	Hochschule für Angewandte Wissenschaften Hamburg	汉堡应用科学大学	无博士学位授予权	公立学校	汉堡州
100	HSBA Hamburg School of Business Administration	汉堡工商管理学院	无博士学位授予权	国家承认的私立学校	汉堡州
101	Kühne Logistics University	汉堡库纳物流应用科学大学	无博士学位授予权	国家承认的私立学校	汉堡州
102	MSH Medical School Hamburg	汉堡医学院	无博士学位授予权	国家承认的私立学校	汉堡州
103	SRH Hochschule für Logistik und Wirtschaft, Hamm	哈姆物流与经济应用科学大学	无博士学位授予权	国家承认的私立学校	北威州
104	Hochschule Hamm-Lippstadt	哈姆-利普施塔特应用科学大学	无博士学位授予权	公立学校	北威州
105	Fachhochschule für die Wirtschaft Hannover	汉诺威经济应用科学大学	无博士学位授予权	国家承认的私立学校	下萨克森州

续表

序号	德文名称	中文名称	高校类型	高校性质	所在联邦州
106	Hochschule Hannover	汉诺威应用科学大学	无博士学位授予权	公立学校	下萨克森州
107	Leibniz Fachhochschule	莱布尼茨应用科学大学	无博士学位授予权	国家承认的私立学校	下萨克森州
108	Hochschule Harz	哈尔茨应用科学大学	无博士学位授予权	公立学校	萨安州
109	SRH Hochschule Heidelberg	海德堡 SRH 应用科学大学	无博士学位授予权	国家承认的私立学校	巴符州
110	Hochschule für Jüdische Studien Heidelberg	海德堡犹太研究学院	无博士学位授予权	国家承认的教会学校	巴符州
111	Hochschule für Internationales Management Heidelberg	海德堡国际管理学院	无博士学位授予权	国家承认的私立学校	巴符州
112	Hochschule Heilbronn, Technik, Wirtschaft, Informatik	海尔布隆应用科学大学	无博士学位授予权	公立学校	巴符州
113	German Graduate School of Management and Law	海尔布隆管理与法律学院	无博士学位授予权	国家承认的私立学校	巴符州
114	Fachhochschule für Interkulturelle Theologie Hermannsburg	黑尔曼斯堡跨文化神学应用科学大学	无博士学位授予权	国家承认的私立学校	下萨克森州
115	Hochschule für angewandte Wissenschaft und Kunst Hildesheim/Holzminden/Göttingen	希尔德斯海姆/霍尔茨明登/哥廷根应用技术和艺术学院	无博士学位授予权	公立学校	下萨克森州
116	Hochschule Hof	霍夫应用科学大学	无博士学位授予权	公立学校	巴伐利亚州
117	Hochschule Fresenius	德国欧福应用科学大学	无博士学位授予权	国家承认的私立学校	黑森州
118	Technische Hochschule Ingolstadt	英戈尔施塔特应用科学大学	无博士学位授予权	公立学校	巴伐利亚州
119	BiTS, Business and Information Technology School gGmbH	伊瑟隆商学与信息技术学院	无博士学位授予权	国家承认的私立学校	北威州
120	nta Hochschule Isny	伊斯尼 nta 应用科学大学	无博士学位授予权	国家承认的私立学校	巴符州
121	Ernst-Abbe-Fachhochschule Jena	耶拿应用科学大学	无博士学位授予权	公立学校	图林根州
122	Hochschule Kaiserslautern	凯撒斯劳滕应用科学大学	无博士学位授予权	公立学校	莱法州
123	Hochschule Karlsruhe - Technik und Wirtschaft	卡尔斯鲁厄工程与经济学院	无博士学位授予权	公立学校	巴符州

续表

序号	德文名称	中文名称	高校类型	高校性质	所在联邦州
124	Karlshochschule	卡尔斯鲁厄国际应用科学大学	无博士学位授予权	国家承认的私立学校	巴符州
125	CVJM-Hochschule	卡塞尔 CVJM 学院	无博士学位授予权	国家承认的私立学校	黑森州
126	Hochschule für angewandte Wissenschaften Kempten	肯普滕应用科学大学	无博士学位授予权	公立学校	巴伐利亚州
127	Fachhochschule Kiel	基尔应用科学大学	无博士学位授予权	公立学校	石荷州
128	Hochschule Koblenz	科布伦茨应用科学大学	无博士学位授予权	公立学校	莱法州
129	Cologne Business School	科隆商学院	无博士学位授予权	国家承认的私立学校	北威州
130	Technische Hochschule Köln	科隆技术应用科学大学	无博士学位授予权	公立学校	北威州
131	HSD Hochschule Döpfer	科隆德普弗尔应用科学大学	无博士学位授予权	国家承认的私立学校	北威州
132	Rheinische Fachhochschule Köln	科隆莱茵应用科学大学	无博士学位授予权	国家承认的私立学校	北威州
133	Hochschule Konstanz Technik, Wirtschaft und Gestaltung	康斯坦茨应用科学大学	无博士学位授予权	公立学校	巴符州
134	Hochschule Landshut	兰茨胡特应用科学大学	无博士学位授予权	公立学校	巴伐利亚州
135	AKAD Hochschule Leipzig-staatlich anerkannt	莱比锡 AKAD 应用科学大学	无博士学位授予权	国家承认的私立学校	萨克森州
136	Hochschule für Telekommunikation Leipzig (FH)	莱比锡德国电信应用科学大学	无博士学位授予权	国家承认的私立学校	萨克森州
137	Hochschule für Technik, Wirtschaft und Kultur Leipzig	莱比锡工程,经济与文化学院	无博士学位授予权	公立学校	萨克森州
138	Fachhochschule Lübeck	吕贝克应用科学大学	无博士学位授予权	公立学校	石荷州
139	Evangelische Hochschule Ludwigsburg	路德维希堡新教学院	无博士学位授予权	国家承认的教会学校	巴符州
140	Hochschule Ludwigshafen am Rhein	路德维希港应用科学大学	无博士学位授予权	公立学校	莱法州
141	Hochschule Magdeburg-Stendal	马格德堡-施滕达尔应用科学大学	无博士学位授予权	公立学校	萨安州
142	Hochschule Mainz	美因茨应用科学大学	无博士学位授予权	公立学校	莱法州

续表

序号	德文名称	中文名称	高校类型	高校性质	所在联邦州
143	Katholische Hochschule Mainz	美因茨天主教应用科学大学	无博士学位授予权	国家承认的教会学校	莱法州
144	Hochschule Mannheim	曼海姆应用科学大学	无博士学位授予权	公立学校	巴符州
145	Hochschule der Wirtschaft für Management	曼汉姆经济管理学院	无博士学位授予权	国家承认的私立学校	巴符州
146	Evangelische Hochschule Tabor	马尔堡 Tabor 新教应用科学大学	无博士学位授予权	国家承认的私立学校	黑森州
147	Hochschule Merseburg	梅泽堡应用科学大学	无博士学位授予权	公立学校	萨安州
148	Technische Hochschule Mittelhessen	中黑森技术应用科学大学	无博士学位授予权	公立学校	黑森州
149	Hochschule Mittweida	米特韦达应用科学大学	无博士学位授予权	公立学校	萨克森州
150	Evangelische Hochschule Moritzburg	莫里茨堡新教应用科学大学	无博士学位授予权	国家承认的教会学校	萨克森州
151	SDI München	慕尼黑应用语言大学	无博士学位授予权	国家承认的私立学校	巴伐利亚州
152	Hochschule für angewandte Wissenschaften München	慕尼黑应用科学大学	无博士学位授予权	公立学校	巴伐利亚州
153	Hochschule Macromedia	慕尼黑传媒与通讯应用科学大学	无博士学位授予权	国家承认的私立学校	巴伐利亚州
154	Katholische Stiftungsfachhochschule München	慕尼黑天主教基金会应用科学大学	无博士学位授予权	国家承认的教会学校	巴伐利亚州
155	Munich Business School	慕尼黑商学院	无博士学位授予权	国家承认的私立学校	巴伐利亚州
156	Fachhochschule Münster	明斯特应用科学大学	无博士学位授予权	公立学校	北威州
157	Philosophisch-Theologische Hochschule Münster	明斯特哲学与神学院	无博士学位授予权	国家承认的教会学校	北威州
158	Hochschule Neubrandenburg	新勃兰登堡应用科学大学	无博士学位授予权	公立学校	梅前州
159	Hochschule Neu-Ulm	新乌尔姆应用科学大学	无博士学位授予权	公立学校	巴伐利亚州
160	Hochschule Niederrhein	下莱茵应用科学大学	无博士学位授予权	公立学校	北威州

续表

序号	德文名称	中文名称	高校类型	高校性质	所在联邦州
161	Hochschule Nordhausen	北豪森应用科学大学	无博士学位授予权	公立学校	图林根州
162	DIPLOMA Hochschule - Private Fachhochschule Nordhessen	北黑森应用科学大学	无博士学位授予权	国家承认的私立学校	黑森州
163	Katholische Hochschule Nordrhein-Westfalen	北莱茵-威斯特法伦州天主教应用科学大学	无博士学位授予权	国家承认的教会学校	北威州
164	Evangelische Fachhochschule Nürnberg	纽伦堡新教应用科学大学	无博士学位授予权	国家承认的教会学校	巴伐利亚州
165	Technische Hochschule Nürnberg Georg Simon Ohm	纽伦堡技术应用科学大学	无博士学位授予权	公立学校	巴伐利亚州
166	Hochschule für Wirtschaft und Umwelt Nürtingen-Geislingen	尼尔廷根-盖斯林根经济与环境应用科学大学	无博士学位授予权	公立学校	巴符州
167	Lutherische Theologische Hochschule Oberursel	上乌瑟尔神学院	无博士学位授予权	国家承认的教会学校	黑森州
168	Hochschule für Technik, Wirtschaft und Medien Offenburg	奥芬堡应用科学大学	无博士学位授予权	公立学校	巴符州
169	Hochschule Osnabrück	奥斯纳布吕克应用科学大学	无博士学位授予权	公立学校	下萨克森州
170	Ostfalia Hochschule für angewandte Wissenschaften	奥斯特法利亚应用科学大学	无博士学位授予权	公立学校	下萨克森州
171	Hochschule Ostwestfalen-Lippe	东威斯特法伦-利普应用科学大学	无博士学位授予权	公立学校	北威州
172	Hochschule für Künste im Sozialen Ottersberg	奥特斯贝格应用科学大学	无博士学位授予权	国家承认的私立学校	下萨克森州
173	Fachhochschule der Wirtschaft	帕德博恩经济应用科学大学	无博士学位授予权	国家承认的私立学校	北威州
174	Hochschule Pforzheim	普福尔茨海姆应用科学大学	无博士学位授予权	公立学校	巴符州
175	Fachhochschule Potsdam	波茨坦应用科学大学	无博士学位授予权	公立学校	勃兰登堡州
176	Fachhochschule für Sport und Management Potsdam	波茨坦体育与管理应用科学大学	无博士学位授予权	国家承认的私立学校	勃兰登堡州
177	Hochschule Ravensburg-Weingarten	拉芬斯堡-魏恩加腾应用科学大学	无博士学位授予权	公立学校	巴符州
178	Ostbayerische Technische Hochschule Regensburg	雷根斯堡技术应用科学大学	无博士学位授予权	公立学校	巴伐利亚州

续表

序号	德文名称	中文名称	高校类型	高校性质	所在联邦州
179	Hochschule Reutlingen	罗伊特林根应用科学大学	无博士学位授予权	公立学校	巴符州
180	Theologische Hochschule Reutlingen	罗伊特林根神学院	无博士学位授予权	国家承认的教会学校	巴符州
181	Evangelische Hochschule Rheinland-Westfalen-Lippe	莱茵兰-威斯特法伦-利珀新教应用科学大学	无博士学位授予权	国家承认的教会学校	北威州
182	Hochschule RheinMain	莱茵美因应用科学大学	无博士学位授予权	公立学校	黑森州
183	Hochschule Rhein-Waal	莱茵-瓦尔应用科学大学	无博士学位授予权	公立学校	北威州
184	SRH Fernhochschule Riedlingen	里德林根里德林根高等专业学院	无博士学位授予权	国家承认的私立学校	巴符州
185	Fachhochschule Rosenheim	罗森海姆应用科学大学	无博士学位授予权	公立学校	巴伐利亚州
186	Hochschule für Forstwirtschaft Rottenburg	罗滕堡林业经济学院	无博士学位授予权	公立学校	巴符州
187	Hochschule Ruhr West- University of Applied Sciences	鲁尔西应用科学大学	无博士学位授予权	公立学校	北威州
188	Deutsche Hochschule für Prävention und Gesundheitsmanagement GmbH	萨尔布吕肯德国预防与卫生管理应用科学大学	无博士学位授予权	国家承认的私立学校	萨尔州
189	Hochschule für Technik und Wirtschaft des Saarlandes	萨尔州技术和经济应用科学大学	无博士学位授予权	公立学校	萨尔州
190	Fachhochschule Schmalkalden	施马卡尔登应用科学大学	无博士学位授予权	公立学校	图林根州
191	Hochschule für Gestaltung Schwäbisch Gmünd	施瓦本格明德设计学院	无博士学位授予权	公立学校	巴符州
192	Fachhochschule Stralsund	施特拉尔松德应用科学大学	无博士学位授予权	公立学校	梅前州
193	AKAD Hochschule Stuttgart - staatlich anerkannt	斯图加特 AKAD 应用科学大学	无博士学位授予权	国家承认的私立学校	巴符州
194	Duale Hochschule Baden-Württemberg	巴登符腾堡双元制应用科学大学	无博士学位授予权	公立学校	巴符州
195	Hochschule für Technik Stuttgart	斯图加特工程应用科学大学	无博士学位授予权	公立学校	巴符州
195	Hochschule der Medien	斯图加特传媒学院	无博士学位授予权	公立学校	巴符州

续表

序号	德文名称	中文名称	高校类型	高校性质	所在联邦州
196	Merz Akademie	斯图加特设计学院	无博士学位授予权	国家承认的私立学校	巴符州
197	Freie Hochschule Stuttgart - Seminar für Waldorfpädagogik	斯图加特自由应用科学大学	无博士学位授予权	国家承认的私立学校	巴符州
198	VWA-Hochschule für berufsbegleitendes Studium	斯图加特职业应用科学大学	无博士学位授予权	国家承认的私立学校	巴符州
199	Fachhochschule Südwestfalen	西南法伦应用科学大学	无博士学位授予权	公立学校	北威州
200	Hochschule Trier	特里尔应用科学大学	无博士学位授予权	公立学校	莱法州
201	Hochschule Ulm	乌尔姆应用科学大学	无博士学位授予权	公立学校	巴符州
202	Private Fachhochschule für Wirtschaft und Technik Vechta/Diepholz/Oldenburg	费希塔/迪普霍尔茨/奥尔登堡经济和技术私立应用科学大学	无博士学位授予权	国家承认的私立学校	下萨克森州
203	Fachhochschule Wedel	韦德尔应用科学大学	无博士学位授予权	国家承认的私立学校	石荷州
204	Hochschule für angewandte Wissenschaften- Fachhochschule Weihenstephan-Triesdorf	魏恩施蒂芬-特里斯多夫应用科学大学	无博士学位授予权	公立学校	巴伐利亚州
205	Gustav-Siewerth-Akademie	魏尔海姆-比尔波嫩学院	无博士学位授予权	国家承认的私立学校	巴符州
206	Hochschule Weserbergland	威悉山地应用科学大学	无博士学位授予权	国家承认的私立学校	下萨克森州
207	Westfälische Hochschule Gelsenkirchen, Bocholt, Recklinghausen	威斯特法伦应用科学大学	无博士学位授予权	公立学校	北威州
208	Fachhochschule Westküste, Hochschule für Wirtschaft und Technik	西海岸应用科学大学	无博士学位授予权	公立学校	石荷州
209	Hessische Hochschule für Polizei und Verwaltung	黑森州警察与管理应用科学大学	无博士学位授予权	公立学校	黑森州
210	Technische Hochschule Wildau (FH)	维尔道工程应用科学大学	无博士学位授予权	公立学校	勃兰登堡州
211	Jade Hochschule	雅德应用科学大学	无博士学位授予权	公立学校	下萨克森州
212	Hochschule Wismar	维斯马应用科学大学	无博士学位授予权	公立学校	梅前州
213	Fachhochschule Worms	沃尔姆斯应用科学大学	无博士学位授予权	公立学校	莱法州

续表

序号	德文名称	中文名称	高校类型	高校性质	所在联邦州
214	Hochschule für angewandte Wissenschaften Würzburg-Schweinfurt	维尔茨堡-施韦因富特应用科学大学	无博士学位授予权	公立学校	巴伐利亚州
215	Hochschule Zittau/Görlitz	齐陶/格利茨应用科学大学	无博士学位授予权	公立学校	萨克森州
216	DPFA Hochschule Sachsen	萨克森 DPFA 应用科学大学	无博士学位授予权	国家承认的私立学校	萨克森州
217	Westsächsische Hochschule Zwickau	茨维考西萨克森应用科学大学	无博士学位授予权	公立学校	萨克森州

备注：德国应用科学大学名单根据德意志学术交流中心（DAAD）所公布的德国承认的大学名单整理所得。

附录二 德国高等教育专业目录

专业群、学习范围和学习专业	专业群、教学与研究范围和专业领域
01 语言和文化科学	A 语言和文化科学
01 语言和文化科学（普通）	010 语言和文化科学（普通）
004 跨学科研究（以语言和文化科学为主）[1] 090 语言和文化科学作为中学课目[2]	0100 语言和文化科学（普通） 0120 跨学科研究（以语言和文化科学为主） 0110 语言中心
02 基督教神学，基督教宗教学	020 基督教神学
161 基督教会慈善救济学 544 基督教宗教教育学，教会教育工作 053 基督教神学，基督教宗教学	0200 基督教神学（普通） 0210 旧约（基督教神学） 0215 基督教会慈善救济学 0230 历史神学（基督教神学） 0220 新约（基督教神学） 0250 实用神学和宗教教育学（基督教神学） 0260 宗教史和传教学（基督教神学） 0240 系统神学（基督教神学）
03 天主教神学，天主教宗教学	030 天主教神学
162 天主教慈善救济学 545 天主教宗教教育学，教会教育工作 086 天主教神学，天主教宗教学	0300 天主教神学（普通） 0390 旧天主教神学 0310 圣经神学（天主教神学） 0315 天主教慈善救济学 0320 历史神学（天主教神学） 0350 教会法学（天主教神学） 0340 实用神学和宗教教育学（天主教神学） 0330 系统神学（天主教神学）
04 哲学	040 哲学
169 伦理学 127 哲学 136 宗教学	0400 哲学（普通） 0420 哲学/伦理学教学法 0425 哲学史 0426 逻辑学 0410 宗教学 0430 科学研究/科学学
05 历史学	050 历史学
272 古代史 012 考古学 068 历史学	0500 历史学（普通） 0520 古代史 0570 考古学

续表

专业群、学习范围和学习专业	专业群、教学与研究范围和专业领域
05　历史学	050　历史学
273　中古和近代史 548　史前史和上古史 183　经济史/社会史	0580　历史学教学法 0585　文化史和精神思想史 0550　国别史、州别史 0530　中世纪史 0540　近现代史 0510　史前史和上古史 0560　经济史和社会史
06　图书馆学，文献学，大众传播学	070　图书馆学，文献学，大众传播学
022　图书馆学/图书馆业（行政高专不含） 037　文献学 252　新闻学 133　媒体学/传播学/信息学（Informationswissenschaft） 109　大众传播学	0700　图书馆学，文献学，大众传播学（普通） 0710　图书馆学/图书馆业（行政高专不含） 0720　文献学 0725　新闻学 0740　媒体学/传播学/信息学（Informationswissenschaft） 0730　大众传播学
07　比较文学原理和普通比较语言学	080　比较文学原理和普通比较语言学
188　文学原理 152　普通语言学/印度日耳曼学 284　应用语言学 018　与职业相关的外语培训 160　计算语言学	0800　比较文学原理和普通比较语言学（普通） 0820　比较文学原理 0810　普通比较语言学 0830　应用语言学，与职业相关的外语培训 0835　计算语言学 0840　外语培训（向所有院系开放） 0845　印度日耳曼学 0850　语音教室 0855　笔译/口译
08　古语文学（古典语文学），新希腊语	090　古语文学（古典语文学）
031　拜占庭学 070　希腊语 005　古典语文学 095　拉丁语 043　新希腊语	0900　古语文学（普通） 0930　拜占庭学 0960　古语文学教学法 0910　希腊语文学 0920　拉丁语文学 0950　莎草纸文献学[①] 0940　新希腊语
09　日耳曼学（德语，日耳曼语言，不含英国语言和文学研究）	100　日耳曼学（德语，日耳曼语言，不含英国语言和文学研究）
034　丹麦语 271　对外德语	1000　日耳曼学（德语，日耳曼语言，不含英国语言和文学研究）（普通）

① 指古埃及莎草纸文献的解读、研究、整理、断代、保存等学问。

续表

专业群、学习范围和学习专业	专业群、教学与研究范围和专业领域
09　日耳曼学（德语，日耳曼语言，不含英国语言和文学研究）	100　日耳曼学（德语，日耳曼语言，不含英国语言和文学研究）
019　佛里斯兰语 067　日耳曼学/德语 189　低地德语 119　荷兰语 120　北欧学/斯堪的纳维亚学（北欧语文学，各种语言等）	1010　德语语言文学 1040　对外德语 1050　德语教学法 1060　佛里斯兰语 1030　荷兰语语言文学 1020　斯堪的纳维亚学 1070　其他日耳曼语言（不含英国语言和文学研究）
10　英国语言和文学研究，美国语言和文学研究	110　英国语言和文学研究，美国语言和文学研究
006　美国语言和文学研究/美国学 008　英国语言和文学研究/英语	1110　美国语言和文学研究 1100　英国语言和文学研究 1120　英语教学法 1125　经济英语
11　罗马语族语文学	120　罗马语族语文学
059　法语 084　意大利语 131　葡萄牙语 137　罗马语族语文学（罗马语族语文学，各种语言等） 150　西班牙语	1200　罗马语族语文学（普通） 1215　法语教学法 1225　意大利语教学法 1235　西班牙语教学法 1210　法语语言文学 1230　伊比利亚罗马语族语言文学 1220　意大利语语言文学 1240　其他罗马语族语言
12　斯拉夫学，波罗的海语文学，芬兰-乌戈尔语学	130　斯拉夫学，波罗的海语文学，芬兰-乌戈尔语学
016　波罗的海语文学 056　芬兰-乌戈尔语学 206　波兰语 139　俄语 146　斯拉夫学（斯拉夫语文学） 207　索布语 153　南斯拉夫语（保加利亚语，塞尔维亚-克罗地亚语，斯洛文尼亚语等） 209　捷克语 130　西斯拉夫语（普通等）	1300　斯拉夫学，波罗的海语文学，芬兰-乌戈尔语学（普通） 1310　斯拉夫学（普通） 1380　巴尔干学 1350　波罗的海语文学 1330　俄语教学法 1370　芬兰-乌戈尔语学 1315　东斯拉夫语文学 1346　波兰语 1320　俄语语言文学 1347　索布语 1340　南斯拉夫语文学 1348　捷克语 1345　西斯拉夫语文学
13　非欧语言文化科学	140　其他/非欧语言文化科学
001　埃及学 002　非洲学	1400　其他/非欧语言文化科学（普通） 1420　非洲学

续表

专业群、学习范围和学习专业	专业群、教学与研究范围和专业领域
13　非欧语言文化科学	140　其他/非欧语言文化科学
010　阿拉伯语/阿拉伯学 015　东南亚、大洋洲和美洲非欧语言和文化 073　希伯来语/犹太学 078　印度学 081　伊朗学 083　伊斯兰 085　日本学 180　高加索学 122　东方学/古东方学 145　汉学/朝鲜语文学 158　土耳其学 187　中亚语言和文化	1410　埃及学 1430　古东方学 1570　美洲非欧语言和文化 1575　澳大利亚非欧语言和文化 1490　印度学 1480　伊朗学 1470　伊斯兰学 1540　日本学 1460　犹太学/希伯来语 1465　高加索学 1550　朝鲜语文学 1576　东方学（普通） 1450　闪族语文学，阿拉伯学 1530　汉学 1440　基督教文明东方语言和文化 1445　近东和中东语言和文化 1495　东亚语言和文化（普通） 1560　东南亚和大洋洲语言和文化 1520　中亚语言和文化 1510　土耳其学 1610　其他语言学
14　文化科学（狭义）	160　文化科学（狭义）
024　欧洲民族学和文化科学 173　民族学 174　民俗学	1650　普通文化科学 1660　欧洲民族学 1580　民族学 1590　民俗学
15　心理学	170　心理学
132　心理学	1700　心理学（普通） 1710　普通心理学和性格心理学 1715　应用心理学 1720　发展心理学和教育心理学 1740　临床心理学和诊断 1730　社会心理学
16　教育学	180　教育学
117　外国人教育学 270　职业教育学 321　成人教育和校外青少年教育 052　教育学 195　健康教育学 115　小学教育学	1800　教育学（普通） 1805　职业教育学 1830　中小学教学法 1835　特殊学校教学法 1820　成人教育 1824　家庭教育学

续表

专业群、学习范围和学习专业	专业群、教学与研究范围和专业领域
16 教育学	180 教育学
254 常识课（包括中小学校花园） 361 学校教育学	1825 课外教育学 1826 早期教育学 1828 文化教育学 1827 学校教育学
17 特殊教育学	190 特殊教育学
027 盲人/视觉障碍者教育学 051 问题学生教育学 062 失聪/弱听者教育学 063 智障者/可塑造者教育学 087 身体残疾者教育学 099 学习障碍者教育学 190 特殊教育学 151 语言治疗教育学/语障学 170 行为障碍者教育学	1810 特殊教育学（普通） 1815 残疾者教育学 1816 学习障碍者教育学 1817 语言障碍者教育学 1818 行为障碍者教育学
02 体育	0 体育
22 体育，体育科学	200 体育
098 体育教育学 029 体育科学	2000 体育科学（普通） 2005 体育单项教学法 2010 运动医学 2011 体育教育学 2030 运动场地
03 法学、经济科学和社会科学	1 法学、经济科学和社会科学
23 经济学和社会学（普通）	220 法学、经济科学和社会科学（普通）
030 跨学科研究（以法学、经济科学和社会科学为主） 154 社会常识作为中学课目	2220 法学、经济科学和社会科学（普通） 2210 跨学科研究（以法学、经济科学和社会科学为主） 2220 经济科学和社会科学（普通） 2230 经济和社会政策
24 地区学①	225 地区学
038 拉丁美洲 044 东欧和东南欧 036 其他地区学	2250 非洲 2255 拉丁美洲 2265 近东和中东 2260 北美洲 2290 北欧和西欧 2270 东亚 2285 东欧和东南欧 2275 南亚 2280 东南亚和大洋洲

① 无法列入具体的某个学习范围或其他专业群的地区研究。

续表

专业群、学习范围和学习专业	专业群、教学与研究范围和专业领域
25　政治科学	230　政治科学
129　政治学	2300　政治科学（普通） 2310　政治学
26　社会科学	235　社会科学
147　社会常识 148　社会科学 149　社会学	2320　社会科学（普通） 2340　人口学 2345　社会常识 2330　社会学
27　社会福利事业	240　社会福利事业
047　病人护理培训 208　社会工作/社会救济 046　社会医疗/公共医疗事业 245　社会教育学 253　社会福利事业	2400　社会福利事业（普通） 2440　病人护理培训 2410　社会工作 2430　社会医疗/公共医疗事业 2420　社会教育学
28　法学	250　法学
135　法学 042　经济法	2500　法学（普通） 2630　劳动法 2660　外国人法 2665　欧洲法 2620　贸易法 2580　国际法和比较法 2540　教会法 2545　犯罪学 2560　公法 2550　私法（不含劳动法） 2650　诉讼法 2510　法学史 2515　法学信息学 2530　法学社会学 2520　法哲学和国家哲学 2590　税法 2570　刑法 2640　经济法
29　行政管理科学	270　行政管理科学
257　劳动和职业咨询 258　劳动管理 255　档案管理学 259　对外事物 265　银行管理学 262　图书馆管理学 260　联邦国防军管理	2700　行政管理科学（普通） 2770　普通内政管理 2710　劳动和职业咨询 2720　劳动管理 2711　档案管理学 2730　对外事物 2740　银行管理学

续表

专业群、学习范围和学习专业	专业群、教学与研究范围和专业领域
29　行政管理科学	270　行政管理科学
266　财政管理 261　内务管理 168　执法 263　警察/宪法维护机构[①] 256　司法 264　社会保险 268　交通管理学 172　行政管理科学/行政管理学 269　海关和税务管理	2712　图书馆管理学 2750　联邦国防军管理 2760　财政管理 2780　执法 2790　警察/宪法维护机构 2810　邮政和远程通信 2610　司法 2820　社会管理 2830　交通管理学 2840　海关和税务管理
30　经济科学	290　经济科学
011　劳动学/经济学 021　企业管理 167　欧洲经济 182　国际企业管理 198　医疗和社会领域管理 166　体育经济学 274　旅游学 210　交通企业管理学 175　国民经济学 181　经济教育学 184　经济科学	2900　经济科学（普通） 3010　劳动学/劳动科学 2960　企业管理 2965　劳动学教学法 2966　欧洲经济 2980　金融学 2967　医疗和社会领域管理 2940　计量经济学 2815　旅游学 2970　企业研究 2971　交通企业管理学 2835　保险管理 2930　国民经济学 2935　经济信息学（经济科学背景） 2936　经济数学（经济科学背景） 2910　经济教育学 2915　经济统计学
31　经济师	310　经济师
464　设备管理 179　经济师	3100　经济师（普通） 3110　设备管理
04　数学，自然科学	2　数学，自然科学
36　数学，自然科学（普通）	330　数学，自然科学（普通）
275　数学和自然科学史 049　跨学科研究（以自然科学为主）[1)] 186　自然科学/常识课作为中学课目[2)]	3300　数学，自然科学（普通） 3320　跨学科研究（以自然科学为主） 3310　数学和自然科学史 3315　自然科学专业教学法（不便进一步划分）

① 即国家安全机构。

续表

专业群、学习范围和学习专业	专业群、教学与研究范围和专业领域
37　数学	340　数学
105　数学 237　统计学 118　工程数学 276　经济数学	3400　数学（普通） 3420　应用数学 3450　数学教学法 2950　数学统计学 3410　纯数学 3430　经济数学（数学专业背景）
38　信息学	350　信息学
221　生物信息学 200　计算机和信息技术 079　信息学 123　工程信息学/技术信息学 121　媒体信息学 247　医学信息学 277　经济信息学	3500　信息学（普通） 3540　生物信息学 3550　计算机和信息技术 3530　工程信息学/技术信息学 3520　实用信息学 3510　理论信息学 2990　经济信息学（信息学专业背景）
39　物理学，天文学	360　物理学，天文学
014　天文学，天体物理学 128　物理学	3600　物理学，天文学（普通） 3690　天文学，天体物理学 3650　物理学教学法 3630　实验物理 3635　固体物理 3636　核物理 3638　材料科学 3637　光学 3610　物理学 3640　技术物理 3620　理论物理
40　化学	370　化学
025　生物化学 032　化学 096　食品化学	3700　化学（普通） 3750　分析化学 3710　无机化学 3760　生物化学（化学专业背景） 3800　化学教学法 3810　食品化学 3770　高分子化学 3720　有机化学 3730　物理化学 3780　放射和核化学 3740　技术化学 3820　纺织化学 3790　理论化学

续表

专业群、学习范围和学习专业	专业群、教学与研究范围和专业领域
41　药学	390　药学
126　药学	3900　药学（普通） 3940　药理学和毒物学（药学） 3910　药物生物学 3920　药物化学 3930　药物技术
42　生物学	400　生物学
009　人类学（人类生物学） 026　生物学 282　生物技术	4000　生物学（普通） 4060　人类学（人类生物学） 4065　生物化学（生物学专业背景） 4066　生物数学（生物学专业背景） 4030　生物物理 4035　生物技术（生物学专业背景） 4040　植物学 4070　生物学教学法 4010　遗传学 4020　微观生物学 4050　动物学
43　地球科学（不含地理学）	43　地球科学（不含地理学）
065　地质学/古生物学 066　地球物理学 039　地球科学 110　气象学 111　矿物学 124　海洋学	4100　地球科学（普通） 4180　地球化学 4110　地质学 4150　地球物理 4170　晶体学 4160　气象学 4130　矿物学 4135　海洋学 4120　古生物学 4140　岩石学，岩类学
44　地理学	420　地理学
050　地理学/地球学 283　地球生态学/生物地理学 178　经济地理学/社会地理学	4200　地理学（普通） 4220　人类地理学 4240　生物地理学/地球生态学 4250　地理学教学法 4230　地域地理 4210　物理地理
05　医学	3　医学
49　医学（不含牙医学）	440　医学（普通）
107　医学（全科）	4400　医学（普通）

续表

专业群、学习范围和学习专业	专业群、教学与研究范围和专业领域
450　医科基础学习（含牙医学）	450　医科基础学习（含牙医学）
	4500　医科基础学习（普通） 4560　解剖学 4530　医学生物学 4520　医学化学 4525　医学信息学（只针对医学专业背景） 4510　医学物理学 4580　医学心理学 4585　医学社会学 4590　医学术语学 4595　核医学 4540　生理学 4550　生理化学（生物化学） 4610　牙科治疗学基础
470　临床理论医学（含牙医学）	470　临床理论医学（含牙医学）
	4700　临床理论医学（普通） 4705　劳动医学（临床理论） 4720　生物数学（医学专业背景） 4725　生物医学技术 4745　流行病学 4820　实验医学/医学研究（不含临床医学） 4760　医学史 4750　人类遗传学 4780　卫生和微观生物学 4810　免疫学 4730　临床化学和血液学 4732　临床癌症研究和分子肿瘤研究 4735　医学疗养学和气候学 4736　医学生物物理和电子显微技术 4737　医学统计和文献 4738　寄生虫学 4710　病理学，神经病理学 4715　药理学和毒物学（医学） 4716　预防医学 4740　放射学（诊断，不含治疗） 4770　法医学 4775　性医学 4776　社会医学（临床理论） 4790　病毒学

续表

专业群、学习范围和学习专业	专业群、教学与研究范围和专业领域
490 临床实践医学（不含牙医学）	490 临床实践医学（不含牙医学）
	4900 临床实践医学（普通） 4910 医学（全科） 5070 麻醉学 5090 劳动医学（临床实践） 5020 眼科治疗学 4980 外科学 4960 皮肤病性病学 5120 老年医学/老年病学 4990 妇科学 5030 耳鼻咽喉治疗学 4940 内科学 4950 儿童治疗学 5160 儿童和青少年精神病学 5130 神经外科学 5040 神经病学 5010 矫形外科学 5015 物理医学 5050 精神病学 5060 心身医学和心理疗法 5150 放射学/放射疗法（含治疗） 5080 康复医学 5140 风湿病学 5110 社会医学（临床实践） 4920 特殊病理学 4930 特殊药理学 4935 运动医学（临床实践） 4936 肿瘤中心和输血医学 4970 泌尿科学
50 牙医学	520 牙医学（临床实践）
185 牙医学	5200 牙医学（普通） 5240 颌矫形外科学 5220 假牙学 5210 牙齿保健和牙床病学 5230 牙齿、口腔、颌科治疗学
06 兽医学	4 兽医学
51 兽医学	540 兽医学（普通）
156 兽医学	5400 兽医学（普通）

续表

专业群、学习范围和学习专业	专业群、教学与研究范围和专业领域
550　兽医科基础学习	550　兽医科基础学习
	5500　兽医科基础学习（普通） 5510　解剖学，动物胚胎学和组织学 5520　生理学，生物化学和营养生理学 5530　动物保护，医学术语和兽医学史 5535　兽医动物学和水生生物学
560　临床理论兽医学	560　临床理论兽医学
	5600　临床理论兽医学（普通） 5670　肉、食品和奶卫生 5640　微生物学，病毒学，动物卫生和动物传染病治理 5650　寄生虫学，热带兽医学 5660　药理学，毒物学和处方学 5620　动物营养学，普通农学，行为学 5610　动物饲养，兽医遗传学和饲养卫生 5680　实验用动物学和鱼类学（含疾病） 5630　兽医病理学
580　临床实践兽医学	580　临床实践兽医学
	5800　临床实践兽医学（普通） 5840　雄性动物性器官学和家畜受精 5830　助产和雌性动物学 5850　法医兽医学 5860　兽医内科（含实验室诊断） 5920　家禽疾病学 5910　小型家庭宠物疾病学 5890　小型有爪类动物疾病学 5870　马疾病学 5880　牛疾病学 5810　动物医院（普通） 5820　兽医外科学
07　农学、林业学和营养科学	5　农学、林业学和营养科学
	610　农学、林业学和营养科学（普通）
	6100　农学、林业学和营养科学（普通） 6105　应用生物技术（农学、林业学和营养科学） 6106　应用机械制造技术（农学、林业学和营养科学） 6107　应用自然科学（农学、林业学和营养科学） 6108　应用程序加工技术（农学、林业学和营养科学）

续表

专业群、学习范围和学习专业	专业群、教学与研究范围和专业领域
57　区域生存环境保护，环境规划	615　区域生存环境保护，环境规划
093　区域生存环境保护/风景区设计	6310　区域生存环境保护（普通）
061　土壤学	6315　风景区建筑学（不含园林建筑）
064　自然保护	6330　自然风景区规划和开发
	6340　土壤学
	6350　自然保护
58　农学，食品和饮料技术	620　农学，食品和饮料技术
138　农业生物学	6200　农学（普通）
125　农业经济学	6205　农业生物学
003　农学/农业	6210　农业技术
028　啤酒酿造/饮料技术	6260　啤酒酿造/饮料技术
060　园林建筑	6300　园林建筑
097　食品技术	6250　食品技术/饮料工艺
220　奶和奶制品业经营	6255　奶和奶制品业经营
353　植物生产	6220　植物生产
371　动物生产	6230　动物生产
227　葡萄种植和酒业经营	6235　葡萄种植和酒业经营
	6240　农业经济科学和社会科学
59　林业学，木材业	640　林业学，木材业
058　林业学，林业经济	6400　林业学，木材业（普通）
075　木材业	6420　林业专业科学
	6410　林业基础科学
	6415　木材业
	6430　木材学
60　营养科学和家政学	650　营养科学和家政学
320　营养科学	6500　营养科学和家政学（普通）
071　家政学和营养学	6520　营养科学
333　家政学	6510　家政学
08　工程科学	6　工程科学
61　工程科学（普通）	670　工程科学（普通）
140　应用系统科学	6700　工程科学（普通）
072　跨学科研究（以工程科学为主）[1)]	6740　跨学科研究（以工程学为主，不含机械电子学）
199　技术课作为中学课目[2)]	6744　技术教学法
380　机械电子学	6745　科技史
201　劳作课（技术）/工艺	6750　机械电子学
	6710　综合科技/工作方法
	6730　系统研究/系统技术（普通）
	6720　技术卫生

续表

专业群、学习范围和学习专业	专业群、教学与研究范围和专业领域
62 采矿，冶金	680 采矿，冶金
390 考古测定学（工程考古学） 020 采矿/采矿技术 076 冶金和铸造业 103 矿山测量	6800 采矿，冶金（普通） 6870 考古测定学（工程考古学） 6860 加工和精加工 6830 采矿经营管理 6810 采矿和矿物原料管理 6820 开采技术 6840 采矿管理，开采权 6845 冶金和铸造业 6850 矿山测量，采矿损害学，采矿地球物理学 6855 冶金学
63 机械制造/程序加工技术	690 机械制造/程序加工技术
141 垃圾管理 143 眼镜光学 033 化学工程学/化学技术 231 印刷和复制技术 211 能源技术（不含电气工程） 212 精密工艺 202 制造技术/生产技术 215 卫生技术 216 玻璃技术/陶瓷 082 木材技术/纤维技术 241 核技术/核生产技术 219 合成材料技术 104 机械制造/机械制造业 108 金属技术 224 物理技术 144 技术控制科学与工程 225 纺织品和服装技术/纺织品和服装业 074 运输技术/传送技术 457 环境技术（含回收） 226 程序加工技术 213 供给技术 177 材料科学	6900 机械制造（普通） 6905 生物技术（技术程序） 6906 化学工程学/化学技术 6907 印刷技术 6930 能源技术（不含电气工程） 7190 精密工艺 6910 机械学基础 7040 木材技术 7045 核技术，核生产技术 7030 合成材料技术 7010 医学技术 7020 物理技术 6920 机械制造产品 6940 生产和制造技术 6945 安全技术 6980 机械学特殊领域 6970 控制、测量和调节技术 6975 技术/应用光学 6976 纺织品技术 6950 运输和分装技术 6985 环境技术（含回收） 6960 程序加工技术 6965 供给/垃圾清除技术 6990 材料科学/技术
64 电气工程	710 电气工程
316 电气能源技术 048 电气工程/电子学 157 微电子学 286 微型系统技术 222 通信技术/信息技术	7100 电气工程（普通） 7110 普通电子技术 7120 电气能源技术 7125 精密工艺（电气） 7140 微型系统技术

续表

专业群、学习范围和学习专业	专业群、教学与研究范围和专业领域
64　电气工程	710　电气工程
088　光电子学	7130　通信技术/信息技术 7150　光电子学 7155　调节技术（电气）
65　交通技术，航海术	720　交通技术，航海术
235　车辆工程 057　航空航天技术 223　航海技术/航海术 142　船舶制造/船舶技术 089　交通工程学	7200　交通技术，航海术（普通） 7240　车辆和飞机制造 7245　车辆工程 7246　航空航天技术 7230　航海术，航海技术 7220　船舶制造，海洋工程 7210　船舶运营技术 7215　交通工程学
66　建筑学，室内建筑学	730　建筑学
013　建筑学 242　室内建筑学	7300　建筑学（普通） 7330　建筑技术和建筑企业 7335　文物保护（建筑） 7340　楼房建筑规划 7320　设计和演示 7310　建筑学基础和辅助科学 7390　室内建筑学 7395　城市建设规划和新居民区事务
67　生存环境规划	740　生存环境规划
134　生存环境规划 458　环境保护	7400　生存环境规划（普通） 7410　生存环境规划基础 7450　基础设施规划 7440　生存环境规划法规 7430　区域生存环境规划 7420　城市规划（地方规划） 7460　环境保护
68　土木工程	750　土木工程
017　土木工程 197　木结构工程 429　钢结构工程 094　水利工程 077　水资源	7500　土木工程 7540　建筑企业管理 7560　木结构工程 7510　土木工程设计 7530　交通土木工程，交通工程管理 7520　水利工程，水利工程管理 7550　土木工程其他领域

续表

专业群、学习范围和学习专业	专业群、教学与研究范围和专业领域
69 测量学	760 测量学
280 地图制图学 171 测量科学（大地测量学）	7600 测量学（普通） 7610 地图制图学 7620 摄影测量学
09 艺术，艺术学	7 艺术，艺术学
74 艺术，艺术学（普通）	780 艺术，艺术学（普通）
040 跨学科研究（以艺术、艺术学为主）[1] 091 艺术教育 092 艺术史，艺术学 101 艺术品修复学	7800 艺术，艺术学（普通） 7820 艺术教育 7810 艺术史 7830 艺术品修复学
75 造型艺术	790 造型艺术
023 造型艺术/平面设计 205 雕塑 204 绘画 287 新媒体	7900 造型艺术（普通） 7950 行为艺术，环境艺术，摄影 7940 平面设计 7920 绘画 7960 新媒体 7930 雕塑
76 设计	800 设计
007 应用艺术 159 宝石和首饰设计 069 平面设计/交际设计 203 工业设计/产品设计 116 纺织设计 176 劳作课	8000 设计（普通） 8050 应用艺术 8060 舞美，服装 8070 设计理论，设计史 8075 宝石和首饰设计 8076 平面设计/交际设计 8010 工业设计/产品设计 8020 时装设计 8040 纺织设计 8030 视觉交际 8035 劳作课（设计）
77 表演艺术，电影和电视，戏剧学	820 表演艺术，电影和电视，戏剧学
035 表演艺术/舞台艺术/导演 054 电影和电视 102 话剧 106 舞蹈教育学 155 戏剧学	8200 表演艺术，电影和电视，戏剧学（普通） 8210 表演艺术 8260 电影史，电影理论 8250 电影和电视 8270 音乐剧 8275 表演艺术、戏剧、电影和电视领域制作运营 8230 导演 8220 话剧 8225 舞蹈剧 8240 戏剧学

续表

专业群、学习范围和学习专业	专业群、教学与研究范围和专业领域
78　音乐，音乐学	830　音乐，音乐学
192　指挥 230　声乐 080　器乐 164　爵士乐和流行音乐 193　礼拜音乐 191　作曲 113　音乐教育 114　音乐学/音乐史 165　乐队音乐 163　音律学 194　录音师	8300　音乐，音乐学（普通） 8340　指挥 8320　声乐 8310　器乐 8315　爵士乐和流行音乐 8325　礼拜音乐 8330　作曲 8360　音乐教育 8350　音乐学，音乐史 8363　乐队音乐 8364　音律学 8365　其他音乐形式
10　学习范围之外	8　高校中央机构 （不含附属医院机构）
83　学习范围之外	下有 10 个专业领域，属于高校管理、后勤、图书馆、实验室、宿舍、学生会等机构设施，和专业无关，此处从略
196　大学预科 290　其他专业	
	9　高校附属医院中央机构 （只含医学）
	下有 4 个专业领域，属于高校附属医院机构设施，和专业无关，此处从略（兽医学相应机构设施列入了 540～580 教学与研究范围）

注：学科、专业前面的数字或字母只是分类号或代码，不是表达某种顺序或体系的编码。

1）涉及数个学习范围的专业，或者指无法具体归入某一专业的跨学科研究。

2）指教师培训专业，可以涉及某专业群下的数个学习范围。